MAÇONARIA

30

INSTRUÇÕES DE MESTRE

Raymundo D´Elia Junior

MAÇONARIA 30

INSTRUÇÕES DE MESTRE

MADRAS®

Editor:
Wagner Veneziani Costa *(in memoriam)*

Produção e Capa:
Equipe Técnica Madras

Revisão:
Arlete Genari

Dados Internacionais de Catalogação na Publicação (CIP)
(Câmara Brasileira do Livro, SP, Brasil)

D'Elia Junior, Raymundo
Maçonaria: 30 instruções de mestre/
Raymundo D'Elia Junior. – São Paulo: Madras, 2025.
Bibliografia

ISBN 978-85-370-0827-0

1. Maçonaria 2. Maçonaria – Rituais
3. Maçonaria – Simbolismo I. Título.

13-00918 CDD-366.12

Índices para catálogo sistemático:
1. Maçonaria : Simbolismo e tradição: Sociedades secretas 366.12

MADRAS EDITORA LTDA.
Rua Paulo Gonçalves, 88 — Santana
CEP: 02403-020 — São Paulo/SP
Tel.: (11) 2281-5555 - (11) 98128-7754
www.madras.com.br

Apresentação

"É mesmo excelente ir à luta com determinação,
abraçar a vida com paixão,
perder com classe
e vencer com ousadia,
pois o triunfo pertence a quem se atreve,
porque a vida é imensa para ser insignificante."

(Charles Chaplin – adaptado)

Agradecimentos

A todos que privamos por conta das tarefas maçônicas, mas que são as verdadeiras Colunas de nossa vida, de quem somente se recebeu compreensão e paciência, em todo o período da elaboração deste trabalho.

Amada esposa Lili,
queridos filhos Fabiana e Fernando,
amados netinhos Marcela e Frederico,
e meus pais Deolinda e Ir∴ Raymundo (*in memoriam*)

Índice

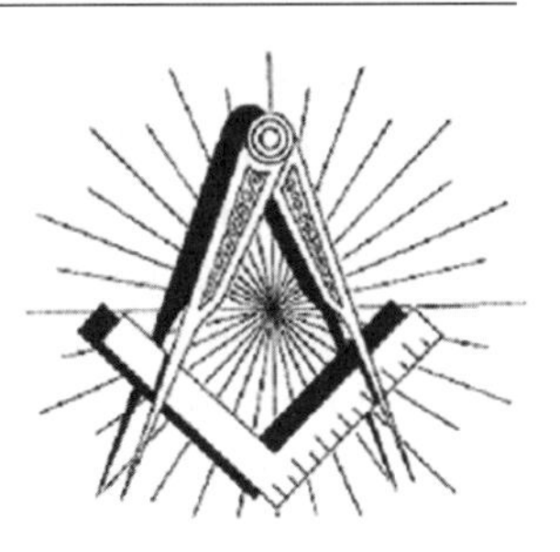

Prefácio

Amados Irmãos,

As intempéries atmosféricas existem para que haja equilíbrio entre as forças da Natureza.

Para que, depois de longos períodos de sol e calor, possa haver a necessária arrumação e, por meio das águas, sejam *expurgadas* as impurezas produzidas pelo próprio Homem, ou até mesmo, por outros fenômenos naturais que servem como equilibradores.

Assim como as intempéries, as manifestações de irritabilidade e desequilíbrio humanos fazem parte de algo maior que se pretende atingir, que é a *harmonia íntima* do Homem, pois assim como a bonança após a tempestade, a tranquilidade do espírito se faz após a *descarga* das impurezas interiores, depois das explosões desequilibrantes.

Se traçarmos um paralelo com os IIrm∴ da Maçonaria, podemos afirmar que durante o lapidar de sua Pedra Bruta, o Aprendiz e o Companheiro estão efetuando sua *planificação interior*, ou seja, se *autolapidando* para terem condições mento-espirituais adequadas para poderem exercer a função de Mestres Maçons.

O Mestre Maçom, portanto, já se encontra em condições psíquicas melhores que os Aprendizes e Companheiros, e pode, pois, alçar novos *Conhecimentos* dentro da Ordem.

É para os Mestres que o Am∴ Ir∴ Raymundo volta a escrever suas *Instruções*, com o objetivo de aplainar a caminhada desses IIrm∴ em seu trabalho diário em suas Lojas.

Podendo os IIrm∴ compreenderem o conteúdo destas *Instruções*, com certeza acrescentarão e muito, não só ao seu *Conhecimento*, como também irão haurir forças importantes na sua transformação moral e por conseguinte dos que com eles convivem.

Que mais uma vez, possa o *G∴A∴D∴U∴* abençoar esta nova empreitada do Am∴ Ir∴ Raymundo, na confecção deste livro, que esperamos seja aproveitado em todo o seu teor por seus leitores.

Aos 13 dias do mês de julho de 2011 da E∴V∴

Am∴ Ir∴ Osmar Maranho – Gr∴ 33

(inspirado pelo espírito de Francisco Glicério) Ex-VM da ARLS Reais Construtores e Secretário Adjunto de Ritualística para o Rito Adonhiramita do GOSP.

PRÓLOGO INSTRUÇÃO MENSAGEM

1. Prólogo

Desde o primeiro trabalho destinado aos Aprendizes, deixou-se registrada a real intenção, de que *nada* contido neste simples trabalho se caracteriza pelo *ineditismo* quanto ao conteúdo filosófico e simbólico.

A verdadeira intenção é a tentativa de auxiliar os Irmãos e Lojas dos vários Ritos, para contarem com algumas Instruções a serem repassadas aos Mestres, acrescentando determinados 'aspectos' aos conhecimentos maçônicos já adquiridos, de maneira ágil, mas não muito profundos.

As Instruções foram divididas em Capítulos, para se perceber a verdadeira mensagem dos conteúdos, do simbolismo mais simples a algo mais filosófico, com isso demonstrando que a Instituição tem amplitude quase incomensurável.

A forma de apresentação do trabalho permite que seja conduzido por todas as Luzes das Oficinas, que apresentariam as 'Instruções'; e assim, tornariam ágil o pensar e falar, que cresce a concentração dos Integrantes, nos que usam do verbo, e os que se instruem ouvindo-os.

Ao longo de muitos anos de Ordem, conheceu-se alguns diferentes modos de serem ministradas as Instruções, mas por criar um clima propício ao entendimento e concentração de todos, mostrou-se mais competente a exposição em forma de JOGRAL.

A partir disso, nessa forma de apresentação recaiu a escolha do exposto, que deve ser entendida apenas como simples e mera sugestão.

E como já foi dito, a forma do trabalho possibilita a participação das Luzes na exposição das Instruções, trabalhando como JOGRAL; assim agiliza o uso do verbo, não esgotando o discurso por um único expositor, nem só um timbre de voz aos ouvintes, o que cresce a concentração coletiva.

Raymundo D´Elia Junior

2. *Instrução*

Repetindo, segue *adaptado* Artigo do *Ir:. Francisco Glicério* versando sobre o trabalho:

Instruir é Ensinar – ou provocar responsabilidade e distribuir ensinamentos.

Quem instrui também aprende, pois no desenvolver do discurso mental, utilizando-se do aprendizado interior do subconsciente, e recorda o já muitas vezes esquecido; e esse processo reanima sua mente e o alerta para a conquista de novos conhecimentos.

Muito mais que mostrar o caminho, aquele que se predispõe a Instruir abre espaço para adquirir; e, mutuamente dando e recebendo, ambos os lados são favorecidos; isso implica que só juntos, de mãos dadas, é que se consegue o Verdadeiro Aprendizado.

O autor se doa e vem a troca; o receptor recebe e devolve ao repassar o aprendizado.

Poucos se predispõem a usar seu armazenamento interior e a busca e investigação exteriores, para juntarem-se aos que não possuem condições físicas, e na grande maioria, mentais, de desenvolverem Instruções; e, se assim o fazem (se negam), é porque se sentem plenos de conhecimento, acima dos demais que não o compreenderão; ou como age a maioria, ignora o tanto de aprendizado de que está se privando.

Auxilie os que instruem, busque orientá-los antes de tudo quanto a responsabilidade, mas também ao júbilo e a gratidão de Ensinar, quer dizer, de Doar, e assim, agir de acordo com um dos Principais Preceitos da Ordem que é de 'Repartir para Somar'.

3. *Mensagem*

3.1) Objetivo

Repetindo, o propósito deste simples trabalho é conter Instruções com visão superficial sobre: *Simbologia – Alegorias – Emblemas – História – e Tradições*, servindo de guia prático a quem deseja instruir seus pares com alguns poucos conhecimentos sobre Maçonaria.

Certamente, o trabalho não satisfará com tanta amplitude como desejável, se considerada a amplidão e complexidade dos temas; mas, a maior preocupação foi de *'compilação'*, mostrando-se apenas como guia de apresentação e enriquecimento de conhecimentos sobre a *Simbologia* da Ordem, e assim, propõe-se sejam relevadas as lacunas que porventura possam conter os textos.

Não há pretensão em mostrar nenhuma originalidade nos textos, pois o conteúdo não será novidade aos conhecedores dos temas abordados, só tratando-se de um trabalho de *'compilação coordenada'*, sendo a maior dificuldade a de: *encontrar – selecionar – e compendiar*, o que está esparso em parte da bibliografia existente e consultada.

Assim, as matérias dividiram-se em Capítulos, com vistas a melhoria da facilidade de: *busca – escolha – e apresentação.*

Esse simplista e modesto material representa o resultado de pesquisas feitas por intermédio do muito que se tem escrito sobre Maçonaria.

E, parafraseando o autor e prezado amigo *Am:. Ir:. José Martins Jurado*, ao afirmar que:

> *"O futuro responderá se esse trabalho satisfez os Irmãos, o que será aferido conforme as críticas, que se construtivas serão bem aceitas, porém, após a apreciação do trabalho sempre se faz necessária uma reflexão momentânea, a considerar que a intenção é a de fraternalmente alertar quanto a agressões ou críticas destrutivas, pois cabe cientificar ter sido a mais 'pura nobreza de sentimentos' o que norteou sua elaboração, cientes todos de que: 'Nada mais é enobrecedor no Homem do que sua luta, a luta por um Ideal, qualquer que seja, que faz o Homem sair da simples condição de um ser voltado para si mesmo, para elevar-se à condição de se tornar um ser voltado ao próximo'.";*

então, queiram receber o sincero *T:. F:. A:.*.

3.2) Recomendações

Muitas vezes são encontradas, inadvertidamente, em várias publicações, artigos sobre: *Sociedades Secretas – Lojas Maçônicas – Maçons – Rosa-Cruzes – etc.*, constando fotos de cerimônias tidas como secretas pelas Autoridades Maçônicas; e, sendo a Ordem um mundo selecionado de bondade e inteligência, será sempre criadora das obras da salvação humana, pois, hoje como ontem, os Adeptos na verdade e no bem constroem o *Templo da Humanidade Perfeita.*

Assim, os trabalhos maçônicos devem ser secretos, porque as injúrias que o povo maçônico tem sofrido alertam para que sua técnica deva ser a mais perfeita, evitando a repetição de fatos que, além das graves consequências, desprestigiam-na aos olhos dos adversários profanos.

Na organização da Maçonaria Universal o *Segredo* possui vital importância, pois se propõe a espargir a *Luz*, e sob a honra dos seus aderentes exige sigilo de tudo referente à Ordem; então, *Como é assegurada a observância do Segredo Maçônico?* Pelas *Constituições e Regulamentos dos Grandes Orientes e demais Potências, no Brasil e em todo o Mundo.*

A Disciplina Maçônica consiste em íntima ligação de todos os Irmãos, no *Respeito Fraternal* de cada um pelo outro, sob: *Orientação dos Corpos Superiores, na satisfação do Cumprimento dos Deveres e na observância do Sigilo Maçônico.*

Partidários sinceros e entusiastas do que é grande e elevado, e do que é possível se decifrar pelas augustas palavras da mais nobre trilogia conhecida: *Liberdade – Igualdade – e Fraternidade*, de concluir que a Maçonaria é uma *Instituição Universal*, a mais antiga, tendo, portanto, sua história, que com orgulho se mostra onde for, à consideração, observação e raciocínio dos Homens que pretendem instruir-se nas suas *Doutrinas e Ideias.*

Quando foi criada a Instituição ao certo ninguém sabe, os profundos e pacientes investigadores das: *Ciência – Filosofia – e História*, por ser inteiramente impossível, não dão a data certa e exata de sua fundação; porém, um fato não deixa dúvidas: a Maçonaria pelos séculos vem se afirmando e desenvolvendo com respeito de todos que conhecem sua digna História.

É de indagar: *Por que a Maçonaria é vida e pensamento em ação permanente?* Porque é:

> *A inteligência e o livre-exame em contínua luta contra a ignorância e preconceitos; a Moral e a solidariedade sempre latentes; a fonte imensa de Luz em perpétuo conflito com as trevas; a alma radiosamente Divina; e atira dardos de glória imperecível e faíscas da doutrina de 'paz, harmonia, concórdia, grandeza e beleza';*

todos *Conceitos* que transformarão o *Mundo*, irmanando os povos, educando e instruindo para os elevar ao cume de verdadeira civilização e progresso.

Assim, segundo o estudioso Theobaldo Varolli Fº em *Curso de Maçonaria Simbólica*:

> *"A Maçonaria repousa em Três Colunas: Sabedoria, Força e Beleza reunidas, o que quer dizer que a Instituição não pretende ser um cenáculo de sábios, nem um agrupamento de poderosos e ricos, nem uma academia de estetas, mas uma Ordem que busca o poder da Justiça, com a Sabedoria do Amor e a Beleza Moral, como de fato é o que mais se verifica numa Loja, apesar das exceções, numa comunhão de criaturas humanas sujeitas a erros como as demais."*

O Maçom não deve se abster da responsabilidade por seus atos, e a sabedoria ser estendida a todos; então, desses *Princípios* resulta a preocupação maçônica de impor o ensino em seus Graus; por tudo isso, definitivamente, vale dizer que:

> *Na Maçonaria não há ninguém melhor, todos são Iguais e Irmãos, existindo, respeitosamente, apenas superioridade Cultural e Intelectual;*

até porque, como sua primeira atitude o Maçom deve aprender a *'Conhecer a Si Próprio'*, assim como estar ciente de que é falível e que suas virtudes podem decair, agravado ainda pelo correto posicionamento que deve sempre ter frente aos seus pares e à sociedade em que vive, pois caso se torne exibicionista, certamente comprometerá a Sublime Instituição.

Nessa censura incidem os que fazem *propaganda maçônica* em via pública ou pela imprensa, apresentando-se com *Aventais – Espadas – etc.*, destacando-se junto aos profanos que não têm a mínima noção do segredo da simbologia dessa indumentária.

E aquele que se apresenta, deve ignorar que se tornando conhecido também será visado, e é quando a maldade profana pode se aproveitar para denegrir a Ordem, pois os ataques à Maçonaria sempre foram engendrados, categoricamente, por falsa indução e grosseira generalização.

Finalmente, da *Constituição Maçônica do Grande Oriente Lusitano Unido*, retira-se o seguinte *Preceito Maçônico* a ser sempre considerado em todas as ações:

> *"Nos teus atos mais secretos, supões que tens todo o mundo por testemunha".*

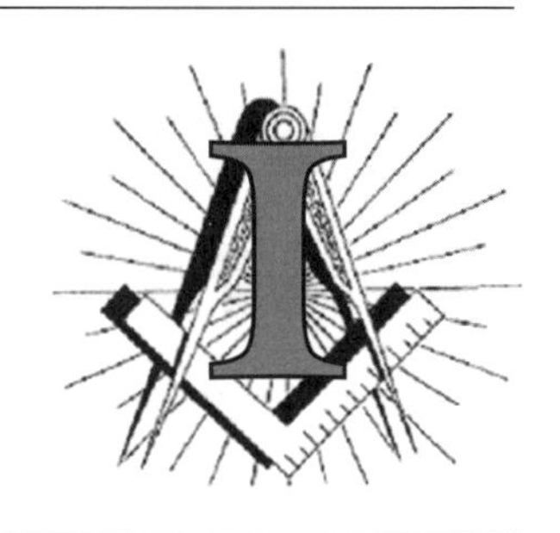

Instruções com Teor Simbólico

SETE (7) - O NÚMERO PERFEITO (PARTE I)

Respeitabilíssimo Mestre

1. Introdução

O termo *Sete* tem origem no latim *septem*, e é um sigma grego composto dos números 1 e 6 – 2 e 5 – e 3 e 4, ou seja, da combinação de um *número ímpar com um par*, do *masculino com feminino*, e ainda, é um *número heterogêneo*.

O número *sete* era conhecido por: *pitagóricos – cabalistas – gnósticos – e associações místicas*; e o Mestre tem *sete (7) anos e mais de idade*, então podem perguntar:

O que significa esse número de anos, e o que representam?

1º Vigilante

O *Corpo Humano* renova sua estrutura a cada *sete (7) anos*, de maneira que das: *células – moléculas – e átomos*, que se tem hoje, depois de *sete (7) anos* não ficará nenhum vestígio dos mesmos, pois estarão completamente transformados em outros distintos e diferentes; e, como esse fenômeno ocorre no *Corpo Físico*, acontece com os demais *corpos: vital – astral – mental – etc.*

Para se regenerar e converter num ser muito melhor, o Homem deve durante *sete (7) anos* consecutivos eliminar de seu *Corpo Interior* os átomos negativos e densos, transformando-os em positivos e sutis; eis a razão porque deve o Mestre se entregar às práticas espirituais, para alcançar o verdadeiro magistério; e, estudando, praticar os Mistérios dos: sete (7) – oito (8) – e nove (9); e o Mestre tem acesso ao material, de início pelos setenário e unidade, para realizar seus desejos.

2. Numerologia

Os números não são apenas números, e cada um carrega energia e qualidade diferentes; além disso, cada letra do alfabeto é ligada a determinado número, desde o um (1) ao nove (9), começando com o um (1) correspondendo a letra A do alfabeto, e novamente recomeçando pela letra J correspondente ao dez (10), e assim por diante.

Experimentalmente, é possível adicionar números às letras do próprio nome completo, e reduzindo a soma dos números a um único dígito, pode-se ter informação integral sobre si; por exemplo, se o total da soma dos números do nome for 31, deve-se proceder: 3 + 1 = 4; e consultar a tabela específica que segue, verificando o que representa esse número quatro (4):

1 – *Significa liderança e ambição; é o número da coragem, independência, atividades mentais e físicas, individualidade e realizações; é o número dos principiantes.*

2 – *Pessoas que provavelmente seguem a liderança de outras; é o número da sensitividade e intuição, que traz equilíbrio.*

3 – *Na espiritualidade o número é o poder da unidade entre mente, corpo e espírito; número adaptável, alegre, sociável, ótimos comunicadores, mantém a harmonia e o equilíbrio.*

4 – *Número da terra e representa estabilidade e fidelidade; simboliza as 'quatro estações do ano', os elementos e pontas dos Compassos; são honestas e capazes.*

5 – *Número das sensações e sentidos; representa a liberdade e espírito de aventura; são festeiras, otimistas e adoram viajar.*

6 – *Pessoas intelectuais, imaginativas e sempre procurando a perfeição; atenciosas com a família, e adoram ter responsabilidade.*

7 – *De grande espiritualidade, representando os sete dias da semana e as sete cores do arco-íris; sábios, pensam nas coisas e se interessam por assuntos místicos.*

8 – *Número prático; de pessoas bem-sucedidas e organizadoras que se dão bem em negócios; são de quem trabalha duro em ambos os aspectos: material e espiritual.*

9 – De quem se preocupa com as pessoas e seus direitos; possuem talentos e fazem tudo para alcançar seus objetivos, mas nunca tiram vantagem de seu sucesso.

10 – Número espiritual e de intuição; seres que alegram e inspiram outras; têm pés no chão.

2º Vigilante

3. História

Na Antiguidade, ao *'setenário'* eram atribuídos:

- *Os sábios atribuíam elevado conceito de perfeição;*
- *Os primeiros gregos chamavam-no septas ou venerável;*
- *Cícero, Iniciado na Ciência dos números, afirmava na obra* Sonho de Cípio *que não existe quase nada de que esse número não seja a explicação;*
- *O pensador Macróbio é dessa mesma opinião, pois na filosofia numérica o número sete (7) é considerado o nó – o elo das coisas; e pela obra* Timeu, *de Platão, nesse número se encerra a origem da alma do mundo.*

e, sobre o *número sete (7)* buscam-se subsídios da época dos caldeus, na construção da *Torre de Babel* – como a obra mais sagrada, pois o *setenário* do edifício tinha por fim: *Ligar a Terra ao Céu*; ou aos *olhos dos magnos* a *Divindade manifesta pela universalidade composta por sete (7) ministérios*; e os *ministérios* correspondiam aos astros da *Abóbada Celeste* vista da Terra, como mais atuantes que as *Estrelas Fixas: Sol – Lua – Marte – Mercúrio – Júpiter – Vênus – e Saturno.*

O *setenário astrológico* foi tomado pelos: *Metafísicos por dramatização mitológica – e Poetas que buscavam soluções*, e ambos propuseram que a *Torre de Babel* fosse construída como *'Símbolo da causa primária imanente'*, que há no objeto e é inseparável do mesmo; e, formada por *sete (7) planos, pisos ou andares*, consagrou-os a causas secundárias organizadoras do Universo.

A *Grande Obra da Criação* é atribuída a causas *setenárias*, como às diversas *cosmogonias – origem ou formação do Mundo*, que apresentam a *gnose hebraica*; e os *sete (7) dias da semana*, símbolo múltiplo das *sete (7) épocas da Criação*, cujo culto advém dos babilônicos, são como causas coordenadoras; mas, o estudo do *setenário* remonta a civilização anterior aos sumérios.

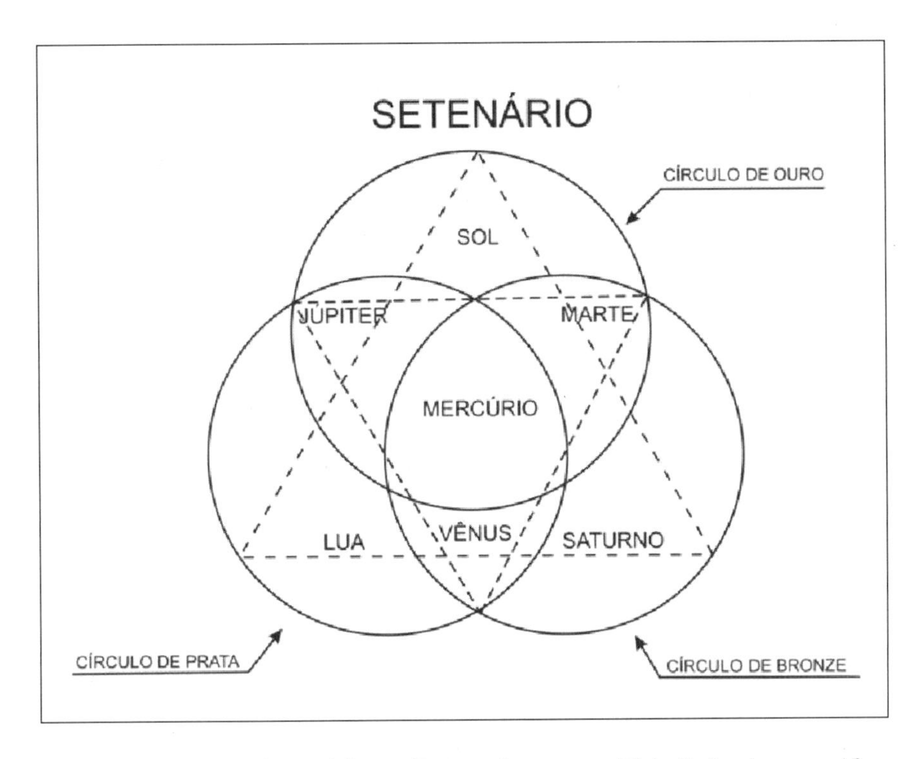

Os filósofos herméticos distinguiam *sete (7)* influências manifestas no ser organizado, quer no macrocosmo ou no microcosmo, representado pelos *Reinos: Animal – Vegetal – e Mineral.*

Entre a Natureza elementar (rudimentar) da *Lei do Quaternário* dos Elementos, e a Natureza mais elevada, forma-se um *acordo vibratório* com as *sete (7)* notas da harmonia universal.

Pitágoras dizia ouvir a *música das esferas* que eram as *notas musicais*, cujo conhecimento era relevante aos que desejavam iniciarem-se nos *Mistérios*; as *sete (7)* notas musicais correspondiam aos *sete (7)* dias da semana consagrados ao *Setenário Divino*, concebido pelos sábios da era conhecida como da *Verdadeira Luz*, reservada a um diminuto número de Iniciados.

Orador

O *Setenário* provinha dos *Sete (7) Planetas e Sete (7) Metais*, que eram descobertas dos sábios da Antiguidade; mas atualmente significam só o início de estudo sem tanta importância.

Compreender que tudo que existe é ao mesmo tempo: *único – tríplice – e sétuplo*, é início da jornada do Mestre, e sem isso não conseguem obter o necessário progresso nos conhecimentos.

Além disso, representar graficamente o *setenário* sempre foi uma enorme tarefa aos antigos; então, resolveram sobrepor *três (3) círculos* a formar *sete (7) superfícies* onde colocavam os *sete (7)* astros conhecidos: *Sol – Lua – Marte – Mercúrio – Júpiter – Vênus – e Satumo*, assim distribuídos: *Superfície Central = por Mercúrio – Triângulo Interno = Júpiter, Marte e Vênus – e Triângulo Externo = pelo Sol, Lua e Satumo*; compondo a imagem do *Setenário*, considerando os: *Macrocosmo = Mundo Celeste e Cósmico; e Microcosmo = Mundo Terrestre*; assim:

1º) ***Círculo de Ouro*** *= Sol, centro irradiador da atividade espiritual, atingindo toda coisa criada; espaço de cor azul; fogo interior representando o sangue: ação, calor e Luz.*

2º) ***Círculo de Prata*** *= Lua, astro variável receptivo a Luz, calor e influências; substância passiva à espera do espírito; o mercúrio dos herméticos, veículo da atividade espiritual penetrante em toda coisa criada; espaço; cor azul; representa: ar, sentimento e sensibilidade; silêncio.*

3º) ***Círculo de Bronze ou Chumbo*** *= Satumo, Divindade precipitada dos céus e que reina sobre o que é pesado e material; representa: materialidade, positivismo e energia material; cor amarela, tendendo ao cinza; arcabouço ou carcaça óssea, base sólida de toda construção; rocha que fornece Pedra Bruta; ponto de partida da Grande Obra.*

4º) ***Interferência dos 1º e 2º Círculos*** *= O filho nascido da união do Pai e da Mãe; Júpiter oposto a Satumo que o destronou; corresponde à espiritualidade; decide projetando a vontade; cor púrpura ou violeta; representa: idealismo, consciência, responsabilidade e autodireção.*

5º) ***Espaço Central*** *= Onde as três (3) cores primitivas difundem-se na Luz que se apresenta branca em face da polarização; representa: Estrela Flamejante dos sábios, quintessência, éter vivente, fluído de atração e agente do magnetismo.*

6º) ***Interferência dos 2º e 3º Círculos*** *= Vênus, a vitalidade e orvalho que gera o ser; cor verde; representa: doçura, ternura e sensibilidade física.*

7º) ***Interferência dos 1º e 3º Círculos*** *= Marte, necessidade de ativação; atividade material; consumo de energia vital; fogo devorador; cor: amarelo, vermelho e escarlate; representa: instinto de conservação, egoísmo e ferocidade; potência realizadora; o setenário encontra-se ainda nos sete (7) pecados capitais do Catolicismo: 1) Orgulho = da frivolidade vaidosa, ligado ao Sol, pois ofusca os fracos; 2) Preguiça = da passividade lunar; 3) Avareza = de saturnianos previdentes e prudentes; 4) Gula = de jupiterianos generosos do Eu; 5) Inveja = tormento dos de Mercúrio, insatisfeitos e ambiciosos; 6) Luxúria = exagero de venusianos; 7) Cólera = defeito dos marcianos, afetos à guerra.*

Secretário

4. Setenário

O *setenário é o número mais sagrado*, contém a *trindade e o quaternário*, e representa o *Poder Divino* pleno; e esclarecer que no *setenário* está o *Eu Sou*, e ajudado pelos elementos.

Por ter a *idade de sete (7) anos*, quando o Adepto chega a desenvolver seus *sete (7)* centros magnéticos equivalentes a essa idade, chamados também de *sete (7) igrejas* regidas pelos *sete (7) anjos* do Senhor, que interferem nos *sete (7) mundos*; e o querubim porta a Espada Flamígera para abrir a *Porta do Éden*, e obtém o signo da vitória mencionado no *Apocalipse de São João.*

O objetivo da *Iniciação Interior* é o desenvolvimento dos *sete (7) centros magnéticos*, que, como acima, denominam-se *sete (7) igrejas ou sete (7) anjos*; e que, pela: *aspiração – expiração – e concentração*, seja produzido o *oco na coluna vertebral*, para a energia criadora desvelar os *sete (7) selos* da revelação de *S. João*, até o *Corpo* converte-se na *Cidade Santa que desce do Céu.*

Esse número *sete (7)* nasce da unidade mais o número *seis (6)* obtido *dois (2)* triângulos entrelaçados, conhecidos como *Signo ou Selo de Salomão ou Estrela Macrocósmica.*

Na *Cabala Hebraica* o *número sete (7)* é representado pelo *carro de triunfo*, pois o Iniciado, que ocupa o centro dos elementos, está armado com uma espada numa mão, e na outra um cetro, cuja ponta finda num triângulo e numa bola, significando poder e domínio.

Com o *número sete (7)*, o Iniciado: *Domina as duas (2) forças da alma; afirma-se em sua trindade; reina sobre os quatro (4) elementos; coroa-se com o pentagrama; equilibra-se com os dois (2) triângulos e o número seis (6); e faz a função do Criador com o número sete (7)*; assim, o *número sete (7)* compõe a vida desenvolvendo os seres, e os fatos do Mundo, material e moralmente; e mais, mantém estreita relação com acontecimentos e períodos da vida humana.

Guarda (ou Cobridor)

Em complemento, poderia ser mencionado que:

- *A mulher tem todo mês 14 Dias (2x7) em que pode ser fecundada, e outro estéril; até 7 Horas depois de nascer, não se sabe se o feto está apto para a vida; aos 14 Dias (2x7) os olhos da criatura podem seguir a luz; aos 21 Dias (3x7) volta a cabeça impelido pela curiosidade; aos 49 Dias (7x7) a criança olha fixamente os objetos; aos 7 Meses apontam seus primeiros dentes; aos 14 Meses (2x7) anda; aos 21 Meses (3x7) exprime seu pensamento por voz e gesto; aos 7 Anos rompe-se a segunda dentição – idade da razão; aos 14 Anos (2x7) desperta a energia sexual; aos 21 Anos (3x7) está fisicamente formado, para de crescer e julga-se no direito de se considerar Homem; aos 28 Anos (4x7) cessa o desenvolvimento físico e começa o espiritual; aos 35 Anos (5x7) chega ao máximo de força muscular e atividade; aos 42 Anos (6x7) chega ao máximo da aspiração ambiciosa; aos 49 Anos (7x7) chega ao máximo da discrição e inicia a decadência; aos 56 Anos (8x7) atinge a plenitude do intelecto; aos 63 Anos (9x7) prevalece a espiritualidade sobre a matéria; aos 70 Anos (10x7) inicia a inversão mental e sexual.*

Além dessas, muitas outras concordâncias mostram a afinidade que há ao *número sete (7)*, como por exemplo, as *enfermidades epidêmicas* que estão regidas pelo *número*: *Sarampo – Varíola – Varicela – etc., que exigem 7 ou 14 Dias para cura; a febre tifoide 21 Dias, etc.*

E, se tudo na vida se relaciona entre si, antes de estudar os centros do corpo, ao arrancar os selos pela Iniciação apocalíptica, deve-se conhecer as *igrejas* e os *sete (7)* anjos, pelos: *Planetas – cores e sons – Virtudes – Vícios – etc.*, tomando o Sol como centro, e observações da Terra.

E, mencionando que são inúmeras as citações correspondentes ao *número sete (7)*, então:

- *Todas as divisões por sete (7) mencionadas no Apocalipse, como em todos os Livros Sagrados, mesmo dos Hindus, são provas suficientes que o número setenário ligado ao Culto Neâmico, das Luas Novas, era representação importante nos Mistérios e Religiões; e*
- *Sabe-se que não se esgotam os 'sete' até aqui expostos, mas contribuir à reflexão e ao respeito da infinidade de simbolismos ligados ao 'número perfeito'; e, a cada menção buscar a próxima, tentando desprezar o 'número-pelo-número', e analisando o significado de cada citação.*

Respeitabilíssimo Mestre ___________________________

Todos esses *Setenários são Emblemas das Virtudes e Qualidades Espirituais da Alma*, cujo desenvolvimento tem *sete (7) degraus*, que correspondem aos *sete (7) Planetas* e *sete (7) centros magnéticos humanos*, que indicam o progresso desde a matéria até o *Mundo Divino.*

Finalmente, na simbologia maçônica a *Estrela de Sete (7) Pontas é a Estrela da Iniciação*, correspondendo à *Estrela de Belém*; e, colocada *Sobre a Escada Evolutiva de Jacó* guia a todos em seu percurso, ou seja, da *Terra ao Céu*; além disso, mesmo não sendo possível tecer todas as observações a cada citação, cabe ter absoluta certeza de que eventuais falhas devem recair sobre os observadores, pois o certo é que:

SETE (7) É O NÚMERO PERFEITO!

SETE (7) – O NÚMERO PERFEITO (PARTE II)

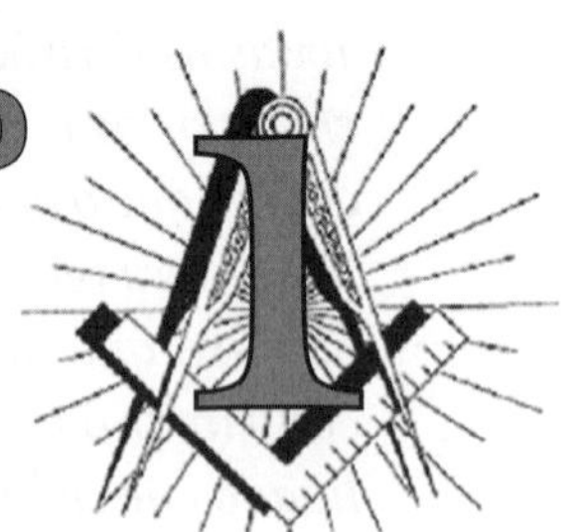

Respeitabilíssimo Mestre ____________

5. Aos Planetas e Cores

Os *sete (7)* planetas frente ao Sol se dispõem em distâncias diferentes conforme a rapidez das vibrações; e cada um dos planetas recebe a luz do Sol em várias medidas, concordante com a proximidade da órbita central; e os planetas, também ditos *sete (7) espíritos* ante o trono, absorvem cores, produzem sons e refletem os raios restantes sobre os demais planetas.

O pensador e filósofo *H.Trimegistro* diz quanto ao *Hermetismo (adaptado)*: *"Como é em cima, é embaixo; e como é embaixo, é em cima"*, portanto o *Eu Sou – Deus Íntimo e Invisível*, interiormente envolve no ser tudo o que é; como:

- *A Luz branca do Sol que agrega todas as cores; a Luz se manifesta na trindade: três (3) cores primárias – azul, amarela e vermelha; a tripla (3) espiritualidade – Pai, Filho e Espírito Santo; a tríplice (3) composição humana – vida, consciência e forma, atuantes nos sete (7) centros magnéticos, os sete (7) anjos no trono do íntimo que detém cor e som como acima.*

1º Vigilante ____________

Como o Planeta absorve do Sol, conforme sua evolução, só determinada porção de cada cor; e ainda cada centro magnético absorve do Sol espiritual – do íntimo, certa quantidade dos diversos raios projetados que produzem *iluminação espiritual,* pelo desenvolvimento de cada centro, que fornece a *consciência e predicados morais*; que é devido porque cada centro magnético vibra em cor e som como um Planeta; essa vibração supre o ser da energia para que sua evolução prossiga.

Cada *centro magnético* do ser absorve cores e refrata outras, e cada cor indica uma virtude, mas a falta de uma cor mostra predomínio do contrário, o vício; em conclusão, a afirmar que:

- *Desenvolver um centro magnético aviva a cor própria, e corresponde ao apelo do íntimo.*

Referente às cores, segue resumo sobre os *valores das sete (7) cores primárias*:

- ***1)** Vermelha: pensamento, sentimento e virilidade potentes; a debilidade é mostrada por roxo; **2)** Alaranjada: satisfação, alegria e saúde; a debilidade é mostrada por azul-celeste; **3)** Amarela: lógica, intuição, sabedoria e sensibilidade; a debilidade é mostrada por azul-anil; **4)** Verde: otimismo, confiança e sistema nervoso equilibrado; a debilidade é mostrada por alaranjado; **5)** Índigo (azul-anil): pensamento concentrado e tranquilidade; a debilidade é mostrada por amarelo; **6)** Roxa: misticismo e devoção; a debilidade é mostrada por vermelho.*

assim, diz-se que se o centro está *debilitado de cor*, sempre predominará seu contrário.

6. Filosofia

6.1) Inicial

A filosofia pitagórica classifica *número ímpar como positivo*, e *par como negativo*, ou *masculino e feminino*; e, combinados, os *ímpares* resultam em *par ou perfeito*; e, nesse sistema, na:

- *Primeira ordem numérica: duas unidades (1) formam o número dois (2); duas vezes cinco (5) resulta dez (10); três (3) e cinco (5) somam oito (8); duas vezes oito (8) resulta dezesseis (16), e a soma desses dois números é igual a sete (7);*
- *Segunda ordem numérica: É a unidade (1) que opera com os números ímpares, assim: um (1) + três (3) = quatro (4); um (1) + cinco (5) = seis (6); um (1) + sete (7) = oito (8); e um (1) + nove (9) = dez (10); nenhuma dessas somas resulta 'sete (7)'.*

Assim, a soma dos *números* sempre resulta em *ímpar*: um (1) + dois (2) = três (3); dois (2) + três (3) = cinco (5); três (3) + quatro (4)

= sete (7); dois (2) + cinco (5) = sete (7); quatro (4) + cinco (5) = nove (9); um (1) + oito (8) = nove (9); dois (2) + sete (7) = nove (9); e essas combinações foram consideradas *'místicas'* pelos sábios da Antiguidade; e mais, no *Egito* os *números eram simbólicos e tidos como místicos*; e ainda, para a Maçonaria antiga os *ímpares eram perfeitos*.

Já a *unidade (1)* não deve ser considerada propriamente um *número* porque representa a Natureza; e o *zero (0)* também não pode ser considerado um *número*.

2º Vigilante

O *número nove (9)* há muito tempo foi considerado *perfeito*, ou a *Perfeição da Natureza*, e assim catalogado pela *Ciência Aritmética e Matemática*, porque, em quaisquer combinações, o resultado é sempre *nove (9)*; e o *nove (9)* é tido como *Símbolo da imortalidade – regeneração – e vida eterna*; e o *sete (7)* procede de causa comum, a *Perfeição* propalada pelas *Religiões*.; e mais, em complemento às citações sobre o *número sete (7)*, cabe ainda elencar:

- *Os pitagóricos denominavam número perfeito, formado pela soma de 3 + 4, ou o ternário mais quaternário, cuja representação é o triângulo e o quadrado;*
- *Se comparado com a Divindade Minerva, o número 7 é tido como signo virginal;*
- *Os Planetas conhecidos na Antiguidade eram 7;*
- *As Plêiades eram 7; nome das filhas de Atlas e Pleione; suicidas transformadas em Estrelas;*
- *Eram 7 as Híades – ninfas filhas de Atlas, também transformadas em Estrelas;*
- *Eram 7 os Altares que ardiam eternamente aos Deuses Mitras;*
- *Os árabes possuíam 7 Templos Sagrados;*
- *Os hindus supunham que o Mundo fosse rodeado por 7 penínsulas;*
- *Os godos – antigo povo da Germânia – Alemanha, tinham 7 Deidades: Sol – Lua – Tuisco – Woden – Tor – Friga – e Seatur; cada denominação deriva dos 7 dias da semana;*
- *Nos Mistérios persas o Candidato a Iniciação passava por 7 cavernas;*
- *Nos Mistérios góticos passava por 7 obstáculos – caminho das 7 jornadas;*

- *Os antigos sacrifícios eram considerados eficazes quando as vítimas fossem 7;*
- *No Ritual judaico o ensino era dividido em 7 partes; e no simbolismo de 7 há etimologia única;*
- *Dois vocábulos, suficiência e complemento ou 'schabang', são sinônimos de perfeição, enquanto 7 era o signo perfeito;*
- *Em sânscrito significa jurar; juramento presenciado por 7 testemunhas, e o sacrifício de 7 vítimas oferecidas no Cerimonial; relatado na aliança de Abraão e Abimelec;*
- *No Cristianismo 7 é frequente: O sábado era o 7º dia – Noé recebeu aviso do início do dilúvio 7 dias antes, quando foi ordenado escolher 7 animais dos puros, e aves em grupos de 7;*
- *As pessoas que acompanharam Noé na Arca foram 7;*
- *O intervalo em que Noé soltava uma pomba era de 7 dias;*
- *A Arca aportou no Monte Ararat depois do 7º mês;*
- *Os Muros de Jericó circundados em 7 dias por 7 sacerdotes; traziam 7 comos da abundância;*
- *O Encarregado pelo Templo ocupou-se por 7 anos, 7 meses e 7 dias, até ser assassinado;*
- *A festa de inauguração do Templo de Salomão ocorreu no 7º mês, por 7 dias.*

Orador

6.2) Complementar

As *aspiração e concentração* são condições da alma e consciência, manifestas como anjos a subir e descer a *Escada de Jacó*, da *Casa de Deus (Terra)* ao *Céu*.

Com a pureza da *aspiração e concentração*, pode o Aspirante se converter em Iniciado, ao se deparar com a *Escada de 7 Degraus*, ou símbolo dos metais inferiores a ser transmutados no ouro espiritual; os *metais: chumbo – cobre – ferro – estanho – mercúrio – prata – e ouro*, que se alteram com as *7 Virtudes: prudência – temperança – força – justiça – fé – esperança – e caridade.*

Em sua *Revelação* disse *S. João*: *"João para as 7 igrejas que estão na Ásia; a graça esteja convosco, e a paz d'Aquele que é, era e há de vir, e dos 7 espíritos que estão diante do trono";* o que significa que do coração – morada do *Cristo*, o *Eu Sou* envia emanações enérgicas

e divinas aos *sete (7)* centros ou *chakras*, obedientes à sua vontade, que por outro lado, são expressão dos *sete (7)* Planetas e das inteligências espirituais que os animam.

O *Corpo* é o *Livro* que fala *S. João*, embora sem papel ou escritas a tinta; nesse *Livro estão coisas presentes – passadas – e futuras*, por isso o *'Livro dos sete (7) Selos é o Corpo Humano'*, e é o Iniciado que deve abri-lo em seus *chakras*.

A abertura dos *Selos* é realizada pela energia criadora, que, pressionando desde o sacro, forma um *túnel (can*al) na coluna vertebral, às Portas do Mundo – Físico ao Divino.

As primeiras cinco (5) portas referem-se aos cinco (5) tatwas ou vibrações da alma do Mundo, sendo seus centros na expressão individual orgânica; e, com o domínio interior dos centros, o Iniciado adquire poder exterior sobre os elementos, e assim, maneja os poderes sem comprometimento, e os dois superiores se relacionam aos Mundos – Espiritual e Divino.

Quando a energia criadora começa no ser a: premer – pressionar – calcar – apertar – comprimir – espremer – ou estreitar, irradia raios a descarregar no organismo, sendo cada raio um atributo do Eu Sou; e, ao pressionar o primeiro Selo ou Centro, é atingido o Sistema Simpático, determinação de realizar o que se pensa no Mundo.

Há na consciência forças que elevam e destróem o pensamento; e, o Eu Sou envia correntes de energia por cor – som – e Luz; enquanto o interior ruim as dota por confusão e desarmonia.

Secretário

O Adepto pleno de energia e não percebe a inspiração; e a energia inspiradora é devida ao raio do íntimo que forma a alma da Natureza; e acumula com a castidade, a energia no centro que arranca seu Selo, e assim, logra o poder da vontade da alma, e vê antes da manifestação física; e mais, essa energia ascendente cria os ideais da alma, canais da Divindade, e limpam seu interior dos átomos da ilusão que estão nos sentidos, podendo então, conhecer o Eu Sou.

A Iniciação Interior, ao abrir o primeiro Selo, dota de um cérebro poderoso e sensível, que capta os ensinamentos no Sistema Simpático; e reconstitui o passado e a atividade do Eu Sou salvando os átomos; essa energia dá saúde e limpa o corpo dos resíduos da Natureza morta.

Ao se venerar os próprios átomos há a construção do trono do íntimo no seu *Sistema Nervoso* na medula, e admira os que têm esses átomos que fazem do ser quase um *santificado*; e se o jovem esbanja energia, mesmo sendo pai não terá o respeito dos filhos e esposa; já quem entende tais *mistérios* torna-se: *simples – poderoso – e amado.*

Se a energia subir pelos centros do *Corpo*, tornam-se livros abertos, e em alguns consta o passado, noutros o presente, e ainda em outros o futuro; sendo que naqueles há o saber, e nestes o poder, pois cada centro possui *sete (7)* portas, e de cada uma recebe um atributo do *Eu Sou*; assim, estará pleno de vida e vigor, e se tornará um dos *Fachos da Divindade a Iluminar os Homens.*

Alcançando tais etapas pode pensar por si, e não seguir pensamentos de outros; e, ao ascender uma energia criadora pelo canal espinhal até os centros que ficam sob o domínio pessoal; e, no interior estão os *Anjos da Luz e das Trevas* ao mesmo tempo; e a luminosa energia criadora tem a *Alta Sabedoria Divina*, e a energia tenebrosa tem a nociva sabedoria da criação da mente; e objetiva a Iniciação rasgar as trevas pela: *aspiração de Luz – respiração solar – e concentração.*

A energia no sangue forma uma aura em torno do Corpo; e a entidade angélica residente forma o canal ou túnel para que a energia vá a cada centro e liberte seus poderes; e, ao passar de um centro a outro, une o ser com sua consciência interior, e será mais um grande Iniciado.

Guarda (ou Cobridor)

Já se disse que o demônio ou besta interior inferiorizam a mente, então deve ser vencida pela criação de barreira entre o pensamento e átomos malígnos; só assim é aplicada a concentração à energia e fazê-la galgar a consciência do Eu Sou.

No centro fundamental está o *Anjo da Estrela*, que atrai pensamentos de pureza, e depois trata de abrir o canal da espinha dorsal, que é quem resguarda o ser do malígno de seu interior; mas, com o desenvolvimento dos *sete (7)* centros internos, pode o Iniciado adquirir a sabedoria que já antes lograra, por isso, disse *S. João* no Apocalipse:

- *"A quem vencer farei Coluna no Templo de meu Deus e jamais sairá";*

para tanto, deve-se elevar a chama interior e tem-se que ascender os vários sóis, e ao brilhar no *Corpo Humano* pode-se sentir o Sol invisível que livra da ilusão do Mundo; além disso, pelas: *'pureza – jejum – e aspiração'*, absorve-se nova energia, ou seja, o alimento diferente que é pura nutrição, pois essa energia abre os condutos nasais a absorver nova nutrição.

E, como o Sol no seu *Sistema Solar,* manifesta sua *energia criadora* que é: *Luz – calor – e magnetismo*, no interior do ser por meio de seu *sistema nervoso central.*

Os *átomos encerram as sabedorias do Mundo* e acompanham o ser desde os primeiros dias da Criação; é onde está a história, que inicia o Homem no seu mundo interior; contudo, pode o Homem ser Iniciado fisicamente várias vezes, mas não sendo aprovado por sua *inteligência solar interna*, ou se não adquirir a *grande consciência*, serão inúteis essas tantas Iniciações.

Enquanto o *Eu Sou* não se manifestar no *sistema central* do ser, composto por centros, não chegará à suprema verdade; os centros abrem as *portas* ou os *selos* à energia em todos os planos; então poderá dominar a Natureza com seus elementos; e, nesse estado, cada Iniciado deve ser um receptor dessa energia, e, sobretudo, deve temer o poder terrível dos seus pensamentos, pois a prática geral é, em si, a do poder que antes não possuía; então, seus mundos internos começam a manifestar-se no *Corpo físico*, e o poder do íntimo converte-se em bênção para a Humanidade.

Esses: *centros – flores – ou selo*, *giram* no ser, e quanto mais progride a *Alma* em sua evolução com mais movimento devem *girar*; e se manifesta a *Alma* porque são os órgãos dos seus sentidos, e sua *rotação* indica estarem percebendo as coisas ultrassensíveis.

Cada um dos *sete (7)* centros tem quantidade de *pétalas ou raios* diferentes; em número seria:

- ***1)*** *Básico tem quatro (4) raios;* ***2)*** *Esplênico tem seis (6);* ***3)*** *Umbilical tem dez (10);* ***4)*** *Cardíaco tem doze (12);* ***5)*** *Laríngeo tem dezesseis (16);* ***6)*** *Frontal tem noventa e seis (96); e* ***7)*** *Coronário tem novecentos e setenta (970);*

todavia, em cada centro magnético *ondulam somente a metade dos raios*, obsequiados desde longínquo passado, como presente da Natureza e sem direta intervenção do Homem.

Respeitabilíssimo Mestre

Por meio da Iniciação interior, deve e pode o ser fazer *girar* sua outra metade inerte, e desse modo findará por fazer-se todo o centro luminoso, como uma espécie de Sol.

Nos *Livros de Ocultismo* constam exercícios cujo objetivo é despertar esses centros, e como utilizá-los; mas existe um método seguro e não perigoso ao Integrante para realizar esse intento, isto é, utilizar-se da desinteressada aspiração à perfeição, pela respiração e meditação perfeitas.

E, por práticas anteriores, a *energia criadora* abre o canal e eleva o ser até a libertação e união com o íntimo; então, o *Corpo* se converte na *Cidade Santa que desceu do Céu.*

Finalmente, se o Candidato praticou os preceitos anteriores, trabalha sem risco na abertura dos *selos*, e inspirado em sua mente pela revelação de *S. João*:

"Só o cordeiro é digno de tomar o Livro e abrir-lhe os Selos."

SETE (7) – O NÚMERO PERFEITO (PARTE III)

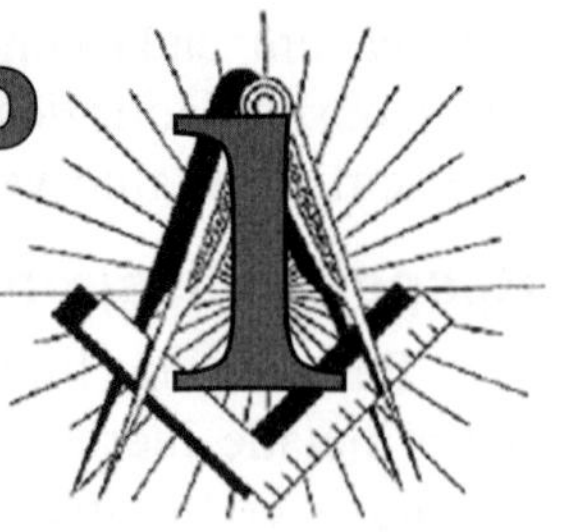

Respeitabilíssimo Mestre_______________

7. Os Centros

7.1) ***Básico ou Fundamental:*** *O primeiro centro sustenta a parte baixa da espinha dorsal – centro de gravidade do corpo; com quatro (4) raios, dois vibram no profano e os outros só depois da iniciação interna; o Adepto, por castidade mental e física, detém esses dois (2) raios a girar e brilhar como o Sol.*

1º Vigilante_______________________________

Sede do fogo serpentino ou energia criadora e expressão da Divindade latente; abrir o primeiro selo é despertar a serpente ígnea adormecida. A cor que reflete esse centro é vermelho-sujo no libertino, vermelho-amarelado no Iniciado, e vermelho e azul-púrpura no místico. Se for clarividente ou não, pouco importa, mas sim saber que o ser, por aspirações e pensamentos, abre seus centros magnéticos; se os pensamentos são puros, as cores e centros são nítidos e puros; mas se os pensamentos são negativos e impuros, os centros têm cores impuras. Sendo certa a 'Lei de causa e efeito' dos planetas, essa influência vai até a chegada do pensar por si, e começa a dominar as Estrelas; então o ser traça, pelos pensamentos, uma senda individual, e as cores se afirmam nos centros conforme o caminho traçado. O centro influi no corpo, gerando: fortaleza – ânimo – entusiasmo – constância – resistência – e estimula o sistema nervoso; sua debilidade traz abatimento físico e moral; os yogues representam por um elefante branco a força ali existente, e, desenvolver o centro gera domínio dos Elementos da Terra.

*7.2) **Esplênico:** O segundo centro vem acima do anterior junto ao baço; os yogues o chamam 'morada própria'; com seis (6) raios: três (3) ativos e três (3) inertes. Indo a energia criadora ao centro ondulam três (3) raios, e dá ao Iniciado o domínio dos elementais da água. Sua força é representada pelo peixe, e sua atividade manifesta seis (6) cores do espectro; dá saúde e crescimento, pela relação com a glândula pituitária; influencia o Sistema Nervoso e o calor do corpo; sendo seus atributos: 'conselho – justiça – e caridade', qualidades dadas pela Energia Criadora, e necessárias a movimentar os três (3) raios inativos. Regula o processo vital e elabora na mente ideias sãs. O despertar do centro produz: abundância – saúde – e bem-estar físico e moral. O desenvolvimento dos raios exige harmonia entre 'Corpo – Alma – e Espírito'; e a entravar seu desenvolvimento: doença – paixão – e maus pensamentos. Sendo o corpo, seus órgãos obedecem a evolução da Alma e Espírito; e a Alma deve ser pura de Paixões que pugnem contra pensamentos espirituais, e o Espírito não escravizar a Alma com Leis e Deveres, pois a Alma deve se conformar e agradar por Leis e Deveres naturais; não se precisa dominar as Paixões, pois, por si, se orientam ao Bem. A expansão do centro gera comunicação com seres superiores, e garantia ao erro e instabilidade, pois há harmonia do: Corpo – Alma – e Espírito.*

2º Vigilante

7.3) Umbilical ou Solar: *O terceiro centro umbilical ou solar, gema luminosa na região lombar, com dez (10) raios: cinco (5) ativos e cinco (5) inativos. Corresponde ao domínio dos elementos do fogo; e tem por símbolo um cordeiro; preside instintos e funções digestivas. A energia vital ao chegar ao centro o 'acende' e desperta a prudência, acorda suas faculdades e talentos, e descobre os fenômenos da Natureza; influi no: intestino – fígado – e subconsciente; e ilumina a mente. Sua cor é amarela com verde no ser normal, física e moralmente. O desenvolvimento dos cinco (5) raios ativos domina os cinco (5) sentidos, e o Iniciado percebe suas qualidades, evitando: rancor – inveja – vaidade – e ociosidade. A concentração nesse centro o desperta, e começa a ver as formas de pensamentos, podendo chegar a ler seus próprios pensamentos.*

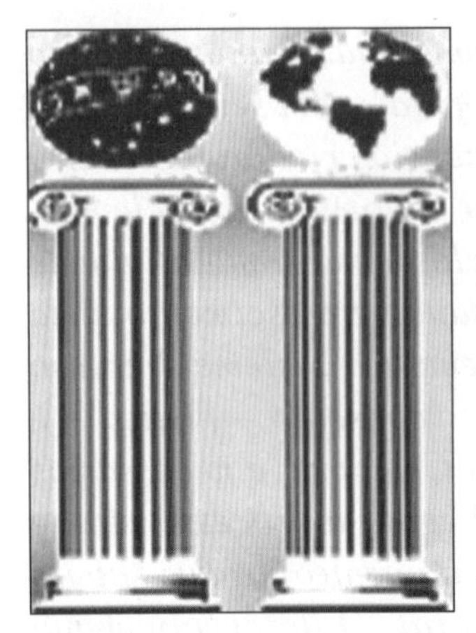

*7.4) **Cardíaco**: No quarto centro cardíaco se acesa a energia desperta no coração, que os yogues chamam a sede do som sem pulsação; está no centro do peito, é a sede da vida física. O centro cardíaco tem doze (12) raios, seis (6) ativos e seis (6) inertes. Quando a energia move os inertes, o Iniciado impera nos elementos do ar. Os yogues representam a força do centro por um antílope dentro do Signo de Salomão. O fruto da árvore da vida é colhido no centro, e a cor é a do ouro como o Sol. Estimula: nutrição – vitalidade – e mental; tonifica o sistema glandular e ativa a secreção interior; e aceso o centro outorga Sabedoria Divina, quando o Iniciado percebe e identifica as coisas com as próprias qualidades. Torna-se modesto e humilde ante a Criação. O centro (ou igreja) na região do coração é gerado por seis (6) atributos mentais, que despertam os seis (6) raios inativos: 1) domínio do pensamento (enfocado num ponto) – 2) estabilidade – 3) perseverança – 4) paciência – 5) fé e confiança – e 6) equilíbrio mental no sofrer e prazer, e na sorte e desgraça.*

Orador

7.5) Laríngeo: O quinto centro se encontra junto a garganta; preside a palavra ou verbo; com dezesseis (16) raios; oito (8) de pouca atividade; é chamado 'Porta da Libertação', pois, o centro ao ser despertado, a Energia Criadora move os dezesseis (16) raios, e então domina os elementais do éter que abrem o ingresso ao Éden. Representado por um elefante branco num círculo (pureza); a cor é um misto de prateado e azul-esverdeado, e o atributo a clariaudiência. Influi no líquido da coluna vertebral, estimula a combustão e atua no sistema simpático; por si serão descobertos Mistérios e Ciência no Sistema. Proporciona: entendimento – esperança – e generosidade. Seus raios ainda correspondem a outras tantas modalidades de energia, que ao penetrar despertam as oito (8) faculdades latentes: 1) ódio ao ilógico – 2) resolução – 3) veracidade ao falar – 4) proceder correto – 5) harmonia no viver – 6) esforço à superação – 7) preceito da experiência – e 8) poder estudar a Natureza interna, pelo silêncio.

7.6) Frontal: *O sexto centro com noventa e seis (96) raios, está no meio da cabeça; manifesta-se no entrecenho; sua energia desperta 'inteligência e discernimento', e o atributo é a clarividência. No centro está o 'olho interno da visão espiritual'. Tem duas (2) divisões com quarenta e oito (48) raios cada, totalizando noventa e seis (96) raios. Numa das metades predomina o róseo, e na outra o azul purpúreo; ambas as cores correspondem à vitalidade do centro, que pertence ao mundo do espírito, onde residem os superiores e permanentes princípios, por isso requer para sua expressão selecionadas energias. Sua energia vital gera: abstinência – temperança – e respeito; é onde reside o ser pensante; desperta ideias de; dignidade – grandeza – veneração – e sentimentos delicados. Seu despertar ainda gera o 'domínio do espírito sobre a matéria'.*

Secretário

7.7) Fundamental ou Básico: O sétimo centro é o dos novecentos e setenta (970) raios, e está no vértice da cabeça onde se manifesta a Divindade do Homem-Deus. Na sua evolução, unindo-se ao fogo serpentino do centro básico, o Iniciado vai à libertação una ao íntimo – objetivo da Iniciação interior. É o mais refulgente quando em plena atividade, vibra com muita rapidez e tem cores de efeitos cromáticos mesmo preponderando o roxo. Dadas as 970 irradiações (raios), é o último que se atualiza; mas, se o Iniciado chegar a esse adiantamento espiritual, o centro cresce até cobrir a parte superior da cabeça. É o significado da auréola colorida pelos pintores em torno da cabeça dos Santos. Pelo centro é recebida a Energia Divina; mas, atingida a perfeição, começa a emaná-la do interior, e o centro se converte numa verdadeira coroa. S. João diz das coroas dos vinte e quatro (24) anciães que as depõem no Trono do Senhor, significa que a Energia Criadora sai da cabeça e vai ao seu Deus Íntimo que a leva à obra.

Comentários complementares:

Na atividade do centro fundamental, a Energia dá vida aos demais; resulta no transporte das faculdades internas e desperta a consciência física; e, com o despertar do esplênico, o ser recorda as viagens mentais. Com atividade umbilical pode separar do Corpo e sentir as influências do astral. A vivificação do cardíaco outorga dor e prazer alheio; deseja sacrificar-se pelos demais e recebe Sabedoria. O despertar do laríngeo dá a clariaudiência; pode o Iniciado: ouvir o silêncio – música das esferas – e conversar com espíritos superiores. O do frontal capacita o ser em corpo a ver os espíritos por seu olho invisível; doze (12) é o centro da clarividência. Quando o coronário chega à plena atividade, o Eu Sou pode sair deixando consciente o corpo, pois já se acha livre da prisão carnal; pode voltar ao corpo, sem interrupção, e estará sempre consciente, quer no sono físico ou no definitivo (morte). Esse será o Perfeito Iniciado.

Guarda (ou Cobridor)

8. Revelações

Em *Revelação (Cap. X, vs.6), São João* diz, depois de ter aberto o *cordeiro – o último Selo*:

- *"E jurou pelo que vive nos séculos dos séculos, que criou o céu e as coisas que nele há, e a terra e as coisas que há nela, e o mar e as coisas que há nele, que já não haveria mais demora.";*

isto é, ao Adepto que chegou à libertação e união com Deus; e noutra parte *(Cap. XI, vs.15)* diz:

- *"E quando o sétimo anjo tocou a trombeta, houve no céu grandes vozes que diziam: 'Os reinos do mundo vieram a ser de nosso Senhor e do seu Cristo, e Ele reinará para todo o sempre'.";*

assim, a *grande tarefa* do Adepto é *despertar ou acender seus sete (7) centros – igrejas – ou candelabros* com a *Luz do Espírito Divino*, e chegar à libertação ou união com seu Deus Íntimo.

9. Na Maçonaria

Para construir-se uma Loja faz-se necessária a presença de *sete (7)* Maçons; assim como, o *número sete (7)* representa o Esquadro, pois esse é seu formato; e, simbolicamente é o *número das Sete (7) Artes e Sete (7) Ciências Liberais*, de acordo com o filosofismo maçônico moderno.

Já os neognósticos dispuseram as fases de sua Iniciação de acordo com as estações do ano, e essas *quatro (4)* etapas comportam *sete*

(7) graus, que correspondem aos *sete (7)* períodos da vida de Jesus, a saber: *Nascimento – Conversação com Doutores – Batismo – Pregação – Luta – Lapidação – e Transfiguração*; e ainda: *Entrada triunfal – Ceia – Morte – e Ressurreição.*

No terceiro (3º) Grau de Mestre, simboliza a *Corrente Moral* que une a *Ciência Maçônica* à civilização e felicidade do Homem.

Os *sete (7)* pecados devem subsistir, para que seja possível haver a reação e seu combate, porque, somente com o esforço conjugado para lutar contra os pecados, possa ocorrer o equilíbrio necessário para que a própria vida assuma interesse e atividade.

Os planetas na Antiguidade eram *Sete (7)*, e a Lua que ocupava a *sétima (7ª)* fileira está sujeita à ação do *Número Sete (7)*; e os oceanos também cedem à força do *Número Sete (7).*

A *Simbologia dos Números* se encontra nos *Sistemas Religiosos*, em particular nas *Sagradas Escrituras*, além de também constar da Maçonaria.

Respeitabilíssimo Mestre

Nos estudos maçônicos, os *números ímpares* são alvo de determinada *veneração,* por todo seu elevado significado filosófico; e ainda, quanto ao *Simbolismo* de outros *Sete (7)*, que não diretamente vinculados, tem-se a *Estrela D'Alva.*

Finalmente, sabe-se que aqui não se esgotam os *importantes significados do Número Sete (7)*, mas faz recordar a infinidade de *Simbolismos* ligados a esse *Número Perfeito*, provocando a cada citação a busca da seguinte, sempre procurando seu significado mais profundo.

SETE (7) – O NÚMERO PERFEITO (CURIOSIDADES)

Por exemplo, tem-se ainda em sete (7):

Os planetas da época = Lua, Mercúrio, Vênus, Sol, Marte, Júpiter e Saturno; Os dias da semana = Segunda, Terça, Quarta, Quinta, Sexta, Sábado e Domingo; As denominações inspiradas nos hindus; Os anjos superiores = Gabriel, Rafael, Asrael, Michael, Samael, Zadkiel e Zafkiel; Os espíritos inferiores = Gabriel, Rafael, Anael, Michael, Samael, Tachel e Cassiel.

As virtudes = esperança, temperança, amor, fé, fortaleza, justiça e prudência; Os metais conhecidos na Antiguidade = prata, mercúrio, cobre, ouro, ferro, estanho e chumbo; Vícios = avareza, inveja, luxúria, vaidade, violência, gula e egoísmo; Cores = verde, amarelo, roxo, alaranjado, vermelho, azul e índigo; Notas Musicais = Dó, Ré, Mi, Fá, Sol, Lá e Si; Igrejas do Apocalipse = Éfeso, Pérgarno, Filadélfia, Tiatira, Esmirna, Sardo e Laodicea; Centros magnéticos = fundamental, umbilical, frontal, cardíaco, esplênico, laríngeo e coronário; Sacramentos católicos = batismo, confirmação, matrimônio, sacerdócio, penitência, eucaristia e extrema unção; Perfumes = âmbar, benjoim, almíscar, laurel, ajenjo, açafrão e mirra; Vogais (francesas) = Ô – A – Ü – E – I – U – e EU; e consoantes; Os Braços do candelabro da Moisés; As Igrejas da Ásia; Os Selos misteriosos; As Estrelas na mão direita de Deus; Os Raios de Deus gerando Sua luz para o Universo; Os Espíritos postados à frente do Trono de Deus; As Principais Direções em que se move a vida até a união Divina; Os Modos do Homem alcançar a Perfeição; Os Poderes peculiares do Adepto; Os Degraus a chegar ao VM representando: força, trabalho, ciência, virtude, pureza, luz e verdade; Os Degraus a galgar o Companheiro, que representam as Ciências antigas: Gramática, Retórica, Lógica, Aritmética, Geometria, Música e Astronomia; Os Ângulos no avental do Aprendiz, com porções triangular e quadrangular, sendo que a natureza do Homem é composta pelo duo – alma e corpo, representados nestas porções; O Número de Nós da Corda no Painel de Aprendiz dos Ritos Adonhiramita e Escocês; Os instrumentos no Painel: Esquadro, Compasso, Perpendicular, Nível, Maço, Cinzel, e Prancha; A idade iniciática do Mestre; As decorações cúbicas na Torre de Babel, pois os caldeus consideravam o sete como o Número mais Sagrado entre os demais; Os andares no Templo de Baal; As cores do espectro solar; As maravilhas do mundo – antigo e moderno; Os sábios da Grécia antiga = Tales de Mileto, Pitaco de Mitilene, Bias de Priena, Cleóbulo de Lindo, Mison de Quen, Quilon da Lacedemônia e Sólon de Atenas; As partes que compunham a coordenação do Direito Romano; Os anos na construção do Templo de Salomão, quando assassinado o Encarregado da Obra; Os Maçons, sendo ao menos três (3) Mestres, para compor uma Loja Justa e Perfeita; Os Elementos que compõem o Homem, segundo a Cabala: Corpo tangível, fluído vital / corporal, alma instintiva / moral / divina, vida de Deus, e união suprema da alma em Deus; Os degraus da Escada evolutiva de Jacó, imitação da Escada Mitríaca; As Artes Liberais para os antigos, como as faces da vida humana; As Colinas de Roma = Palatino, Quirinal, Aventino, Rocha Tarpeia ou Capitólio, Coelius, Viminal e Esquilino; As Igrejas – Estrelas – Arcanjos – e Candelabros (ouro), do Apocalipse bíblico; Os Gênios na Visão de Hermes; Os Devas da Índia; Os Amshapands da Pérsia; Os grandes anjos da Caldeia; Os Sefirots da Cabala; As obrigações morais / religiosas dos drusos, conhecidas só dos Iniciados (ukkals); Os altares sobre os quais eram feitas as imolações na Antiguidade; As vítimas para fazer descer os gênios sobre a Terra; Os pireus dos adoradores de Mitra; Os estágios do mundo; As inteligências celestes; Os céus dos Orfitas; Os indianos Manus – Deuses planetários – Ritchis – e mares a rodear o Monte Meru; Os anéis proféticos dos brâmanes; Os japoneses Kamis, Príncipes ou espíritos celestes; As classes de anjos dos siameses; As Amschaspands – Companheiros de Mitra; As pirâmides da Lacônia; Os pilotis de Osíris; A duração do reino de Osíris = 4X7 anos (28 anos = Número Lunar); Os dias genetliacos de Apis no Egito; Os ministros do Bem-Supremo entre os Parses; Os ídolos dos Bonzos; As câmaras de Moloch; As cabeças de Amidas; Os filhos de Reia; As filhas de Astarte; Os filhos e filhas de Anfiao e de Niobeia; As portas do Templo do Sol em Heliópolis; Os estágios da Torre Astronômica da Babilônia; As Torres Ressonantes da antiga Bizâncio; As marchas do Templo dos destinos; As tabuinhas do Livro das mesmas; Os Estados Confederados de Cohiuria; As famílias Jolaides das Tespias; As portas de Tebas; Os fundadores dos Muros de Tirinto; Os Ciclopes e os Titãs (1- Briareu =

perda da serenidade; 2- Oto = diversidade de estações; 3- Etialtes = cúmulos de nuvens; 4- Encelado = devastação pela água; 5- Partirion = fratura das terras; 6- Mimas = grandes chuvas; e 7- Rhotus = vento); Os dias da Criação de acordo com a Bíblia; O repouso da Criação no sétimo (7°) dia; As bem-aventuranças; Os dias de êxtase de Ardeshir; Os animais proféticos; Os querubins; Os arcanjos dos caldeus e dos judeus; Os sons dos gnósticos; As mulheres de Ester; Os meses de duração do Dilúvio; Os dias consagrados pelos hebreus para chorar a morte de Jacó; As vacas gordas e as vacas magras profetizadas por José; Os flagelos do Egito; As torres de Josué ao redor da cidade de Jericó; Os clangores de trombeta dos levitas para derrubar os muros de Jericó; Os dias da festa dos Tabernáculos; Os meses de duração da construção do Tabernáculo; As horas (meses) que Adão e Eva permaneceram no Paraíso terrestre; Os dias que as Gálias – sacerdotisas de Cibele, foram proibidas de adentrar o Templo; As vogais pronunciadas pelos antigos sacerdotes invocando os sete planetas; As cidades do céu dos escandinavos; Os floretes da visão de Gilfo no Eda; As aberturas do ídolo Moloch; Os sons vocais; Os tons da harmonia; Os tubos da flauta de Pã; As estrelas sobre o peito de Pã; As cordas da lira também chamada lira de sete tons; Os céus dos madecasses; Os céus dos gnósticos e as respectivas inteligências; Os filhos dos Indalboath entre os ofitas; Os dormentes dos árabes; Os muros do Templo de Salomão; Os olhos do Senhor; As colunas da Casa do Senhor; Os anos da fuga de Jesus no Egito; As pragas que caíram sobre o Egito; As chagas de Jesus; As palavras que Jesus pronunciou da cruz; As dores da Virgem; Os pecados capitais; Os salmos penitenciais; As estrelas que o filho do Romem segura nas mãos (Apocalipse); Os selos, trombetas, lâmpadas e trovões bíblicos; As cabeças do dragão; Os cornos e olhos do cordeiro do Apocalipse; As sete vezes 141 anos desde o Dilúvio até Abraão conforme Josefo; Por ordem de Eliseu as vezes que Naama mergulha no Jordão a curar a lepra; As sete vezes 10 anos depois de Cristo, época em que Jerusalém foi destruída; As sete vezes 10 anos do Reino de Deus sobre Israel; As sete vezes 7 anos para os jubileus; As semanas ou sete vezes 7 dias da Páscoa até Pentecostes; Os rapazes e as moças do tributo cobrado por Minos em Creta; As voltas que faziam dar a vaca Sagrada no Egito; As voltas que se fazia dar a vaca vermelha na Judeia; Os anos depois dos quais Memnon anunciava a presença do Deus; Os anos após os quais celebrava-se a Septeria, festa dos Delfins em honra a Apolo; Os movimentos da Terra a produzir fenômenos particulares; Os preceitos (noachides) dados por Noé aos filhos; Os espíritos que governam os sete céus dos madecasses; Os eleitos de Scythim; Os demiurgos de Minerva; Os canais do Lago Moeris; As embocaduras do Rio Nilo; As Ilhas Jônias; Os bairros de Jerusalém; Os anos em que se deixava repousar a terra na Judeia; Os muros de Ecbatana; As castas hindus e egípcias; As voltas nos jogos do circo; Os chefes ursiargos; Os chefes ou heróis que se destacaram em Tebas na Guerra dos Sete Chefes: Polinice, Adrasto, Tideu, Anfiaran, Hipomedonte, Partenope e Capaneu; Os magistrados ou septemviros romanos; Os reis egípcios e o último Thon foi destronado; Os monarcas chineses e o último Tebi foi destronado; Os reis de Roma e o último Tarquínio foi destronado; Os eleitores alemães Príncipes estabelecidos em 1292 na eleição de A.Nassau; A Guerra dos Sete Anos (1756 / 63) que agitou a Europa; As vias pelas quais se age: boca, olhos (2), narinas (2) e orelhas (2); Os movimentos externos do corpo que caminha para frente, trás, direita, esquerda, alto, baixo e gira sobre si; As delícias da vida: *'Saúde – Repouso – e os Cinco (5) Sentidos'*, sendo quatro desses situados na cabeça, sede das funções; As paixões humanas úteis quando moderadas, mortais e sem restrições; Os órgãos humanos língua, coração, pulmão, fígado, baço e rins (2); As substâncias que compõem a espessura do corpo do centro à superfície: medula, ossos, veias, artérias, carne e pele; As estrelas que compõem a Constelação da Ursa Maior; Os seres celestiais: anjos, arcanjos, querubins, serafins, tronos, potestades e dominações; e os quadros que formam a Via Sacra.

A 'CÂMARA-DO-MEIO' (PARTE I)

"A Porta da 'Câmara-do-Meio' estava ao lado direito da Casa, e por caracóis se subia à do Meio, e da do Meio à Terceira." (I Reis – 6/8)

Respeitabilíssimo Mestre

Modernamente, na Maçonaria Especulativa a expressão *Câmara-do-Meio* tem ao menos dois sentidos, de: *Uma reunião regular de Mestres Maçons; e um Recinto ou Templo especial*; e, pela *Lenda* do Terceiro (3º) Grau, a *Câmara-do-Meio* era o chamado *Local de Reunião* dos Mestres, para receber e discutir:

- *As orientações relativas à Construção do Templo de Salomão;*
- *Providências quanto à Oração; e também*
- *Provimento para receber os respectivos 'Salários'.*

Para acessar a *Câmara-do-Meio* no Templo, era preciso galgar uma *escada em caracol*, com três (3) lances compostos, respectivamente, por *três (3), cinco (5) e sete (7) degraus*.

1º Vigilante

Esotericamente, essa escada era construída em forma de caracol, para: *Forçar quem a sobe a concentrar a visão num ponto central, ou olhar para dentro de si próprio*; e embora concentrado nesse ponto, a *cada passo se sentirá um pouco acima do anterior*, elevando-se e crescendo à medida que procura internamente as respostas que tanto necessita.

Portanto, para o Integrante poder atingir o Mestrado, ou chegar à *Câmara-do-Meio*, deverá necessariamente cultivar em si, o crescer de seu conhecimento ao subir a escada em caracol.

Como quase tudo na Maçonaria, não foi por acaso determinado o *número de degraus* da escada de acesso à *Câmara-do-Meio*, havendo muitas referências a esses *números*, podendo dentre outras tantas, simbolizarem as:

- *Idades maçônicas (anos) do Aprendiz (3), Companheiro (5) e Mestre (7):*
- *Três (3) primeiros Degraus da Escada de Jacó – o Triângulo – o Delta Sagrado – a Trindade Sacra: Pai, Filho e Espírito Santo – etc.;*
- *Cinco(5) é o Símbolo do Companheiro (Estrela Flamígera) – as Ordens de Arquitetura: Toscana, Dórica, Jônica, Coríntia e Compósita – a Quintessência – e outros;*
- *Sete (7) é o resultado da soma da tríade (Compasso) com a tétrade (Esquadro) – as Artes Liberais – o Símbolo ou Selo de Salomão acrescido do Ponto Central – etc.*
- *E, cabe a indagação: Por que a denominação Câmara-do--Meio? Sendo obtidas respostas:*
- *O Meio é o centro ideal onde o Mestre deve sempre estar;*
- *No Meio entre Esquadro e Compasso, há o equilíbrio entre matéria e espírito;*
- *Na morte está no Meio da idade entre o nascimento e a imortalidade; e entre a Terra e o Céu;*
- *Os nobres sentimentos estão no Meio do corpo – no coração;*
- *Deve se concentrar no: Centro – Meio – ou Coração, da Árvore da Vida.*

2º Vigilante

Maçônica e simbolicamente, quanto à anatomia do corpo, essa se localiza, enquanto:

- *Aprendiz no abdome, a porção mais inferior do corpo;*
- *Companheiro no tórax, a porção média do corpo; e*
- *Mestre na cabeça, a porção mais superior do corpo;*
- *contudo, no Mestre a Câmara está em local secreto e protegido – no mediastino, no meio do tórax, lugar do coração; e indagar: Por que a Câmara está assim localizada?; e entendido que:*
- *Esse local é o Centro ou Meio do corpo humano;*
- *Perdida a ilusão pelo hermetismo, é o Centro de Conhecimento, indo do cérebro ao coração; e*
- *O coração, simbolicamente, é a fonte das emoções humanas.*

e que popularmente diz-se ao fazer algo de modo excepcional, que *se está fazendo com o coração*; ou ao se desejar com fervor a outrem, que *se deseja de coração*; e ainda, se um indivíduo é frio e insensível, diz-se ter o coração duro como pedra.

O coração, por ser a fonte de vida e calor, é o Sol do microcosmo, símbolo da vitalidade da vida e da Luz, e ainda, eco da Palavra Perdida; além disso, é quem determina a morte ao cessar de modo irreversível seus batimentos; e mais, representando a morte e a vida significa o corpo do Mestre do Templo sem vida, para a seguir renascer no corpo do novo Mestre na Exaltação.

Do Companheiro nasce o Mestre para a morte dos: Vício e Ilusão, e permanentemente, renascendo para a: Verdade e Virtude, pilares do domínio da Realidade; ademais, para o Mestre bem cumprir as tarefas, necessita discernimento só adquirido na Câmara-do-Meio da inteligência própria, depois de superar a: Prova Simbólica da morte e do renascimento, tipificadora desse Grau.

Orador

Infelizmente, poucas Lojas preparam espaço específico para realizar Sessões em Câmara-do-Meio; a maioria realiza essas Sessões no mesmo Templo decorado para os Graus precedentes, fazendo só as adaptações necessárias; no caso, dentre as providências, tantas as Colunas J e B devem estar cobertas, lembrando tanto que se localizavam fora do Templo de Salomão, quanto que os Mestres recebiam seus Salários nessa Câmara, e longe das duas Colunas onde recebiam os Companheiros e Aprendizes.

Conforme o Rito há os que determinam que a Câmara tenha decoração peculiar e impressionante: lutuosa – sombria – pouco iluminada – com crânios sobre tíbias – paredes e teto negros com lágrimas prateadas em grupos de Três, Cinco e Sete.

No Altar dos Juramentos, no Livro da Lei, de acordo com o Rito, sobre os versículos lidos pode-se depreender que:

- *O Homem foi feito do 'pó da terra' composto pelos quatro (4) elementos: terra – ar – água – e fogo, acrescido do Sopro Divino ou Alma que dá Vida; sendo descrito por alguns como o Hálito vivo de Deus ou a Quintessência;*

a diferenciar o Homem dos animais, tornando-a ligada ao *Criador*.

Cessando a vida e ocorrendo a putrefação do Corpo, o ser retorna à origem – ao *pó*, e seu Espírito vai ao *Criador* porque é imperecível; por isso, aquele que em sua efêmera vida perde tempo com vaidades, passará pela vida em vazio, em vão, oca e a desperdiçando sem sentido.

Por exemplo, nesse Grau, sobre o *Livro da Lei* aberto na preceituação bíblica do Rito, estarão assim posicionados o *Esquadro e o Compasso*, da seguinte forma:

- *Compasso = O centro do entrelaçamento (cabeça) das duas hastes voltado ao Oriente, e hastes para baixo 'sobre' as do Esquadro; e*
- *Esquadro = O vértice do ângulo de 90º voltado ao Ocidente, e hastes para cima, representando que no terceiro (3º) Grau: A espiritualidade já sobrepujou a materialidade.*

Ainda conforme o Rito da Loja, como outro exemplo pode ser determinado que conste no Ocidente, entre o *Painel do Grau e a Porta do Templo*, a representação de um *túmulo ou esquife*, mantida sua forma e características, mas que também poderia ser composto por: *acolchoado preto – tumba mortuária – simples pano preto estendido – etc.*, podendo ainda esses conjuntos ser *cobertos por um pano mortuário preto*, e sobre tais cenários, colocado um representativo *ramo de acácia*; além disso, pode também ser recomendado que todos os Altares sejam *cobertos e forrados lateralmente por toalhas e revestimentos pretos adornados com lágrimas prateadas*.

Secretário

No Cerimonial de Exaltação a *Câmara-do-Meio* deve ter iluminação muito fraca, e como apregoa certo Rito, ainda um *facho de luz artificial de lanterna* no *Ocidente*, próximo da cena descrita e dirigido à *cabeça* do Mestre; e, além do *facho,* auxiliam mais três candelabros com três velas/lâmpadas, postados nas três Luzes dirigentes da Loja, formando um triângulo equilátero.

O mesmo *facho de luz* é usado para orientar as *viagens* na dramatização da *Lenda*; como a *Luz nas trevas* iluminando em busca da verdade encoberta, combatendo a escuridão causada pela: *ignorância – fanatismo – e ambição*, inimigos da: *Verdade e Sabedoria*; e o *facho artificial* do Ocidente não deve ser confundido com a *Luz Divina* irradiada do *Oriente – Santo dos Santos*.

O *Pavimento da Câmara* da Maçonaria Especulativa também é composto por mosaicos brancos e pretos simbolizando: *dualidade – contrastes – e significados conhecidos nos 1º e 2º Graus*; e, infelizmente, não é sabido como seria o aspecto do *Pavimento no Templo de Salomão*.

Na entrada do *Santo dos Santos* há um *Pórtico*, e ao se trespassar sua soleira, são feitas alusões aos: *deveres – polimento – e personalidade*, que permitirão o estudo dos *Augustos Mistérios*, para ser recompensado na *Câmara-do-Meio*.

Os descritos: *piso mosaico – facho (lanterna) – e pórtico* são *ornamentos da Câmara*, assim, depreende-se que sua cor predominante é *preta*; mas, essa não sendo cor, mas a ausência de cores, alguns autores entendem não haver *cor* nessa *Câmara*; e ainda, quanto ao visual da *Câmara* referido nos Ritos, há inúmeros Ritos Maçônicos que instituem diversas outras *decorações* à *Câmara*, e suas interpretações as tornam muito diferentes.

Guarda (ou Cobridor)

E como foi dito, sendo a Loja do Grau denominada *Câmara-do--Meio*, há alguns Ritos, e também certos autores determinando que a *Câmara* se compõe de duas partes: *1ª) Solstício de Verão = Nasce o Sol e surge a Luz; e 2ª) Solstício de Inverno = Ocaso do Sol e vem a escuridão*; assim, as Lojas seriam separadas adaptando um *cortinado* dividindo *Oriente e Ocidente*, sendo essa *cortina* de veludo azul com motivos dourados na face do *Oriente ou Parte Celeste*, e de veludo preto sem complementos na voltada ao *Ocidente ou Parte Lutuosa*; simbolizando que: *Está no Oriente o Reino ou Fonte da Sabedoria e Luz, que se aproxima o iniciante no Mestrado, e também é no Oriente que se desvenda o 'Trajeto Obrigatório do Mestre – o Caminho da Sabedoria;* e que no *Templo de Salomão* denominavam-se *Oriente = Debhir* aludindo ao *Lugar Santo ou Santo dos Santos*, e *Ocidente = Hekhal, Hikhal ou Hikal* alusivo à *Casa Grande* do Templo.

E em complemento, podendo afirmar que segundo escreve o autor *J. Kotska*:

- ***Debhir*** = *Câmara onde esse Grande Mestre assassinado ressuscitará, significando Diabolli Ecclesia Beata Hiram-Adonhiram Invocat Reverenter – A Igreja bem-aventurada de Lúcifer invoca religiosamente Hiram-Adonhiram; e decorado em pintura azul semeado de ouro; e*
- ***Hikal*** = *Câmara mortuária do Encarregado da Construção do Templo, significando Hic Imperat Kristós, Abominatio Luciferi – Aqui triunfa Cristo, abominação aos filhos de Lúcifer; e decorado em pintura preta ornada com lágrimas brancas;*

e como foi dito, entendido ser *preta a ausência de cor* e *branca a composição das muitas cores.*

Respeitabilíssimo Mestre

Finalmente, cientes que na luta pelo domínio da Terra, entre *Kristós = Luz* e *Luciferi = Trevas*, o primeiro vence, e *Debhir e Hikal* simbolizam o Mestre assassinado, com o Corpo nas *Trevas da Ignorância – no Ocidente*; e, ao renascer, eleva o *Espírito* para a *Luz e a Sabedoria* emanadas do *Santo dos Santos – do Oriente*; assim, o Mestre *Desce ao inferno, ao interior da tumba do Grande Mestre, Hikal – ou Ocidente*; e renasce para a *Vida Espiritual* no *Santo dos Santos – Debhir – ou Oriente.*

A 'CÂMARA-DO-MEIO' (PARTE II)

Respeitabilíssimo Mestre

No terceiro (3°) Grau de Mestre, em todos os Ritos, predominam: *cor preta e aspecto fúnebre*, que remetem à: *tristeza pela morte do Mestre – e lamento pela Palavra Perdida*; e essas *características funestas* referem-se à *Lenda de Hiram/Adonhiram*, e consequentemente, ao brutal assassinato do *Grande Mestre* pelos três (3) Companheiros maus e traidores, simbolizando:

- *A morte da Luz pela ação das: ignorância – fanatismo – e ambição, o renascimento do Mestre e sua segunda morte corporal, quando se desprende das ilusões vãs e materiais, para renascer assumindo sua Missão Espiritual.*

Mencionando que a *acácia* identificava onde o *Grande Mestre* fora sepultado pelos maus Companheiros, e complementando que essa *acácia* da liturgia maçônica seria a *acácia aegypti*; árvore robusta de madeira lenhosa, resistente às intempéries e pragas, produtora da goma arábica e tanino, usados na preparação de medicamentos e no tratamento do couro animal.

1° Vigilante

Tem tronco esguio, e por vezes seus galhos apresentam espinhos, sendo sua flor esférica, aveludada e de coloração branco-amarelada; a flor da *acácia*, pela semelhança a um pequeno sol, representa a *Luz irradiada pelas: verdade – virtude – e sabedoria*, que o Mestre deve propagar a sua volta como *Fonte de Luz*, pois sempre pode dizer que: *A imortalidade me é conhecida!*

Como foi dito, a *acácia* produz madeira de excelente qualidade, resistente ao tempo e a ação de insetos, e devido a esse fato, é considerada de durabilidade indefinida; e tal é sua qualidade, que se diz que a *Arca da Aliança e a Arca de Noé* foram construídas com madeira de *acácia*.

Na Maçonaria a *acácia* é um *Símbolo do Mestre* usado na *Câmara-do--Meio* sobre o corpo dos Adeptos, que na Exaltação dramatizam o personagem de Hiram/Adonhiram; e ademais, a *acácia* também representa as:

- *Imortalidade da alma – renascimento do Mestre na Exaltação – e perenidade da sabedoria e conhecimento', que retornam mesmo abatidos pelas: 'ignorância – fanatismo – e ambição, ou os três irmãos (3) Companheiros que alguns Ritos dizem ser: Jubelas – Jubelos – e Jubelum.*

Na *Câmara-do-Meio*, em quase todos os Ritos, o *Painel do Grau* tem aspecto lúgubre e funesto aludindo à *morte*; como, por exemplo, no REAA no *Painel* consta a figura do *esquife* do *Grande Mestre*, coberto por uma *mortalha preta*, e esse conjunto disposto no *Piso Mosaico.*

2º Vigilante

Um *ramo de acácia – símbolo da imortalidade da alma –* pode vir posto no cruzamento das *faixas mortuárias brancas* que recobrem a *mortalha*, no próprio *esquife*, ou até *encravado num montículo de terra*, mostrando como a sepultura fora descoberta; ou ainda que esse *ramo* não estaria firme em seu plantio, provocando a desconfiança dos que buscavam o Mestre; além disso, próximo ao *ramo*, no local correspondente à cabeça, pode ainda constar o *Delta Sagrado*.

Aos lados do *esquife* estão *crânios sobre tíbias cruzadas*, significando o destino da vida material ou a morte corporal; e *lágrimas brancas* esparsas simbolizando dor e tristeza, pois:

- *Quanto maior a Sabedoria, certamente, maior será a Dor!*

Ainda, conforme o Rito, em *Câmara-do-Meio* o Mestre deve estar *coberto* por *chapéu de feltro ou tecido preto com abas caídas*, mostrando a *tristeza* reinante no recinto; e é provável que a origem desse uso, apesar de inúmeras outras interpretações, remonta ao:

- *Uso do solidéu pelos judeus – cobertura que os católicos usavam – e faz alusão à Coroa Real,*

que no caso é substituída pelo *chapéu preto* representando o *emblema do Homem livre e respeitado*; e mais, que o *chapéu* só seja retirado sob o *comando* do dirigente da Sessão.

O *Avental* de Mestre é decorado conforme orientação dos Ritos; por exemplo, nos:

- *Rito Escocês Antigo e Aceito = Em couro ou similar, branco, abeta sempre rebaixada, bordas azuis na aba e corpo, três rosetas azuis – uma na aba e duas no corpo em triângulo equilátero; verso preto com um crânio entre tíbias cruzadas;*
- *Rito Adonhiramita = Em couro ou similar, branco, abeta sempre rebaixada, bordas azuis na aba e corpo, na aba um Delta com o 'Olho que tudo vê', e no corpo o Emblema Maçônico (Compasso + Esquadro + Letra G) ladeado por dois 'ramos de acácia'; verso preto com um crânio entre tíbias cruzadas;*

e, lembrando que a vestimenta dos Mestres é *preta*, e que na Sessão de Exaltação os *Aventais – Faixas – e Joias* devem estar *virados* pelo verso *preto* reforçando o *luto* reinante no Templo.

Orador

O *tratamento* dispensado às *Luzes da Loja* em *Câmara-do-Meio*, dependendo do Rito adotado pela Oicina, também difere dos primeiro e segundo Graus, podendo assim ser os:

- *VM nominado Respeitabilíssimo Mestre,*
- *1º e 2º Vigilantes de Venerabilíssimos ou (Amados) Irmãos 1º e 2º Vigilantes, e*
- *Todos os demais Mestres de Veneráveis Mestres ou (Amados) Irmãos;*

sendo tal diferenciação necessária porque a *Câmara* é composta estritamente por Mestres.

E, se nessa *Câmara* predominam os sentimentos de *dor e tristeza* pela morte do *Grande Mestre* e perda da *Palavra Sagrada,* deve sempre ser lembrado que, em realidade, os acontecimentos narrados na *Lenda do terceiro (3º) Grau de Mestre*, efetivamente, compõem uma determinada narrativa que é acobertada pelo véu de ser uma *Lenda'*; e, portanto, passível de diversas versões e interpretações.

Prosseguindo, poder-se-ia quase afirmar que se trata de *'ficção'*, mas que com muita perfeição cumpre retratar e simbolizar as *Virtude e Sabedoria Maçônicas*; que, infelizmente, estão expostas ao perigo e constantemente ameaçadas por: *ignorância – fanatismo – e ambição.*

Também não deve, e nem pode, ser esquecido que à *Luz* irradiada pelas: *Verdade – Sabedoria – e Virtude Maçônicas*, ainda que estejam combalidas ou até abatidas, sempre deve ser realizado todo esforço possível para nunca se apaguarem, mas virem a renascer nos corações dos Adeptos na sua Exaltação.

Se os Integrantes agirem assim, será ininterrupto o propagar dos *Ideais Maçônicos de: Liberdade – Igualdade – e Fraternidade*, para que cada Adepto da Instituição possa ressuscitar e encontrar interiormente a si seu *Mestre* ali existente, e a tão necessária *Palavra Perdida.*

Ademais, a *Câmara-do-Meio* ainda pode ser considerada como sendo: *O verdadeiro espaço onde são operadas as transformações infinitas*; que são devidas porque *nada tem início sem a morte*, como exemplo: *Os grãos (sementes) morrem para as plantas se desenvolverem.*

Secretário

A expressão *'Câmara-do-Meio'* pode ter se originado como corruptela de *'Piso-do-Meio'*, mencionado na Bíblia no *Livro de Reis I (Cap.VI,vs.8)*; além disso, porque a menção *'Câmara-do-Meio'* sempre constou dos mais antigos Rituais, e como um dos mais exatos significados, que: *A Câmara-do-Meio deve sempre estar no 'Meio do Esquadro e Compasso' – entre 'Céu e Terra'.*

E podendo ser entendida como a *perda das ilusões pelas práticas herméticas* que altera o centro do conhecimento do *cérebro para o coração*; pois conhecimento pelo coração é direto sem intermediações rumo ao manancial da vida, e o caminho à *Luz,* eco da *Palavra Perdida*, ou as:

- *Quinta-Essência do alquimista – interseção dos dois (2) braços da cruz – e cume ou cimo da Pedra cúbica pontiaguda ou puntiforme.*

O Adepto principia a Iniciação pelo simbolismo de sua *morte e vida profanas*, integrando-se à *Câmara-de-Reflexões* e à *morte simbólica* do *Grande Mestre Hiram/Adonhiram.*

Se entendido que o *Meio* é como um *centro ideal*, ascender à *Câmara-do-Meio* é dirigir-se ao *Centro da roda ou eixo imóvel* escapando do mundo profano, que corresponde a:

- *Os Iniciados seguem em 'marcha' sobre os 'raios da roda', sempre em direção ao 'centro'.*

E ainda, a *Câmara-do-Meio* é comparada à figura geométrica do *hexágono*, pois a *casa do sábio* tem forma *hexagonal*; e assim, ao se comprimir no interior do *hexagrama, ou seja, dessa Câmara*, com toda a eficácia, verdadeiramente o Iniciado se transforma num verdadeiro Integrante.

Ademais, por antigos Rituais, muitos Mestres divididos em grupos partiram em busca do corpo do *Grande Mestre*; e, dentre outras interpretações, que somente três desses representavam os: *saber – tolerância – e desprendimento*, demonstrando o excepcional esoterismo da *Lenda*.

Guarda (ou Cobridor)

Cabendo relembrar que o *Número Nove (9)* representa a *germinação para baixo*, consequentemente *material*, e ao contrário, o *Número Seis (6)* demonstra a *germinação para o alto*; logo, *espiritual*; e, em complemento, quanto aos *Números*, os *três (3)* maus Companheiros assassinos foram julgados como representando as: *ignorância – fanatismo – e inveja*.

Sendo que esses *Números* representam a correspondência aos:

- *Aprendiz = três (3) que simboliza o Triângulo ou Delta Luminoso como o fogo espiritual, que atua sobre o Pentagrama (5) ou Estrela Flamígera;*
- *Companheiro = cinco (5) a Estrela Flamígera ou Pentagrama (5) como a matéria primária;*
- *Mestre = sete (7) o Selo de Salomão com seu Ponto Central;*
- *Número Seis (6) = conduzido pelo Número cinco (5), que representa o Hexagrama ou Selo de Salomão, como o Hieróglifo da Pedra Filosofal; e*
- *Número Onze (11) = União do Selo de Salomão (6) com a Estrela Flamígera (5), que simboliza a União do Microcosmo com o Macrocosmo.*

Assim, a Maçonaria surge como uma *comunhão*, significando *com + união*, ou seja, a reunião de seres por intermédio de uma mesma *Liturgia ou Rito Comum*; e, de outra parte, tende a criar Homens como: *Indivíduos, e Indivis = Indivisível*, ou cada qual consciente do seu valor.

Na organização, e cientes que cada Obediência tem suas características peculiares, torna-se própria da Maçonaria a individualização de: *procedimentos – estudos – e conhecimentos*; assim, a Loja tendo *espírito especial*, cada Adepto deve conservar e desenvolver suas qualidades inatas.

Respeitabilíssimo Mestre

Finalmente, bem entender que o complexo e/ou conjunto: *Instituição + Loja* pode ainda ser considerado como sendo uma *Verdadeira Escola* aos seus Adeptos, onde esse poderá se exprimir livremente diante de um auditório atento e benevolente; isso é devido, pois o Aprendiz depois de sua fase de *silêncio,* enquanto *se desbasta* de suas anomalias trazidas do mundo profano, transforma-se Companheiro; e o Mestre, quanto a seus *direitos e deveres*, que em verdade são individuais, surgirá na Loja como um *Elemento ou Pedra Perfeita*, já então indispensável para a existência dessa Oficina; então, o Adepto realiza o *Equilíbrio perfeito entre matéria e espírito*.

OS CINCO (5) PONTOS DA PERFEIÇÃO, OU DA FRATERNIDADE

Respeitabilíssimo Mestre

As referências aos *Cinco (5) Pontos* da Maçonaria, de início deve levar a uma necessária reflexão do *efetivo papel* do Mestre, e ainda, do real significado da *Cerimônia de Exaltação ao Terceiro (3º) Grau*; e a certeza de que o verdadeiro amadurecimento do Adepto na Ordem ocorre não apenas:

- *Pelo transcurso dos respectivos interstícios impostos pela Organização;*
- *Pela leitura dos Rituais; ou*
- *Apresentação de trabalhos do Grau, que por vezes são quase protocolares.*

Infelizmente, muitas vezes os *trabalhos* designados ao *Aumento de Salário*, não raro, são simples cópia quase integral de literatura específica, *sem* nenhuma contribuição pessoal.

1º Vigilante

Mas, é certo que os *trabalhos* assim elaborados quase nada contribuem à compreensão do Adepto dos valores que foram transmitidos, mesmo com o passar dos anos e a frequência em Loja.

É dever e obrigação da Instituição Maçônica proporcionar a todo Integrante que:

- *Receba absolutamente idênticas informações;*
- *Receba o mesmo respeito e atenção dos outros mais antigos;*
- *Estude os mesmos Rituais; e,*
- *Também aprenda na mesma literatura de referência;*

entretanto, o *tratamento interior e nível de assimilação* dessa imensa gama de informações sempre é absolutamente *peculiar e única* a cada indivíduo.

Cada Adepto tem maior ou menor interesse sobre determinado tema, bem como sobre cada Grau, concordante com suas percepções particulares, mesmo que até aqui conheça apenas os Graus de Aprendiz e Companheiro; então, tais imposições permitem concluir, significativamente, que:

- *O Maçom deve trilhar seu 'próprio caminho' em sua evolução interior.*

No *Simbolismo* a *Escada de Jacó* representa o meio de ascensão do Adepto, na *Escalada Espiritual* que almeja desde o próprio progresso; assim, a *Escada* contém igual número de degraus a todos, mas parecem com tamanhos e alturas diferentes a cada um, variando conforme a vontade e determinação individual; e isso jamais deve ser confundido com a colação de novos Graus, tanto pela humildade com o aprendizado quanto em assimilar e aplicar o que a Ordem proporciona.

Já cumpridas as obrigações dos Graus de Aprendiz e Companheiro, pode vivenciar a experiência única da Exaltação ao Grau subsequente; mas, tal Exaltação sempre deve se dar com o encorajamento ao dedicado progresso na Ordem, e o Integrante permitir concorde que seja arcado em seus ombros toda responsabilidade posta aos Mestres; e só ocorrendo ao *deter e reafirmar* sua condição de obreiro útil voltado à Ordem, e fiel a todos os seus *Princípios Formadores*.

2º Vigilante

Na *Câmara-do-Meio – Símbolo do interior e íntimo do Maçom*, o Adepto fortalecido ao extremo por sua Exaltação, fica diante das: *vida – violência – ódio – e crime*, montrados na *Lenda do Grau*; e envidar esforços a minimizar, ou excluir em definitivo, as horrendas mazelas que tornam: *empobrecida – entristecida – desanimada – maculada – e sofrida*, a Humanidade.

Ademais, tem a chance única de atuar como protagonista da *Cerimônia de Exaltação*, onde por instantes, representa uma espécie de reencarnação do Mestre condutor dos exaustivos e brilhantes trabalhos de construção do *Templo*; e ainda, vivenciar simbolicamente sua ressurreição.

É evidente que não é a ressurreição de uma vida, mas apenas seu simbolismo, significando o reerguimento das: *vontade – fraternidade – e maturidade*, por meio do *Simbolismo* dos Graus.

Na *Cerimônia* há referências a: *erguer-se das trevas – vencer a escuridão – e combater a ignorância e egoísmo*, e esses desafios são colocados ao novo Mestre, que doravante trabalhará na busca das: *verdade – exatidão – e sinceridade*, entendido seu papel na Ordem e na sociedade.

E o Mestre consciente inicia a trilhar o novo caminho, e operacionalizar a busca da verdade pelo *Amor* desinteressado; e já sagrado Mestre, para desenvolver as atividades e entender os novos atributos, franquearam conhecer os: *Sinais – Palavras – e Toque*, complementares do Grau.

O *Toque* componente dos *Cinco (5) Pontos da Perfeição* transmitidos só aos Mestres pode ser considerado a *Primeira Instrução* do novo Grau; então o significado desses *Pontos* pode ser externado diretamente; e sua exata compreensão se dá menos nas letras, e mais no sentido sincero.

Há Maçons com vários níveis de compreensão dos reais valores da vida, até porque cultuam diferentes Religiões; e, apesar disso, a mensagem dos *Cinco (5) Pontos* é: *transmitida – compreendida – e assimilada* por aquele que, verdadeiramente, volta-se para o Bem, buscando a verdade sem cessar; e como mencionado, o fazem pelo mais sincero *Amor desinteressado*.

Orador

Cada um interpretará os Ensinamentos por si, concorde com seus ditames filosóficos e religiosos; mas, não é por isso que será distorcido o teor transmitido pelos *Cinco (5) Pontos*, pois é único seu conteúdo e se encerra em mensagens de cunho inconfundível.

Se cada Adepto cumprisse apenas um dos *Cinco (5) Pontos*, não haveria: *mágoas – cisões – e desavenças*, que sempre ocorrem, e que, por vezes, são protagonizadas pelos próprios Maçons.

As Lições são simples, mas é importante que o destinatário queira *aprendê-las*, e não só ouvi-las; assim, o real significado dos *Cinco (5) Pontos* pode ser enunciado resumidamente:

- ***1°) m:.d:. com m:.d:. em garra*** = *Executa a saudação que indica união, e que deve assistir nas eventualidades; esse ensinamento é devido à maturidade do Mestre;*
- ***2°) p:.d: com p:.d:. (lados internos)*** = *Será apoiada toda tentativa louvável; indicando também que deve atender nas necessidades, alavancando os anseios em prol da Humanidade;*
- ***3°) j:.d:. com j:.d:. (lados internos)*** = *Sempre se deve humilhar diante Daquele que ofereceu seu ser; e nas preces diárias reverenciar as necessidades dos outros;*

- *4°) m:.e:. com o:.d:.= Defendido seu caráter, estando presente ou ausente; e simboliza que os pares devem se amparar, em queda ou dificuldade, dentro e fora da Ordem.*

Há Rituais antigos estipulando assim o Quinto (5°) Ponto da Perfeição ou Fraternidade:

- *5°) peit:.d:. com peit:.d:. = Confiados os segredos serão guardados; e a união mostra que ambos abrigam verdades, e os íntimos pulsam em uníssono com mesmos sentimentos;*

mas, outros Ritos, em seus mais recentes Rituais, estimam ser o mesmo Quinto (5°) Ponto:
5°) ósculo no lad:.e:. da face = Também significando que os segredos confiados serão perfeitamente preservados e guardados em sigilo.

Enfim, a Exaltação a Mestre demonstra: triunfo da vida sobre a morte – imortalidade do bom, justo e virtuoso – e prevalência do espírito sobre a matéria; e a aplicação desses Preceitos significará que o Mestre vive no íntimo do Maçom, e é exemplo de Retidão aos que convive.

Secretário

Seu aprimoramento tem a Pedra Fundamental nos Cinco (5) Pontos da Perfeição ou Fraternidade, gerador dos Ensinamentos aos novos Mestres, quando sua consciência se forma.

A Estrela de Cinco (5) Pontas faz aluzão aos Cinco (5) Pontos, sendo uma lição sobre as relações maçônicas, de como se tratar uns aos outros e a Humanidade, que é explicado no Ritual.

Os Cinco (5) Pontos constam pela primeira vez nos Rituais de Pedreiros do século XVI, incorporados ao último Grau de então, ao Ritual do Segundo (2°) Grau de Companheiro; porém, esses Pontos são utilizados atualmente no Terceiro (3°) Grau de Mestre, sendo importantes para demonstrar a evolução desde o antigo Ritual de Pedreiros até a modernidade, como está detalhado no Manuscrito da Eainburgh Register House.

Já a Estrela de Cinco (5) Pontas ou Pentagrama aparece desde os: antigos Aventais – Livros – e Cartas Maçônicos, e ainda consta como Símbolo proeminente da Ordem moderna; contudo, embora importantes, os Cinco (5) Pontos da Perfeição ou da Fraternidade, infelizmente, quase não detém significado simbólico tão importante na moderna Ritualística Maçônica; e nisso poderia ter sido acompanhado pela Estrela de Cinco (5) Pontas, o que, felizmente, não veio a ocorrer.

Contudo, convém mencionar que a primeira utilização simbólica da Estrela de Cinco (5) Pontas pela Maçonaria ocorreu em 1641 por *Sir Robert Moray (1608/73)*; e, certamente, é o uso mais antigo de um Símbolo por quem *não era pedreiro*, fato de muita significância.

E, apesar de não bem documentado, é sabido que *Sir Robert* nasceu em *Perthshire*, e que sua carreira militar o levou a *Londres*, onde estudou Mineralogia e História Natural, e se associou a pessoas influentes tornando-se amigo do *Rei Charles II*; e o convenceu a instituir a *Royal Society (1660)*, que até hoje, em homenagem ao fundador escocês, realiza o Grande Encontro Anual no Dia de S. André; e pelas realizações *Sir Robert* foi enterrado com honras na *Abadia de Westminster*.

Guarda (ou Cobridor)

Sir Robert Moray foi o primeiro *não pedreiro* a ser Iniciado numa Loja na *Inglaterra (1641)*; era o General-Mestre de Quartel do exército escocês dos *covenanters* que tomou o controle de *Newcastle-on-Tyne*; exército formado por *convenção – dai covenant*, de escoceses seguidores do *Presbiterianismo*, para resistir à tentativa do *Rei Charles I da Inglaterra*, que também reinava na *Escócia*, de forçar os escoceses a se tornarem *Anglicanos*.

O exército teve desempenho significativo na Guerra Civil Inglesa, possuindo uma *unidade de logística* também formada por Adeptos da *Loja de Edimburgo*, e esses *pedreiros* realizaram a *Iniciação* de *Moray* e *Alexander Hamilton* – General da Artilharia Escocesa.

Como já visto, na atualidade reitera-se ser o *Avental* o aparato mais associado ao Maçom; porém, o estudioso *Moray* nunca menciona o *Avental* em seus escritos, implicando que, ou não tinha um, ou se tinha não achava importante como a *'Marca de Mestre'*.

E por que isso? O *Avental – real uniforme do Maçom* – era comum aos Adeptos, enquanto a *'Marca de Maçom'* era particular e apenas de um único; e, por *Revelando o Código da Maçonaria,* de R.L.D.Cooper, significa que à época o *Avental* não era tão pessoal.

Sir Robert Moray usou sua *'Marca'* como um intrincado instrumento pessoal, com que examinou seu derredor; e ficando claro que acreditava em muitas dimensões dos Símbolos.

Sua *'Marca de Maçom'* é descrita como uma Estrela, que poderia ser interpretada de modo simplista, mas *Moray* acreditava que há mais na Estrela do que os *Pontos de Luz no Céu*; e que existe mais no seu Símbolo do que apenas o simples desenho.

Respeitabilíssimo Mestre

É o típico *Pensamentodo do Hermetismo* em que o Símbolo torna-se: *O meio de explorar e entender temas ocultos, e o potencial de controlar as forças invisíveis que influenciam a vida.*

Finalmente, por infelicidade, *Sir Robert Moray* nunca explicou se usou isso como foco para a exploração de questões maiores, ou de questões simples e sempre presentes; mas, como quer que a tenha utilizado, foi claramente com o conhecimento de que era uma *'Marca de Maçom'*!

A IDADE DO MESTRE

Respeitabilíssimo Mestre

Com respeito à *Idade Maçônica* dos Integrantes da Instituição no *Simbolismo*, merece destaque afirmar que:

- *O Aprendiz tem Idade de Três (3) Anos – o Companheiro de Cinco (5) Anos – e o Mestre de Sete (7) Anos;*

e que a origem dessas *Idades* estaria na duração do período de aprendizado durante a construção do *Grande Templo de Salomão*.

Como afirma o autor Á. Queiroz, em *Os Símbolos Maçônicos*, logo de início valeria recordar que a *Iniciação* somente se realiza, única e exclusivamente, pela vontade própria do Candidato ou Iniciando; e ainda, que na linguagem simbólica dos Antigos Mistérios, esse Neófito deveria ter atingido a *Idade Cronológica de 33 (trinta e três) Anos*.

1º Vigilante

Ademais, para atingir essa *Idade*, entendida como intermediária da existência humana, deveria: *preencher as 12 (doze) horas de trabalho ou labor – transpor as 12 (doze) portas ou portais do simbolismo – vencer os 5 (cinco) sentidos que caracterizam o ser – e, por fim, obter o efetivo domínio sobre os 4 (quatro) elementos básicos da Natureza*.

E, entendendo que cumpriu o dever de ter nascido imaculado, será: *batizado pela água – purificado pelo fogo – e tentado pelo desejo*; e mais, estaria então: *vendo sem olhos e ouvindo sem ouvidos*, e, consequentemente, principiaria a desenvolver seu *Sexto Sentido – sua Intuição*.

Já as conhecidas e descritas *Três Idades Maçônicas*, correspondendo aos *Três Graus do Simbolismo da Maçonaria*; e assim, chama a atenção o fato de um Mestre ter que trabalhar durante toda sua *Idade*, ou seja, durante o período de *sete (7) anos*, para conseguir sua real formação como um pleno Integrante desse Grau.

Por isso, há de concluir que *não* basta o Adepto apenas passar pelo *Cerimonial de Exaltação* para ser considerado um Mestre completo, isto é, passando a deter todas as características e condicionantes pelo exercício do *Mestrado*; e obter o direito de participar da mais importante e nobre atividade referente aos princípios da Ordem, ou seja, ter direito de *votar e ser votado*!

Então, desenvolve a plenitude da *maturidade maçônica* pelo último Grau do *Simbolismo*, depois de cumprir o tempo de aprendizado das coisas maçônicas do terceiro (3º) Grau, e poderá galgar os degraus restantes de sua *Escada Evolutiva*, participando agora do *Filosofismo*.

Entretanto, infelizmente, a respeito do tema *Idades Maçônicas* não é possível contar com muita literatura esclarecedora, e assim, esse assunto sempre dependerá de ser analisada essa *Idade de Mestre* sob o ponto de vista apenas e somente do *Simbolismo*.

Contudo, mesmo ciente de que a somatória das *Idades Maçônicas* dos Aprendizes, Companheiros e Mestres resulta período de quinze (15) anos, é possível depreender como seria a estrita e rígida observância no cumprimento desse período transposto em *Tempo de Aprendizado*.

2º Vigilante

E mais, mesmo sabedores do tempo que demorou a *Edificação do Templo*, parece certo que era exigida a substituição periódica dos: *operários – artífices – e Mestres orientadores*.

Como as Instruções desse texto, dentre a simbologia do *número sete (7)*, trata-se também de uma feliz adaptação correspondente à *Idade Maçônica do Mestre*; logo, poder-se-ia indagar se:

- *A Idade do Mestre corresponde a sete (7) anos tendo em vista o significado simbólico do numeral sete (7), ou foi a Idade referida ao Mestrado que sugeriu a Simbologia do Setenário?*

A Ciência que estuda os *números – Numerologia –* ainda não está totalmente elucidada, mas podendo afirmar que, apesar de sua origem nos tempos primitivos, muitos de seus conhecedores e estudiosos, tendenciosos mais uns que outros, os primeiros resolveram desde aquela época até a atualidade, criar teorias absurdas e inúteis; mas, voltados a especulações, chegando a incutir orientações enganosas aos mais crédulos, que, porém, devem ser muito mal informados.

Contudo, como orienta a *Numerologia*, é evidente que cada *número* tem descrição própria, destacada e diferente das dos demais, e de significado único, mas, quanto à representatividade no *Simbolismo*, tem algumas características que são até coincidente entre *números*; por isso, essa conceituação individual de cada *número*, como certa igualdade entre as características, chega a inspirar fantasiosas conclusões àqueles mesmos não muito informados e sábios sobre o assunto.

Os mais estudiosos do tema, e os conhecedores da Ciência, afirmam convictamente, não ser devido que se tome um *número* como princípio exato de qualquer vaticínio ou adivinhação; isso porque, se assim fosse tão simples e correto, seria desnecessário as pessoas estudarem ou conhecerem qualquer outro ensinamento, pois os *números* revelariam até o incognoscível, isto é, o que não é cognoscível ou que não se pode conhecer.

Orador

Em toda literatura dirigida à competente *Sabedoria ou Sapiência*, os *números* são sempre muito valorizados, e dentre todos, para o *sete (7)* seriam destinados valores excepcionais; e tal conceituação pode ser comprovada na *Bíblia*, mais especificamente no *Livro do Apocalipse*.

Como exemplo do dito quanto a valores atribuídos aos *números*, ou o que representam quanto a valores excepcionais; e sendo utilizado em grande parte do Mundo, conforme o alfabeto latino que é composto por 26 (vinte e seis) elementos ou grafismos, se formados grupos de 9 (nove) letras e numeradas de 1 (um) a 9 (nove), e assim sucessivamente, passando então a dar valores numéricos às vogais e consoantes.

Portanto, as palavras seriam representadas pela soma dos *números* atribuídos às suas letras componentes, as consoantes e as vogais; e podendo ser analisado assim o nome de pessoas recebido no registro em Cartório.

Assim, deve ser colocado um traço *sobre* as vogais, e outro *sob* as consoantes, e acima e abaixo desses traços os respectivos *números* correspondentes a cada caractere; e somando-se por linha, a somatória dos *números* correspondentes já conhecidos às vogais que resultassem igual a *sete (7)*, ou a das consoantes de forma igual, o indivíduo cujo nome foi analisado, teria sua vida mental-psiquica e a vida material resultando: *aziaga – de mau agouro – infausta – ou nefasta.*

E assim, para a análise descrita, ou para o estudo da terapêutica do destino, o *número sete (7)*, praticamente, poderia ser de infelicidade; entretanto, ao *número sete (7)* sempre foi atribuído um alto valor espiritual, benéfico e místico; e, por isso, essa sua condição de muito benéfica passaria a superar, inestimavelmente, a primeira exposta até como sendo *não* do Bem.

Portanto, pelo exposto, a *Idade do Mestre* se constitui numa *Idade de Ouro*, tanto que contando com esse tempo, o Integrante no terceiro (3º) Grau do Mestrado atinge seu *ápice evolutivo*; ou o *clímax de posicionamento na Câmara-do-Meio*, posição de destaque e importância mesmo interiorizada na escuridão e nas trevas.

Secretário

Há duas condicionantes a ser relacionadas à *Idade do Mestre de sete (7) anos*, a saber:

- *Quando ligada aos vários Símbolos Mortuários, será uma Idade aziaga; e*
- *Se ligada à plenitude do conhecimento maçônico simbólico, será uma Idade Áurea – que simbolicamente esse termo latino significa: feita ou coberta de ouro.* Portanto, o *número sete (7)* presta-se também a uma dúplice interpretação.

E, em Instruções anteriores desse texto, procurou-se desvendar, da melhor forma possível, o real significado *simbólico do setenário*, principalmente, em sua concepção filosófica intrínseca.

O *número sete (7),* por ser ímpar por excelência, e que por isso se presta a múltiplas combinações aritméticas, resulta em conduzir em si, tanto o mistério quanto o indecifrável.

Mas, sempre se deve ter em mente que esse é um período de tecnologia desenvolvimentista, e se partir da utilização do computador com programação completa, e havendo muita dedicação, poder-se-ia desejar a obtenção do *número sete (7)* numa sequência infinita de suas definições.

Como aludido nessa Instrução, especificamente no estudo da *Ciência dos números (Numerologia)* aplicado ao nome de uma pessoa, pode ser encontrada uma *Terapêutica ao Destino*; ou seja, o *arranjo* necessário em banir dos nomes os *números 'quatro – cinco – e sete'*, respectivamente significando: *beleza – desgraça – e azar*; mas considerada *Terapêutica* no sentido da *Alteração do Destino*, o desvio do caminho que forma a personalidade distorcida.

E lembrar a constatação científica comprovada de que no ser humano, de *sete-em-sete anos,* ocorre a renovação completa de suas células; significa que quem há *sete (7) anos* convivia com as pessoas, atualmente já não mais existe, pois não é mais o mesmo, e em seu lugar existe outra criatura; mas conservando sua mesma personalidade.

Guarda (ou Cobridor)

Das inúmeras interpretações do *número sete (7)*, a citar a que norteia *Adoção de Lowtons*, que tem como regra básica a abrangência do período desde os *sete (7) aos catorze (14) anos*; e:

- *Principia pela Iniciação do menino aos sete (7) anos, entendendo que somente então aquela criança conta com um corpo que realmente já lhe pertence; e*
- *Que dos sete (7) aos catorze (14) anos, a criança plasma seu 'ego' no período de sete (7) anos mais um minuto, até o minuto que antecede seu aniversário de catorze (14) anos.*

o que dá ideia do expressivo valor do *número sete (7)* ao ser aplicado à *Idade Maçônica do Mestre*; até porque, se o indivíduo leva o tempo de *sete (7) anos* para plasmar-se, significa que necessita de igual período para, efetivamente, tornar-se um Mestre completo!

Sendo certo que, em determinado ponto de vista, Mestre é sinônimo de Sabedoria, e por isso de Orientador, de quem sempre inicia a jornada pelo caminho conhecido, e assim se compenetrar em bem conduzir os Companheiros; e, como já foi mencionado, o terceiro (3º) Grau de Mestre significa o climax do Adepto referente à *Maçonaria Azul ou do Simbolismo*; contudo, não o é no *Filosofismo*, quando ainda tem que vencer outros *Trinta (30) Fases ou Graus* complementares.

Então, com a nova fase complementar por cumprir, somente atingirá a plenitude maçônica com sua ascensão ao último *Degrau da Escada Evolutiva ou de Jacó*, ao *Derradeiro Grau ou Trinta e Três (33)*; que ocorre nos Ritos que o adotam, por exemplo, no REAA e Adonhiramita.

Esclarecer que essa jornada é longa, e cujo sucesso na empreitada depende de esforço, estudo e dedicação, ímpares; e ainda que, de acordo com as Leis que regem os interstícios necessários à ascensão aos

Graus do *Filosofismo*, é permitido aos Mestres, depois de curto período do alcance do Mestrado, seja permitido atingir o *Quarto (4º) Grau*, e assim sucessivamente.

Respeitável Mestre

Finalmente, mesmo não cabendo neste estudo, a rigor, os *sete (7) anos do Mestrado*, que como foi dito, é o período representativo da *Idade Maçônica do Mestre*, seriam inteiramente gastos durante a Escalada aludida, com objetivo da obtenção do último *Grau ou o Trinta e Três (33)*.

A JUSTIÇA E O MESTRE

Respeitabilíssimo Mestre

Cientes que *Justiça*, conforme o dicionarista A. B. Holanda, significa:

- *'A virtude moral pela qual se atribui a cada indivíduo o que lhe compete, e, ação ou poder de julgar alguém, punindo ou recompensando';*

então, passa-se a discorrer sobre a *Justiça*, possivelmente a mais importante característica que deve sempre nortear todas as ações da Humanidade.

Pela ascensão da ideologia iluminista nos séculos XVII e XVIII, o conceito de *Justiça*, tido como *Princípio Divino*, começa a declinar; e o ideal do *Século das Luzes* se impõe ao afirmar:

- *Ser justo tudo o que estiver em conformidade com a natureza humana;*

então, o Direito Natural, antes tido como *Dádiva Divina*, passa a ser um atributo da Natureza.24yj,

1º Vigilante

Depois, pelo estudioso V. Savigny a Ideologia Historicista se contrapôs ao *Iluminismo*, ao negar a universalidade e permanência de atributos do ser, que se nivelariam às concepções de cada momento histórico; e o *Positivismo*, tido como nova concepção nega o Direito Natural, mas entende ser a *Justiça* um reflexo do Direito Positivo do povo, e sendo *justa* integra e compõe a Lei.

Em verdade, já em *Aristóteles* era possível antever o moderno significado de *Justiça Social*; e o notável filósofo enuncia, dentre outros, o princípio da *Justiça Distributiva* em que:

- *A comunidade deve distribuir entre seus membros, bens, cargos e funções; e prever a fixação de impostos, assistência social aos da cidade e campo, e aplicação dos recursos da coletividade;*

e afirma que as benesses sociais devem ser distribuídas de acordo com mérito individual, isto é:

- *Dar coisas iguais aos iguais, e desiguais aos desiguais; portanto: Se os indivíduos são desiguais, não devem receber coisas iguais;*

e ainda, certificar-se ser essa a Doutrina da Isonomia; também estabelecida no Artigo 5° da Nova Constituição Federal (CF) do Brasil.

Entendido os significados dos conceitos de *Justiça* e *Justiça Social*, cabe explicitar o que venha a ser a *Justiça de cada um*, que o pensador Ulpioano define como:

- *A Justiça consiste em dar a cada um o que é seu;*

e esse conceito deve sempre ser analisado em conjunto com o que pregava Aristóteles – Dar coisas iguais aos iguais, e desiguais aos desiguais; e J. F. Nóbrega diz que tudo isso se deve a que:

- *Os valores sociais são históricos, e não perpétuos.*

e constatar que Nóbrega, ao pressupor valor, entende que sua *Justiça* varia muito, sendo que:

- *O que era justo aos antigos, talvez não seja aos atuais; mas, pode voltar a sê-lo no futuro.*

E o último conceito, de difícil delimitação, reflete no *Livre-Arbítrio*; assim, a esclarecer: *O que é o Livre-Arbítrio?* Ora, *Livre-Arbítrio* é a capacidade de optar entre Bem e Mal, e entre o justo aos antigos e nem tanto ao atual; e por *Justiça* o ser recebe o justo, proporcional ao seu direito.

2º Vigilante

Defendendo essa *sinonímia – ou expressar ideias por sinônimos*, entre o *Livre-Arbítrio e Justiça de cada um*, pode-se dispor dos ensinamentos da Doutrina Espírita, que baseia a capacidade do espírito em se: *desenvolver – evoluir – melhorar – e aperfeiçoar*; e essa evolução requer aprendizado, e o espírito a atinge encarnando, reencarnando e somando conhecimento das experiências vividas; e a evolução do espírito é o *progresso moral* que o aproximará de Deus.

O crédulo deve acreditar que o espírito que não aproveita a estada no Mundo pode ficar estacionário por muito tempo, conhecendo mais sofrimentos e atrasando a evolução; ciente que não conhece o número de encarnações de cada espírito, nem quantas enfrentará; mas, sendo um espírito atrasado, haverá muitas encarnações até atingir o desenvolvimento moral e se tornar purificado.

E, aos que assim creem, cabe afirmar que nem todas as encarnações se verificam na Terra, pois há outros Mundos superiores e inferiores, assim, o espírito evoluído pode renascer num planeta de ordem elevada; e, consubstanciando, disse *Jesus*: *"Na casa de meu Pai há muitas moradas."*

Atualmente, pelas condições lamentáveis da Humanidade, pode-se concluir ser a Terra um planeta de moral inferior, mas que pode se tornar em local de regeneração ao praticar o Bem e a Faternidade, embasado na *Justiça* e no que permite sua aplicação – a *Tolerância*; porém, essa é uma das virtudes mais discutidas na Ordem; até mesmo, porque essa bela palavra na Instituição é usada com frequência desmedida, mas, infelizmente, não é explicitado que sua prática é muito difícil.

Orador

Não porque se evite praticá-la, mas porque a demarcação dos limites é complicada, onde termina seu sentido e começa a conivência; assim, é difícil estabelecer esses seus limites.

No caso de ser empregada a *Tolerância*, deve-se bem analisar os aspectos que estejam sendo julgados procedimentos dos Adeptos; pois, por vezes, até o simples comportamento mudado do Integrante requer maior ou menor *Tolerância*; disso depreende-se haver determinada gradação da *Tolerância*, então: *Como estabelecer ou situar a Tolerância em certas situações?*

A par dos preceitos de *Justiça*, essa seria uma das razões de não apoiar a cargos de decisão em Loja, Maçons sem bom senso e vivência maçônica; pois só com essas caracerísticas pode estabelecer a *Tolerância* na gradação adequada a cada caso.

Maçons em postos notáveis (Grão-Mestre ou até VM), que são responsáveis pelas decisões, devem cuidar em estabelecer parâmetros, ou espécie de círculo imaginário onde está inscrita a *Tolerância*; e criam um *círculo* e circunscrevem *dois menores*.

Estando a *Tolerância* no *menor*, a *Complacência* no *médio*, e a *Conivência* no *maior*, obrigando-se a constar o *menor (Tolerância)*, por sempre dever ser constante na vida do Maçom.

Isso se deve porque se houver descuido na interpretação ou julgamento, pode parecer transigir ao erro, que por vezes não é o caso, chegando a quase violar o Direito ou aviltar a Moral.

Mas, se souber que houve erro, e postanto transgredido os postulados maçônicos, deve se ater a importante condição para tomada de decisão, os atenuantes sobre o faltoso; contudo, mesmo existindo esses atenuantes, sempre lembrar que todo erro é próprio do ser, caracterizado por ser falível, pois se sabe que há circunstâncias que obrigam esse ser a desviar-se do rumo correto.

Secretário

Se um Adepto sempre age corretamente, e entre-tempo seja percebido desvio de conduta, antes de julgar, deve-se arguir por que não considerar suas características positivas agindo a seu favor, que antes motivavam aplausos, e esse bom passado representaria fator atenuante às faltas.

Por *Tolerância* e *Justiça*, no julgamento tanto se deve considerar as coisas boas realizadas, quanto dar oportunidade do Adepto de ser ouvido; assim, ouvindo os dois lados: *buscar ser o mais justo – saber o que ocorreu com o Adepto – e que fatos o obrigaram a abandonar a virtude*.

Sendo pensamento comum, certas pessoas acreditam que quando alguém atinge idade avançada se transforma em sábio por conhecimentos e vivência adquiridos, enquanto outros que são somente velhos; e esses conceitos podem até ser considerados reais, mas velho é quem chega à velhice sem: *viver a vida – ser idealista – ou ser útil*, na realidade é tão somente um velho!

Mas, o idoso que é e foi um lutador, que: *não se importou com derrotas – analisou a razão das quedas – respeitou os adversários – aproveitou os obstáculos – entendeu o procedimento alheio – defendeu seu ideal e direito – e não se acovardou no perigo*, realmente não se transformou num *simples velho* de idade avançada, mas sim num *verdadeiro sábio*!

Mas, em Maçonaria, os velhos com muito tempo de Ordem, devem ser sempre tidos como *bons velhos* e respeitados como *sábios*; isso se deve porque a seu Adepto cabe ser líder!

Guarda (ou Cobridor)

E, se na mocidade trabalhou bem em proporcionar a outrem o legado da Ordem, de maneira tranquila e promissora, esses velhos sábios têm mais aflorado o preceito de *Tolerância*; ou seja, em verdade sabem muito aumentar o raio do círculo da *Tolerância*, quando um Adepto é julgado.

Esses viveram o bastante para enriquecerem-se com inúmeros exemplos de comportamentos referentes a erros, até quando sentem extrapolar seu círculo da *Tolerância*; e, por vezes, mesmo aceitando uma pequena incursão no círculo da *Complacência*, mas jamais permitindo, ou admitindo interferir, no círculo da *Conivência*, que significaria uma verdadeira degradação moral.

E, referente a esses velhos de Ordem, vale citar uma parábola conhecida a esse respeito, mas que sempre deve ser relembrada para ser esquecidos seus *Ensinamentos*, assim:

Certa feita, alguns novinhos na Ordem foram visitar uma Loja muito antiga.

No Oriente estavam quatro velhinhos; e verificaram com aflorado senso crítico, sempre peculiar aos jovens, que aqueles não faziam corretamente os sinais, cochilavam, conversavam e estavam quase alheios à ritualística.

Saindo do Templo, o Adepto que acompanhava as visitas indagou: "Viram aqueles Irmãos que estavam no Oriente? Conversavam todo tempo, alguns dormiam, e faziam tudo errado; não eram bons exemplos aos Aprendizes e Companheiros presentes; e mais, achava que o Venerável exagerava na Tolerância, pois devia corrigir as falhas".

Outro Integrante do Quadro da Loja, que também acompanhava, respondeu que um dos velhinhos que cochilava foi fundador da Oficina e seu Venerável por diversas vezes; e os outros foram verdadeiros baluartes no crescimento da Loja, e ainda representavam praticamente a história da Oficina, até porque, um tinha cinquenta anos de Maçonaria.

Agora vejam a situação do Venerável Mestre: Poderia chamar a atenção daqueles Adeptos? Pedir-lhes que não viessem a Loja, estando dispensados? Privar esses Integrantes que tanto realizaram pela Loja, do convívio que era sua própria razão de viver?

É evidente que o Venerável, em toda sua sabedoria, jamais faria qualquer coisa que aborrecesse aqueles também Veneráveis; contudo, os Aprendizes e Companheiros é que deveriam ser instruídos e informados das razões que a Loja aceitava tais comportamentos.

Respeitabilíssimo Mestre

Atualmente, ve-se Integrantes que querem mudar tudo na Loja, porque tomaram conhecimento por meio de livros, dos fundamentos de determinadas práticas maçônicas, ou mesmo sobre a *Simbologia e Ritualística*; e, enquanto isso, os mais velhos normalmente reagem a essas mudanças, mesmo ouvindo os fundamentados argumentos.

Lógico que tal atitude é louvável, pois o desejo de mudanças nos jovens, e de permanência nos velhos, provoca equilíbrio; e faz com que as mudanças, que porventura venham a ser feitas, sejam, de modo racional, aceitas por todos, já que a evolução deve existir entre os Maçons.

Finalmente, a concluir que, embasada na verdadeira e plena *Justiça*, a *Tolerância* é o sentimento que tem o poder de propiciar a recuperação de qualquer culpado, e o reconduzir à trilha do: *Bem – Justiça – e Dever*, de onde jamais deveria ter se desviado!

A RELIGIÃO E O MESTRE

Respeitabilíssimo Mestre

O pensador *Cícero* afirma que o termo *Religião* se origina do latim *Re-Ligare*, e em sua acepção etimológica, trata-se de Religião tudo que *Religa* o Homem à Divindade.

Mas, apesar de serem inúmeras as definições de Religião, porque cada filósofo propõe a sua, contudo, em geral Religião pode ser definida como:

- *O conjunto de Deveres do Homem para com Deus.*
- *Ademais, a Religião se divide em: Natural e Sobrenatural, sendo:*
- *Natural = Que determina os Deveres da Criatura e seu Criador, com auxílio da Razão; e*
- *Sobrenatural = Que se inspira nas Luzes da Fé e da Revelação;* mas, nesse texto só se tratará da *Religião Natural*; apropriada e muito mais afeita aos Adeptos.

1º Vigilante

Em complemento, esclarecendo que o *culto* é constituído pelo conjunto de atos pelos quais se cumpre todos os Deveres para com Deus.

O ser por constituir-se em: *espírito – alma – e corpo*, e destinado por natureza a viver em sociedade, depreende-se que o culto a Deus deve ser *interior e exterior*, como os próprios atos religiosos espirituais puros, em manifestação exterior, ou em nome dessa mesma sociedade.

A *oração* é o ato mais religioso por excelência, por exprimmir as relações da alma com Deus, e nessa atitude se resume todo o culto; por isso, a *oração* pode ser assim definida:

- *Elevar a alma a Deus para O adorar, render-lhe graças e pedir Seu perdão e assistência.*

Os *Deístas* – crentes a Deus sem aceitar Religião ou culto, admitem a necessidade humana da oração que: *adora – agradece – e arrepende-se*; mas, excluem totalmente a oração dirigida a *pedir*, alegando ser além de inútil, até injuriosa a Deus.

Contudo, de acordo com os pensamentos do filósofo *Kant*, Deus é onisciente e conhecedor das necessidades humanas, muito melhor que os próprios seres; e, dessa maneira, torna-se absolutamente inútil expor essas necessidades por intermédio das orações.

2º Vigilante

Então, Deus é infinitamente bom, e auxiliando e socorrendo os Homens; por isso, alguns pensadores entendem ser até supérfluo importuná-Lo com a oração.

Mas a respeito desse conceito, independentemente do absoluto crédito a Deus, pela vez primeira nesse texto externa-se a opinião do autor, que é da *não* concordância em imaginar que uma oração sincera, do mais profundo do ser, nem de longe possa importunar quem quer que seja, ainda mais a Divindade, a quem todos são devedores de tudo!

E mais, afirma o estudioso e autor Rousseau, que os *Decretos de Deus* são rigorosamente imutáveis, então, seria presunção pretender modificá-los; e ainda, que afirmam os árabes: *Maktub – significando que está escrito*, sendo a expressão representativa do *Determinismo*.

A Divindade conhece, sobejamente, o que falta ao ser, e não seria para informá-Lo disso que os seres oram, porque a oração, antes de tudo, é a confissão da impotência humana, como a necessidade que todos têm de Deus; além do mais, em si tal confissão é meritória, assim, a Divindade constituiu-a como condição e instrumento para conceder ao Homem seus favores.

E os *Deístas* ainda dizem ser Deus infinitamente bom, sem esperar pelos merecimentos humanos para cumular os seres com Seus dons; portanto, sem dúvida se estabelece que Deus tudo pode fazer pelos seres; mas também sendo verdade que exige a participação pessoal de cada um.

Por isso, a concluir que não é outra a razão pela qual Deus dotou os seres de: *inteligência – vontade – e liberdade*, fontes de merecimento; e pretender que Deus tudo fará por si, vale negar a causalidade do ser: *A causa produz efeito; em condições iguais a causa produz os mesmos efeitos.*

Orador

Julgar ser inútil utilizar a oração para pedir algo, com base na imutabilidade dos *Decretos Divinos*, pretensiosamente, é a busca em provar não só a inutilidade da oração, mas ainda de toda a intervenção humana, e desse modo, conduzindo ao fatalismo absoluto.

Sem dúvida, é certo que esses *Decretos* são eternos e imutáveis, e, além de estar cônscio que os *Decretos* podem ainda prever, a entender que abarcam tudo na existência do Universo.

Mas, quando o ser dirige a Deus uma prece digna de ser ouvida, não se deve supor que a oração somente agora chega ao conhecimento da Divindade, isso porque já ouviu essa oração desde a eternidade.

E, se o Misericordioso julgou-a digna, então o Universo organiza-se e conspira em seu favor, de modo que seu cumprimento não significa mais que uma sequência do curso natural dos acontecimentos.

Às pessoas não basta só o culto interior a Deus, por seus atos íntimos facultados pela alma, mas é necessário também exteriorizar os sentimentos por palavras e atitudes; essas manifestações se denominam culto externo – exterior.

Mesmo considerando menos importante que o culto interno – interior, o externo não é menos obrigatório, por várias razões, e dentre essas, cabe destacar três:

1) O corpo, como parte essencial do ser, tem também o dever de tributar homenagem a Deus.

2) A influência da moral sobre o físico é uma Lei da Natureza; por isso os atos íntimos se refletem exteriormente e se manifestam por alguma modificação no organismo.

3) Essa influência prova que as ações externas favorecem os sentimentos internos; e se conclui que o culto externo é um dever por consequência natural, e condição necessária ao culto interno.

Secretário

O *culto público* é tributado pelos representantes da sociedade a Divindade, sendo tal culto obrigatório por vários motivos, dentre esses:

- *Sendo o ser essencialmente sociável deve homenagear a Deus, e proclamar sua dependência; e*
- *Sendo Deus o Criador e Providência das sociedades, cabe às mesmas O invocar e glorificar.*

As Religiões constituem-se nos mais sólidos fundamentos de todos os Estados, sendo ainda as maiores fontes inspiradoras das mais nobres virtudes, principalmente da *Justiça e Caridade*, entendido que sem essas não será constituída uma sociedade estável e duradoura.

Nesse aspecto, o profeta *Maomé* afirmava que os seres maus eram todos aqueles que não praticavam a *Caridade*, nem prestavam homenagem ou proviam culto a *Allah*; dessa maneira, toda a sabedoria árabe proporcionou à Humanidade o seguinte pensamento:

- *"Caridade sem Religião vale mais à ordem do Universo que a tirania de um príncipe devoto."*

E, sendo certo que o *culto público* é a garantia do *culto externo*, que é a garantia do *culto interno*; e, ao se unirem para *Honrar a Deus ou Proverem Orações*, os seres mutuamente se incitam na prática da própria Religião.

Então, postam-se protegidos ao abrigo das extravagâncias e superstições, originadas do *culto puramente individual*; e mais, a razão chega até a estabelecer a necessidade do *culto individual e social*, embora não mostre como seja prestado.

Guarda (ou Cobridor)

O importante autor e pensador maçônico Albert Mackey, que conseguiu compilar os *25* (vinte e cinco) *Landmarks* obedecidos pela Maçonaria, se expressa em sua *Encyclopaedia*:

- *"A Maçonaria é uma instituição eminentemente religiosa, e deve unicamente ao elemento religioso que contém a sua origem e a perpetuidade de sua existência que, sem o elemento religioso, não mereceria ser cultivada por um Homem sábio e bom."*

que deixa claro a Maçonaruia poder ser religiosa, detendo aspectos de religiosidade, até porque propõe dedicação ao *Ser Supremo*; mas, diz ao autor R.Sandbach em *Por dentro do Arco Real*:

- *"A Maçonaria jamais se propalou como Religião, ... e a razão de não ser uma Religião é o fato de não ter nenhum dogma religioso; e não declara que qualquer revelação em particular, certa ou errada, mas apenas que, quanto aos assuntos religiosos, um Maçom deve seguir os ensinamentos e praticar os métodos de devoção de seu credo".*

pois, repudia a afirmativa de ser uma Religião até publicamente, por declarações e/ou publicações por escrito de estudiosos e mandatários pelo Mundo; e, por não propor nenhum dogma, é que:

- *A Maçonaria, em definitivo, não é uma Religião.*

mas, ao contrário do que alguns pensam acerca dos *Landmarks de Mackey*, erroneamente entendem que aquele pensamento refere-se a ser uma Religião; por isso, *absurdamente*, chegam mesmo a afirmar ser a Instituição uma Religião; e, ainda citando o escritor R. Sandbach ao afirmar que:

"Ainda há a preocupação (inconcebível) de estar a Ordem se afastando como apoiadora da Fé para se tornar uma Religião. Contudo, não é possível entender como considerar um Sistema de Moralidade que impõe a condição de que cada um de seus Membros, antes de ser admitido, não apenas deve praticar uma Religião, mas também continuar praticando-a após sua admissão, pode logicamente ser considerado, ele próprio, uma Religião."

Os Adeptos referindo-se à *Egrégora* tratam da comunhão dos sentimentos de elevação espiritual a Deus; bem como, tratando da *Cadeia-de-União*, também se referem à troca de energias resultado da comunhão do mesmo ideal, e da elevação espiritual em busca da Divindade.

Os trabalhos nas Sessões não são início nem conclusão dessa busca, entretanto sempre invocam o Supremo; o que, analogamente, ocorre na abertura e fechamento ritualístico do *Livro da Lei*, nos Ritos que o adotam, sobre o qual são prestados *Juramentos ou Compromissos* nas exaltações a Graus superiores.

Respeitabilíssimo Mestre ______

É certo que esses atos ritualísticos tratam de um *culto natural e público* a Divindade; por isso, a Ordem tem aspectos de religiosidade na ritualística; assim, respeita o *culto interior – interno,* de cada um dos Adeptos, qualquer que seja a Religião escolhida a praticar.

Pois a Maçonaria, na virtuosa busca da verdade, pratica uma *espécie* de *credo natural* dirigido à *Luz da Razão*, estabelecendo um conjunto de *Deveres* para com Deus; e sobre tais *Deveres* os Candidatos à Iniciação são sempre questionados ao passarem pela *Prova da Terra.*

E ainda, poder-se-ia citar o pensamento do *Ir:. Rui Barbosa* em sua *'Oração aos Moços'*:

- *"Oração e trabalho são os recursos mais poderosos na criação moral do homem. A oração é o íntimo sublimar-se d'alma, pelo contato com Deus. O trabalho é o inteirar, o desenvolver, o apurar das energias do corpo e do espírito, mediante a ação contínua de cada um sobre si mesmo e sobre o mundo onde labutamos. O indivíduo que trabalha acerca-se do autor de todas as coisas. Quem quer, pois, que trabalhe, está em oração ao Senhor. Oração pelos atos, que emparelha com a oração pelo culto."*

Finalmente, ao Integrante cabe orar também pelo trabalho e culto maçônicos, entendido que a oração o eleva acima e além do corpo, a prisão temporária e perecível de sua alma; e ainda, todo aquele que ora, muito se aproxima do: *Criador – Deus – e/ou Supremo Arquiteto do Universo!*

A ACÁCIA E O MESTRADO (PARTE I)

Respeitabilíssimo Mestre

1. Introdução

A palavra *Acácia* em hebraico antigo é grafada no singular como *Shittah*, sendo seu plural *Shittin.*

Além disso, o termo *Acácia* deriva do grego *Ake* significando *ponta*; porém, essa expressão é mais apropriada a um instrumento de metal, como por exemplo, a *ponta* de uma lança.

Contudo, no texto original grego do Novo Testamento, o termo usado é *Akanqwn – Akanthon*, traduzido para o português como *Acácia*, e em complemento, como *Acanto* que também pode significar: *espinho – espinhoso – etc.*

Ademais, essa palavra grega aparece em várias passagens da *Bíblia* mencionando a *coroa de espinhos*, e também a *Árvore Shittah.*

Além disso, o grego *Akakia* é também usado como: *Moral – Inocência – Pureza de vida – Ingenuidade – e Simplicidade*; e há variáveis desse termo: *Akakia – Kasia – Kassia – Akantha.*

1º Vigilante

2. Botânica

Todas as Religiões Místicas da Antiguidade contavam com uma árvore simbólica para sua veneração, tais como: *lótus no Egito – mirto na Grécia – e carvalho em Celta.*

A *Acácia* é uma árvore ou planta da família das *Leguminosas-Mimosas – Acácia Dialbata*, um arbusto de madeira dura, espinhosa, pontas penetrantes, folhas leves e elegantes, de região tropical ou subtropical, e flores miúdas brancas ou amarelas, perfumadas e agrupadas, e muito utilizadas como adorno; até porque essa flor imita o *Disco do Sol – ou Solar.*

Enquanto há dentre suas espécies as que produzem *goma-arábica*, outras fornecem: *caucho – guaxe (fruto comestível) – tanino – e madeiras de grande valor.*

Para os antigos a *Acácia* representava um *Emblema Solar*, como as *folhas de lótus e de heliotrópio*, pois, como já foi dito, suas folhas acompanham a *Evolução do Sol*, e param esse movimento ao descer no ocaso; por isso, essa flor imita o *Disco radioso do Sol*, por meio de sua plumagem.

A *Acácia* tem aproximadamente 400 (quatrocentas) variedades, e existe em quase todo o Mundo nos Cinco (5) Continentes, como nos: *Estados Unidos – Índia – Egito – Israel – China – Austrália – etc.*; sendo assim universal.

No *Brasil* há cerca de 300 (trezentas) espécies de *Acácia*; e somente em região próxima à *Monte Negro – Rio Grande do Sul* há a *Acácia Negra*, que de sua casca é extraído o melhor *tanino*, sendo então a mais promissora riqueza dessa região.

Essa extração é comparada somente a uma espécie existente na África; entretanto, a *Acácia Oriental*, produtora a *goma-arábica*, não vinga nesse Continente.

2º Vigilante

Caso haja interesse em subsídios para estudo mais aprofundado sobre a *Acácia*, em Israel há enorme variedade dessa árvore; assim, em

Jerusalém, Belém, Jericó e todo país, em kibutz, parques e jardins, além de oásis entre desertos e montanhas, existe uma infinidade de *Acácias*.

No *Vale do Jordão* junto ao *Mar da Galileia*, há resquícios de matas naturais onde, é provável, a *Acácia* foi uma árvore nativa; mas, na atualidade, é difícil encontrar exemplares que indiquem ter essas árvores idade avançada, e muito menos parecerem centenárias.

Comparado às *oliveiras* do *Sinai e Jericó*, por mais antiga que seja a árvore, perde o interesse científico; e há no trajeto entre *Jerusalém e a Galileia* centenas de *velhas oliveiras* ainda frutificando, com troncos retorcidos, única sombra que as ovelhas usufruem nesses locais áridos.

Nos dias bíblicos no *Vale do Jordão*, havia um bosque que abrigava feras descrito nos *Livros de Jeremias (12:15; 49:19; 50:44) e II Reis (6:2)*, quando *Jeremias* com *Eliseu* foi ao bosque cortar madeira para construção de uma casa; mas atualmente não existe mais mata densa, apenas algumas *Tamareiras, Acácias* e outras espécies, não caracterizando esse bosque como mata.

No *Egito* a *Acácia* tem como peculiaridade possuir espinhos duros, por isso certos autores maçônicos especulam que a *coroa de espinhos* colocada na cabeça de *Jesus* era desse tipo de *Acácia*, como consta na *Recueil Précieux de la Maçonnerie Adonhiramite,* de 1787; tanto que o estudioso maçônico O. Almeida diz que essa *'Coroa de Acácia espinhosa em Jesus'* é um *Símbolo de Sabedoria*; e, para os *antigos egípcios,* a *Acácia* era sua única *Planta Sagrada*.

Então cabe a pergunta: *Como interpretar os soldados romanos ter coroado Jesus com espinhos?*; Pode-se depreender ser crueldade com sentido somente pejorativo, ou será que, caso conhecessem a simbologia do *Ramo de Acácia*, procede indagar se: *Alguém induziu os soldados a usar este tipo de coroa?*

Orador

Os árabes adoravam a *Acácia* que chamavam *Al-uzza*, contudo, *Maomé* baniu esse mito por considerá-la um ídolo; tanto que a aclamação do REAA *(Huzze)* pode ter raízes nesse vocábulo; mas, era venerada pelas tribos de *Ghaftanm, Koreisch e Kenanah* a chamando *Pinheiro-do-Egito*.

Ainda, na antiga *Numídia* os árabes denominavam a *Acácia* de *Houza*, que também se acredita poder ser origem da mesma aclamação do REAA *(Huzze)*; e também é chamada *Hoshea*, palavra sagrada usada num dos *Graus Elevados do Filosofismo*, mais precisamente no *Capítulo* do mesmo REAA.

A literatura hebraica evoca muitas vezes a *Acácia*, entretanto, se na Antiguidade *Moisés* recomendou que na construção dos elementos sacros: *Tabernáculo – Arca da Aliança – Mesa dos Pães da Propiciação – e demais Adornos Sagrados* utilizassem a madeira de *Acácia*, principalmente por suas características de muita resistência a putrefação.

Contudo, não significa que o uso proviesse desde aquela época, pois, nos *Mistérios Egípcios,* sua utilização já era conhecida; e, por *Moisés* ter estado no cativeiro, deve ter adotado dos *egípcios* o uso da *Acácia Sagrada*; assim, a relação entre os *israelitas* e a *Acácia* teve início por *Moisés*.

Como foi dito, nas *Sagradas Escrituras* o termo *Acácia* aparece como *Shittah e Shittuin*, traduzido por *Setim*; contudo, apesar de todo o exposto, até poderia ser que a árvore *Setim* referida na construção do *Grande Templo de Salomão* não fosse a *Acácia* dessa época moderna.

O responsável pela ornamentação do *Templo de Salomão* solicitou esculpirem grandes *querubins (anjos)* para separar o *Santo-dos-Santos* do restante; e mais, que ainda esculpissem os demais ornamentos, tudo em madeira de *Acácia*, para depois recobrirem com laminado de ouro.

3. Antiguidade

Os povos antigos costumavam simbolizar a *Virtude*, e outros atributos da alma, adotando árvores e/ou plantas; e mais, extremavam respeito pela *Acácia*, até considerando-a um *Emblema ou Símbolo Solar*, porque, como também já foi dito, suas folhas se abrem com a *Luz do Sol* no amanhecer, e se fecham no ocaso, sendo que a flor imita o *Disco do Sol*.

Então, tanto *egípcios* quanto *árabes* consideravam a *Acácia* sua *Árvore Sagrada*, e a consagrando ao *Deus do Dia*, e ambos usaram-na em seus sacrifícios oferecidos à Divindade.

A *Acácia* é ainda dedicada a *Hermes – ou Mercúrio*, e seus ramos floridos relembram o célebre *Ramo Dourado* dos *Antigos Mistérios*; trata-se efetivamente da *Acácia Mimosa*, cujas flores se parecem com pequenas *bolotas de ouro*.

Secretário

A *Acácia* é a árvore da *Fabula de Osíris*, que florescida em seu túmulo, ou do Iniciado, assassinado por *Tifão*, que ali plantara para reconhecer o local do sepultamento.

E Giuseppe Garibaldi, conhecido como herói de dois Mundos, descreveu como gostaria que transcorresse seu funeral, porque desejava ser cremado; então, elaborou uma relação das espécies de madeira que comporiam a fogueira, e foi incluída a *Acácia*; entretanto, por ironia, não foi cremado.

Para o Maçom a *Acácia* também traz nostalgia, pois logo vem à lembrança o sacrifício do *Mestre Encarregado* pela obra do *Templo de Salomão*, pela *Lenda do terceiro (3º) Grau.*

Na Idade Média os mártires eram sacrificados em fogueiras, como ocorreu com *Jacques de Molay*, último *Grão-Mestre dos Templários*, e para transportar suas cinzas, cobriram-nas com *Ramos de Acácia*; evidentemente, reconhecendo e agindo segundo o paralelismo significativo com o *Grande Mestre do Templo*.

No Cerimonial de *Pompas Fúnebres* da Maçonaria recomenda que os presentes depositem um *Ramo de Acácia* por sobre o esquife, significando que a morte é provisória, quando referida à imortalidade da alma.

Uma obra maçônica antiga diz que a *Acácia* é invocada nas *Cerimônias do Grau*, em memória à *Cruz do Salvador* construída num bosque da *Palestina* onde era abundante a *Acácia.*

Já o significado místico da *Acácia* é de ser: *imortal – indestrutível – e imperecível*, e culminante na *Filosofia Maçônica*, pois sua madeira é imputrescível – não apodrece, devido às suas resinas componentes; mas, é preciso maior conhecimento da *Acácia*, para afirmar se sua madeira tem qualidades semelhantes da *Acácia Vera e Mimosa Nilófica*, originais da *Península Arábica*.

Guarda (ou Cobridor)

Os primeiros Maçons *organizados* adotaram dos *hebreus antigos* seus principais *Conceitos*; assim, a *Acácia*, simbolizando a *imortalidade da alma*, e como foi dito, considerada pelos *hebreus* como a *Árvore Sagrada*, foi logo convertida em *Símbolo Maçônico*.

4. Maçonaria

Por excelência, a *Acácia* é a *'árvore ou planta símbolo'* da Maçonaria, representando: *segurança – clareza – inocência – ou pureza*, e o *Símbolo da Iniciação* para a nova vida, ou a ressurreição para vida futura; além disso, ainda cabe a indação: *Por que a Acácia é a árvore representativa da Maçonaria?*; Pois, como *Símbolo da Instituição*, porque a Maçonaria, como essa árvore, deve florescer por toda a Terra.

Quando um *Ramo de Acácia* é posto nas mãos do Neófito, simboliza substituir o *mirto ou myrtus*, tipo de erva da família das *Mirtáceas* com flores de muitos óvulos, que era conduzida pelos iniciados de

Mênfis e Heliópolis; assim como o *Ramo de Duro* que *Virgílio* colocou nas mãos de *Enéias*, constante da obra *Eneida – no seu Cântico 6.0.*

E ainda, no *Cerimonial de Iniciação* a *Acácia* é a árvore que simboliza a presença da Natureza, que difere muito do ser humano por pertencer a outro *Reino – o Vegetal.*

Sendo muito rica a interpretação simbólica e filosófica da *Árvore ou Planta Sagrada*, que lembra a espiritualidade de cada ser, que tal qual uma *Emanação Divina* jamais pode morrer; e mais, simplesmente a *Acácia* é a representação da alma, dirigindo assim, com muita seriedade, aos estudos dos: *Espírito – Eu Interior – e Parte Imaterial da Personalidade.*

Respeitabilíssimo Mestre

O estudioso maçônico *Albert G. Mackey (1807/81)* expôs outra importante significação simbólica da *Acácia* como expressão de *inocência*; cabendo ressaltar que, como já foi dito, o grego *Akakia* é ainda usado para a definição de: *Moral – Inocência – e Pureza de Vida.*

Finalmente, pelo exposto, por já conhecer o simbolismo da *Acácia*, sempre se espera do Integrante da Sublime Instituição uma conduta exemplar, a mais pura possível que o ser humano possa desempenhar, e absolutamente sem mácula!

A ACÁCIA E O MESTRADO (PARTE II)

Respeitabilíssimo Mestre

Retomando, cabe a indagação: *Quando a Maçonaria adotou a Acácia em seus Rituais?* Infelizmente, determinados Rituais do século XVIII não fazem nenhuma alusão a esse fato; entretanto poderia ser citado que:

- *Depois começam a surgir explicações sobre a Acácia, por exemplo, e como foi dito, na obra 'Recueil Précieux de la Maçonnerie Adonhiramita' de 1787;*
- *Nas obras 'L'Ordre des Franc-Maçons Trahi – e – Leur Secret Révélé', do Abade Pereau de 1742, em que a Acácia é mencionada amplamente, e reproduzida no Painel;*
- *A obra 'Regulateur du Maçom' – Heredom de 1801, expõe rituais em que consta o Quadro da Loja de Mestre, onde a Acácia é representada num montículo ou no esquife do Grande Mestre;*

1º Vigilante

O estudioso maçônico F. Chapius *(1937)* estima que a *Acácia* aparece no Simbolismo da Ordem quando essa se torna Especulativa; mas, conclusivamente, os antigos Rituais em verdade não mencionam a *Acácia*, e surge apenas com o aparecimento do *terceiro (3°) Grau de Mestre.*

Das múltiplas espécies de *Acácia* a Maçonaria incorporou em seus Rituais a *Robinia ou Robinier*, conhecida como *Falsa Acácia*; entretanto, qualquer das variedades que venha a ser utilizada, não tira ou deixa de enriquecer, em absoluto, o simbolismo do Ritual.

Por exemplo, no Rito Adonhiramita a *Acácia* surge na *Cerimônia de Exaltação* compondo a *Lenda*, e se transforma no *Símbolo do Mestre* representando a imortalidade da alma, e que a matéria sempre perece; além disso, e dependendo do Rito adotado, na parte final do *Cerimonial de Exaltação a Mestre*, o Orador dirigindo-se ao Novo Mestre convida-o a:

- *" ... não parar na senda do progresso e da perfeição, porque a 'Acácia me é conhecida'."*

Palavras lembrando que a *Acácia* é consagrada como *Símbolo do Grau* mantida antiga tradição, e como dito, por sua madeira resistir à putrefação simboliza a imortalidade da alma; e também dependente do Rito adotado, ainda quanto a instrução, o Respeitabilíssimo Mestre pergunta ao Venerável Primeiro (1º) Vigilante: *"Sois Mestre Maçom?"*, e responde: *"A Acácia me é conhecida."*, logo confirma a qualificação de Maçom, e de acordo com estudiosos, equivale a:

- *"Estando na tumba e triunfando, levanto dos mortos, e regenerado tenho direito à Vida Eterna."*

Em complemento, quando um Mestre afirma: *"A Acácia me é conhecida"*, significa que esteve no *túmulo*, e assim, está ressurrecto, ressurgido ou ressuscitado; mas nesse aspecto, as experiências são decepcionantes, pois há diversas consultas sobre a *Acácia*, e muitos Adeptos confessam nunca ter visto a *Acácia*, portanto, nada conhecem da forma de suas flores e folhas.

2º Vigilante

Então não basta afirmar: *"A Acácia me é conhecida"*, se nunca viu ou tocou, não absorveu suas *vibrações* e não se interessou em verificar nessa espécie o maior *Símbolo dos Mestres*.

E ao deixar o *túmulo ou círculo* como *Iniciado*, onde estava soterrado no silêncio e escuridão, e como uma *crisálida* – do latim *chrysaliis* e grego........ = *chrysallís, estágio de casulo de insetos e borboletas,* que antes da ação está recolhida imóvel, lança-se ao *Sol – à Luz.*

A *Acácia* é cara aos Adeptos, pelos Emblemas das: *Madeira – Cortiça – e Folhas*, ou:

- *Madeira = incorruptível simboliza a pureza da Instituição, que nada é capaz de alterar;*
- *Cortiça = repele todo inseto nocivo, como a Ordem repele todos os vícios;*
- *Folhas = inclinadas à noite, erguem-se ao surgir do Sol; igualmente, a inteligência do Neófito se desenvolve e aumenta conforme ascende aos Graus subsequentes.*

O Sol, luminar misterioso, é anunciado pela delicada *flor de ouro* símbolo da magnitude e poder, que alerta o Adepto a se revestir de elementos materiais perecíveis; mas possuindo um elemento mais valioso, eterno, que não pode acabar; é essa a *Lição Mestra da Ordem*, ou seja:

- *"A Vida ergue-se do túmulo, para jamais tornar a morrer."*

A Cerimônia Maçônica não deve prescindir de uma *planta*, por isso sempre havia *plantas* nos Cerimonais Ritualísticos da Antiguidade; e mais, nas Cerimônias Fúnebres no Oriente, em que os corpos são incinerados, apropriadamente, as piras são formadas por madeira odorífica.

Orador

5. Na Lenda

O corpo do *Grande Mestre* da obra do *Templo* foi sepultado por três (3) vezes, isto é:

1ª) Escondido sob os escombros ainda dentro do Templo inacabado;

2ª) Numa cova rasa aberta pelos assassinos, para depois transferi-lo mais longe; e

3ª) Com toda honra, no interior do Grande Templo no Santo-dos-Santos;

e, obviamente, os sepultamentos eram apenas para o corpo, porque o *Rei Salomão* estava convicto de que o *Templo*, com sua construção orientada diretamente por *Jeovah*, sempre contaria com Sua eterna presença, e assim, o *Grande Mestre* repousaria, definitivamente, em *Recinto Sagrado*.

Entretanto, *Salomão* não aceitando as profecias que se referiam à destruição da *Cidade de Jerusalém*, quando também do *Templo* nada restou, perdeu-se não só a *Palavra* como o *túmulo* do *Grande Mestre*.

E ainda, está provado que na Terra nada é perene, tudo se altera, como tem princípio terá fim; então, se os Adeptos depositarem um *Ramo de Acácia* sobre o esquife de um Maçom falecido, sempre restará a crença de que no Homem há algo imperecível; pois, sendo a *Acácia* o *Símbolo da Eternidade* assim conduz, porque está ligada à crença da *vida além-túmulo*.

Uma parcela expressiva do *Cristianismo* crê que, ao final dos tempos, os *'escolhidos ressuscitarão em carne'*, por isso optaram por repelir a cremação.

Uma corrente do *Espiritismo* crê que a doação de órgãos e membros, retirados para transplantes, poderá causar, no fim dos tempos, uma grande perturbação e transtorno, pois ao *'ressuscitar em carne'*, não poderá contar com o coração, e/ou outro órgão ou membro qualquer já doado.

A *'ressurreição em carne'*, por se tratar de *mito,* faz parte do esoterismo maçônico; assim, a veneração dispensada ao corpo inerte do falecido, e as homenagens prestadas no trigésimo terceiro (33º) dia do passamento, são práticas usuais; mas, nem por todos bem compreendida.

A *Cerimônia Maçônica de Pompa Fúnebre* pode ser realizada de corpo presente, mas também com um esquife vazio ou uma representação simbólica, desde que todos locados no interior do *Templo*, e bem compreendendo que esses últimos, por nada conter, significa lá estarem apenas uma *imagem espiritual* ou uma *presença mística*.

Secretário

Nesse *Cerimonial* são ouvidas três pancadas a partir dos *Tronos*, com som surdo e lúgubre; essas batidas simbolizam as três fases *post mortem*, ou como foi dito, os três (3) sepultamentos e sepulturas do *Grande Mestre.*

Ao derredor da representação ainda se forma a *Cadeia-de--União*, e ao ser transmitida a *Palavra* o *Mest:.CCer:.* anuncia que a *'Corrente está quebrada e a Palavra Perdida'*; essa referência diz respeito ao elo que se partiu, interrompendo a unidade material da Oficina.

O *Cerimonial de Pompa Fúnebre* se desenvolve em evocação à *Lenda do terceiro (3º) Grau de Mestre*, e evidentemente, com o mesmo significado esóterico.

Assim, a *Acácia* representa, sempre e primordialmente, um *Duplo Símbolo*, ou seja, das: *Mortalidade e Imortalidade – Luto e Júbilo – e Sagrado e Profano*.

Ademais, o Adepto ao afirmar que: *"A 'Acácia' me é conhecida"*, ainda equivale a informar que é Mestre, e que conhece com profundidade o simbolismo da *Lenda do terceiro (3º) Grau*.

E, com referência à *Lenda*, dependendo da versão adotada, consta que ao anoitecer retiraram o corpo do *Grande Mestre* que esconderam sob os escombros da obra do *Templo*, e conduziram ao *Monte Moriah*, onde enterraram numa sepultura rasa ainda provisória, assinalando o local com um *Ramo de Acácia*.

Desconfiando do pior, ou seja, que houvessem matado o *Grande Mestre*, o *Rei Salomão* incumbiu diversos grupos de Mestres a buscá-lo, e assim foi feito; entretanto, resultando infrutíferos os esforços, quando aqueles exploradores exaustos se reencontraram, tinham em seus semblantes a expressão do desencorajamento.

Contudo, um dos Mestres fatigado, como apoio tentou se agarrar a um *Ramo de Acácia* que ali estava, e para surpresa geral esse *Ramo* se soltou ao simples contato, pois fora apenas fincado num montículo, conforme Ritual do REAA e versão do autor O.Wirth.

E, como foi dito, em se tratando de *Lenda*, e assim comportar diversas versões, a respeito do surgimento ou plantio do *Ramo de Acácia* na rasa sepultura, poder-se ainda mencionar que:

- *O Ramo de Acácia vingou e se tornou o mais representativo Símbolo do Grau de Mestre;*
- *Os Mestres que buscavam o Grande Mestre encontraram um monte de terra recém-removida, que parecia cobrir um cadáver, onde fincaram um Ramo de Acácia para marcar o local; e*
- *A Acácia teria brotado do corpo do Grande Mestre morto, anunciando sua ressurreição; conforme constante do Manual de Mestre Maçom da Grande Loja do Chile;*

e, como foi dito, tais fatos compõem a *Lenda*, resultando evidente existir diferentes alternativas, mas importante é que todas coincidem em que havia um *Ramo de Acácia* marcando a sepultura.

Guarda (ou Cobridor) ______________________________

6. Na Bíblia

Constam muitas passagens bíblicas com várias menções sobre a *Acácia*; podendo citar:

- *"Plantarei no deserto o cedro, a árvore da sita, e a murta e a oliveira ..." (Is 41:19); em hebraico Shitat é singular de Acácia; J. F. Almeida em sua versão traduziu como Sita;*
- *"Também farão uma Arca de madeira de cetim ..." (Ê 25:10);*
- *"Também farás uma Mesa (de Pães da Proposição) de madeira de cetim ..." (Ê 25:23);*
- *"Farás estes varais (para transporte da Mesa) de madeira de cetim ..." (Ê 25:28);*
- *"Farás também as tábuas para o Tabernáculo de madeira de cetim ..." (Ê 26:15);*
- *"Farás também cinco barras de madeira de cetim ..." (Ê 26:26);*
- *"E o porás sobre quatro colunas de madeira de cetim ..." (Ê 26:31);*
- *"E farás para esta coberta (Tabernáculo) cinco colunas de madeira de cetim ..." (Ê 26:37);*
- *"Farás também o Altar de madeira de cetim ..." (Ê 27:1);*
- *"Fará para o Altar varais de madeira de cetim ..." (Ê 27:6); Almeida usa madeira de cetim, e no dicionário cetim deriva do árabe* zaituni *designando tecido de seda ou algodão;*

Considerando que os estudiosos concordam que as: *Arca – Mesa – e Tabernáculo* foram construídos com *Acácia* do deserto *(Isaías)*, por ser imputrescível e inatacável por predadores, a crer que *madeira de cetim* é no significado correto *madeira de Acácia.*

Respeitabilíssimo Mestre ______________________________

Finalmente, que *"E acamparam-se junto ao Jordão, desde Bete--Jesimote até Abel-Sitim ..." (N. 33:49)*; que *Abel-Sitim* em hebraico significa *Vale das Acácias*, 40 km ao sul de *Bete-Sita*; e, *"... e o exército fugiu para Zererá, até Bete-Sita ..." (Jz 7:22), Bete-Sita* em hebraico significa *Lugar da Acácia*, no // 32 e 30' ao lado do *Rio Jordão*; compete relembrar que a *Bíblia* é rica em alusões à madeira de *Acácia* com usos *Sagrados*, o que, por sua vez, a converte em *Árvore Sagrada!*

AS LUZES E O MESTRE

Respeitabilíssimo Mestre

Pela *Bíblia*, a *Luz* somente surgiu no quarto (4º) dia da Criação, e:

- *'Viu Deus que a Luz era boa, e separou a Luz e as trevas' (Gen.1:4);*

e a *Luz* tornou possível desenvolver a matéria viva na *Terra*; mas, no limiar das civilizações o ser conhecia só a *Luz*, considerada como manifestação *Divina*.

E, conforme o mito da *Rebelião no Céu*, o *Anjo Lúcifer* se rebelou contra os *Planos* de Deus, e, embora derrotado na batalha contra o *Arcanjo Miguel*, foi banido; e ao ser expulso, teve que vir a *Terra* e assumir o título de *Rex Mundi – Rei do Mundo*; trouxe a *Luz ou Chama* ao conhecimento, tanto que o nome do *Anjo Lúcifer* significa: *Que porta a Luz*.

1º Vigilante

Na mitologia grega foi *Prometeu* quem roubou o *Fogo Sagrado* do *Olimpo*, e desceu do Céu para auxiliar a Humanidade, ensinando como obter a *Chama e o Fogo* pelo atrito de dois pedaços de madeira; e, seja em qualquer versão, fato é que o novo conhecimento deslumbrou os Homens.

Daquele instante o ser substituiu a *Luz Verdadeira* pela *Luz do Fogo*, e o saber produzi-la deu-lhe a sensação de ser o *Rei do Mundo*, numa clara alusão ao *Anjo Decaído*; e, simbolicamente, a *Luz* sempre representou o *Poder do Bem* para a Humanidade; mas contrapondo, a escuridão ou trevas significam: *ignorância – estupidez – maldade – e apego ao materialismo*.

Segundo os pensamentos espiritualista e místico, os seres têm em seu interior a *Centelha Divina*, que por conduta justa, perfeita e correta moralmente, podem se tornar uma inigualável *Chama de Espiritualidade*; e isso gerou a crença de que todo ser possui em si uma espécie de *vela*, ou uma *Luz* incandescente a manter unidos seus corpos astral, mental e físico.

A associação entre: *Essência da Vida – Centelha Divina – e Chama da Vela*, todas efetivas nas trevas do Mundo cercado pela obscuridade profana, culmina que os seres usem a *Chama* como forma física etérea da representação de Deus; e é certo que o *Fogo* traz a ideia de purificação, ou: *Igne Natura Renovatur Integra – INRI (uma das muitas versões das letras)*; assim, a concluir que a Natureza é toda renovada pelo *Fogo*, essa afirmativa hermética gera duas interpretações:

- *Espiritual = Por comparação, como o ouro é purificado na forja, o justo o será pelo Fogo; e*
- *Literal = A Natureza, depois de entorpecida pelo frio do inverno, é reanimada pelo Sol, na volta do Solstício da Primavera, produzindo flores e frutos, ou a própria vida.*

As representações do *Fogo*, de início explicitadas pelas *fogueiras*, depois pelo uso de *tochas*, e seguido pelas *velas*, com propósito de afastar os demônios e as trevas da noite.

As *velas*, na origem, eram bastonetes de cera de abelha; depois, aos poucos, foram substituídas por cera de ácido esteático ou parafina; em ambos os casos envolve um pavio e forma uma mecha, cuja combustão fornece a *Chama* luminosa; e ainda podem ser feitas com sebo ou gordura animal, contudo, desde o início da Ordem as *velas* usadas chamavam-se *círios*, e eram somente de cera de abelha, que associavam à *colmeia* significando *trabalho e diligência*.

2º Vigilante

Sendo o uso das *velas* muito difundido e conhecido, o ser apoiado em sua crença passou a acender *velas* como a arte-da-magia, com objetivo de tranquilizar o espírito e a mente, e pelas *velas* evocar a *Divindade* para se fortalecer frente aos desafios e provações; e esse efeito mágico significa que acender uma *vela* é parte de um ritual em que há forte concentração mental, pois nesse instante ocorre um processo de intervenção cósmica especial.

Além do aspecto esotérico, pode-se acender uma *vela* para: *eliminar odores – celebrar efeméride – criar romantismo – espantar escuridão – etc.*; e sabe-se também do uso difundido de *velas* em *Igrejas e*

Templos e que diversas Religiões as utilizam como forma de devoção mística; e ainda, ser aplicada como parte de um sistema de proteção ao pedir ajuda para: *curas – realizar desejos – ou solicitar Luz e orientação aos caminhos a percorrer.*

Tanto na Ordem como no Mundo Profano, a *vela* acesa refere-se à intenção de pedir, por isso, não é recomendável ou conveniente seu *reaproveitamento* se não totalmente consumidas; a razão esotérica dessa medida é porque as vibrações captadas nas Reuniões ficam impregnadas nas *velas*, o que influenciaria o bom andamento de outras Sessões; na Ordem cabe ao Mest∴CCer∴ observar, e se necessário, substituir por novas as *velas* total ou parcialmente consumidas.

E, se as *cores* estão intimamente ligadas à emoção e ao desejo, a *Ciência das Cores – Cromoterapia* – conquista mais apreciadores e novos usos para os efeitos das *cores*; o que também ocorre com as *velas*, pois suas *cores* se interligam e são interpretadas com as reações humanas; então, esse texto só se limitará às *cores* dos Cerimoniais, e assim, as *cores* simbolizam:

- *Branca = pureza – espiritualidade – o mais elevado do ser aperfeiçoado – e sabedoria;*
- *Vermelha = saúde – energia – força – e coragem; e*
- *Azul = inspiração – verdade – poder oculto – proteção – e compreensão.*

Já o *incenso* reforça o preparar e purificar do ambiente para as Cerimônias que envolvem também as *velas*, pois é um poderoso estimulante dos sentimentos mentais e psíquicos.

Orador

Certos Ritos recomendam a queima de *incenso* somente na Iniciação, antes do Candidato prestar seu *Solene Juramento ou Compromisso*, ao ser orientado a prover no *Altar dos Perfumes* uma suave adição de *incenso*; e em outros Ritos, por exemplo, no Adonhiramita, há um procedimento específico recorrente nas Sessões denominado *Cerimônia de Incensação*.

E como parte da ritulística da Ordem, a *vela* acesa significa um emissor e um repetidor das vibrações mentais concentradas, pois enquanto a *vela* arde, continuam vibrando os propósitos pelos quais foi *acesa*; por isso não é permitido que *nenhuma vela esteja apagada* nas Sessões.

Suas *Chamas* ainda simbolizam o *Fogo Sagrado* emitido pelo *GADU*, e que dentre tantas interpretações serviriam a desvelar ou retirar véus, e iluminar ou clarificar segredos; sendo lógico que em qualquer lugar onde haja uma *vela* acesa, desaparece a sombra da escuridão; e, na Ordem no Rito Brasileiro, as *velas* também representam os *Três (3) Principais Aspectos da Divindade*:

- *Onisciência = Tudo sabe – Onipresença = Está em todo lugar – e Onividência = Tudo vê.*

Acender velas é um *Ritual Mágico*, como *Bater na Porta do Templo*, para invocar que o *GADU* presencie os trabalhos em Loja; e a cada frase evocativa ou a cada pedido, o Adepto se compromissa a se portar dignamente, porque todos *clamam* pela presença da *Divindade.*

E, concordante com as explicações dos significados, e do que representa a presença do *Fogo*, seria adequado que o *Templo* se iluminasse pelas *chamas de velas.*

Nos Rituais mais antigos dos três Graus do Simbolismo, e dependendo do Rito adotado, na *Abertura dos Trabalhos* das Sessões Ordinárias e Magnas, quando o VM questiona sobre o *horário desses trabalhos*, o Vigilante responde direto e preciso: *"Ao meio-dia ..."*; e novamente perguntado: *Que horas são?*, pode soar as *badaladas da hora* do início desses trabalhos, e segue informando o horário preciso: *"Meio-dia completo – ou em ponto ..."*; então, soa a *bateria* do Grau nos *Três (3) Altares*, quando todos se levantam em *Sinal de Obediência.*

Secretário

Há determinado Rito que, além do exposto, com um único golpe de malhete o VM convida os Vigilantes a virem ao *Altar dos Juramentos*, e participar de uma das mais belas Cerimônias da ritualística maçônica: *A Cerimônia das Luzes.*

Antes de detalhar o desenvolvimento do Cerimonial, descreve-se a preparação do *Altar dos Juramentos*, e o significado do material disposto; esse *Altar* fica na frente do Altar do VM no Oriente, sendo uma *mesa-triangular* adornada com toalha bordô e franjas douradas, e por sobre os: *Livro da Lei – Esquadro – Compasso – Espada Flamígera – e Três (3) Castiçais.*

Para a *Cerimônia* cabe entender o significado das *velas* nos *Castiçais*; assim, no vértice do *triângulo-mesa*, próximo ao Altar do VM há uma *vela branca*, e o *porta-vela* chama-se *Castiçal da Sabedoria*; a *vela* deve ser acesa pelo representante da *Sabedoria* na Loja – Venerável Mestre.

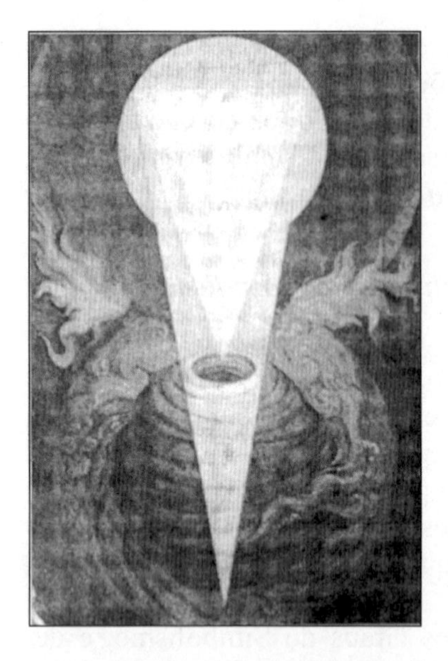

Olhando o Altar do VM, à esquerda há uma *vela vermelha* no *Castiçal da Força*, acessa pelo representante da *Força* na Loja – 1º Vigilante, e à direita no *Castiçal da Beleza* há uma *vela azul*, acesa pelo representante da *Beleza* – 2º Vigilante.

A Ordem é pura simbogia, e somente pela interpretação e compreensão dos *Símbolos* se conhece seus *Mistérios*; e para avaliar a Cerimônia é preciso rever o significado dos *Símbolos*.

E, quanto à circulação e procedimentos desse *Cerimonial,* conforme o Rito adotado, por exemplo, os Vigilantes se postam lateralmente ao *Altar dos Juramentos*, cada um no lado de sua respectiva *Coluna*, sem portar malhetes.

O VM acende uma *vela* no seu Altar, leva a *Chama* até o *Altar dos Juramentos*, inicia a *Cerimônia das Luzes* acendendo a *vela branca do Castiçal da Sabedoria*, e invoca: *"Que a Luz da Sabedoria ilumine nossos trabalhos!"*; em uníssono todos dizem *"Assim seja!"*, equivalente a *"Amém!"*; é a concordância do rogar do VM, pois *"Assim seja!"* explicita que *'também se roga!'*

E o VM complementa a rogação, afirmando por conta da presença da *Divindade* que: *"A Luz da Sabedoria é Onisciente e Infinita!"*; significando que o VM nessa frase se refere a:

- *1ª parte (Sabedoria é Onisciente): Pede – roga – ou manifesta desejo, por reforçar a evocação, e que os trabalhos se desenvolvam sob a égide da Sabedoria Maior emanada pela Criação; avoca-se o GADU a estar presente, e oriente a produzi-los com a devida Sabedoria.*
- *2ª parte (Sabedoria é Infinita): Declaração que o rogo foi atendido, reconhecendo a presença e grandeza do Divino, numa das formas de identificação: Onisciência.*

Guarda (ou Cobridor)

Então, o VM passa o acendedor ou tocha ao 1º Vigilante, que acende a *vela vermelha* do *Castiçal da Força*, invocando *"Que a Luz da For-*

ça dê vigor a nossa obra!"; para que o trabalho não esvazie por faltar determinação ou vontade; ciente que a *Força* rogada implica em não faltar: *vontade – perseverança – ou ânimo*; e mais, a demonstrar: *apoio – identidade – e concordância,* com o apelo do Vigilante, de modo análogo, os demais respondem: *"Assim seja!"*.

O Vigilante, como o antecessor, completa a rogativa e reconhece a presença da *Divindade*, por outra característica – Onipotência, declarando: *"A Luz da Força é Onipotente e Infinita!"*.

Seguindo, o 1º passa a tocha ao 2º Vigilante que, acendendo a *vela azul* do *Castiçal da Beleza,* diz: *"Que a Luz da Beleza se manifeste entre nós!"*; e o Vigilante roga a presença da *Beleza*, materialização da harmonia que une os Adeptos, e é a melhor expressão da *Fraternidade* que norteia os trabalhos; e ainda, em uníssono os demais respondem: *"Assim seja!"*

A seguir o 2º Vigilante cita a terceira característica – Onipresença, e diz: *"A Luz da Beleza é Onipresente e Infinita!"*; e assim forma-se a tríplice sustentação aos trabalhos.

Então foi rogada a presença de: *Sabedoria – Força – e Beleza*, e a presença da *Divindade* pelas características: *Onisciência – Onipotência – e Onipresença*; e as *velas,* emitindo sua *Luz*, confirmam-se rogos e pedidos, afirmativas de boas intenções e augúrios, fazendo os fluídos energéticos produzirem benesses auspiciadas; e ainda, conscientizar que jamais deve faltar às Sessões Maçônicas as: *Sabedoria – ou Força – ou Beleza*, a tríade mística dos trabalhos.

O 2º Vigilante conclui as invocações e dá a tocha ao VM, que a adormece com: *apaga-luzes – abafador – ou apagador*, jamais soprando ou outra qualquer forma de apagar; pois, de acordo com o estudioso Leadbeater, por entender que a *vela* acesa com pura intenção equivale à oração que atrai energias do alto, soprar a *vela* seria contaminar o *Fogo Sagrado* com hálito impuro.

Ao ascender *velas* as *Três (3) Dignidades* dizem as frases; e não estão apenas mostrando aspectos da *Divindade*, mas como alcançar o perfeito enlace desses aspectos; e mais, os Adeptos se tornam receptivos a essa energia.

A *Cerimônia das Luzes* tem por objetivo abrir canais de comunicação e proporcionar maior receptividade dos Adeptos com a *Divindade*; e com o canal estabelecido é realizada a *Abertura do Livro da Lei*, evocando proteção específica a cada Grau, buscando na *Bíblia – um dos Livros da Lei adotados*, uma passagem referida à característica do Grau; por exemplo, nos:

- *REAA = No Grau de Aprendiz, dedicado à Fraternidade, buscaram no Salmo 133 seu referencial: "Oh, quão bom e quão suave é que os Irmãos vivam em união"; sabedores de que 'viver em união' é a Fraternidade numa de suas formas mais puras; e*
- *Rito Brasileiro = Nos Graus em que a Proteção Divina é evocada se torna a principal característica desse Grau.*

Depois do retorno da *Palavra*, realiza-se o *Fechamento do Livro da Lei* acompanhado do pronunciamento do VM dando *Glória ao Supremo Arquiteto*; e a seguir fecha a Loja conclamando às: *Saudação – Bateria – e Aclamação*, conforme o Grau da Sessão; e mais, com todos em *Sinal de Obediência*, com um golpe de malhete o VM convida os Vigilantes a virem ao Altar e amortizar as *Luzes do Templo*, lembrando que essas resplandecem sempre nos corações.

Respeitabilíssimo Mestre

Os Vigilantes postam-se ao lado do *Altar dos Juramentos*, novamente respeitando o lado representativo de suas *Colunas*, o VM desce e entrega o apagador ao 2º Vigilante que amortiza a *vela azul* do *Castiçal da Beleza* e diz: *"Que a Luz da Beleza, Infinita como a Onipresença Divina, acompanhe nossos passos!"*; e ao que todos concordam afirmando: *"Assim seja!"*; é o rogo para que os sentimentos de *Beleza e Harmonia* que se fizeram presentes na Sessão acompanhem todos por toda a vida; e é o pedido feito para ser possível dividir com os familiares, as energias positivas com que tão generosamente foram agraciados durante os *trabalhos*.

O 2º passa o abafador ao 1º Vigilante, que amortiza a *vela vermelha* do *Castiçal da Força* e pronuncia: *"Que a Luz da Força, Infinita como a Onipotência Divina, nos impulsione para o alto!"*; ao que afirmam concordantes: *"Assim seja!"*; é o rogo para que a caminhada evolutiva, que na Sessão cumpriu outra etapa, continue seu progresso e leve para o alto, mais perto de Deus.

O 1º Vigilante passa o apagador ao VM, que amortiza a *vela branca* do *Castiçal da Sabedoria* e pronuncia: *"Que a Luz da Sabedoria, Infinita como a Onisciência Divina, resplandeça em todos nossos atos!"*; ao que concordam afirmando: *"Assim seja!"*; é o rogo para que a *Sabedoria Divina* acompanhe os Adeptos, e que norteou os atos praticados na Sessão, fazendo com que também se reflita nos atos profanos individuais.

Desse modo, será possível ofertar à *Humanidade* os bons frutos que os *Ensinamentos* aprendidos na Maçonaria permitem produzir; e, com isso, está encerrada a *Cerimônia das Luzes*, com o VM retornando ao seu Altar, assim como os Vigilantes.

O objetivo buscado nesse relato simplista e despretensioso é lembrar os Integrantes da Ordem que, com bem executada ritualística, disciplina e ordem seguidas à risca, é necessário agora preparar também os espíritos e as mentes, para buscar a evolução com firmeza de pensamentos e propósitos, concentrados nos verdadeiros objetivos das Reuniões ou Sessões Maçônicas.

Finalmente, relembrar que uma Sessão profícua envolve muito mais do que uma postura física correta, deve referir-se a predisposição quanto à emissão de pensamentos corretos, e de vigiar as performances do corpo e da mente com a mesma atenção e cuidado; tudo possibilitando aos Adeptos retornarem aos respectivos lares melhores do que quando saíram, devidamente fortalecidos por: *Sentimentos de Paz e Harmonia – Nas Próprias Crenças – e na Imensa Energia do Amor Fraterno*; e ainda, provendo o desejo de que:

- *A presença do GADU se faça sentir em todas as atividades dos Integrantes da Arte Real.*

O AVENTAL DE MESTRE

Respeitabilíssimo Mestre

O *Avental* do terceiro (3º) Grau na forma é igual ao dos Graus anteriores, confeccionado em material idêntico, originalmente, de pele branca; mas, na modernidade, contém aplicações decorativas instituídas nos Rituais.

E sempre se deve ter a preocupação de analisar a real significância dos *Aventais*, e para isso cabe dividir entre *físico e esotérico ou espiritual*:

- *Físico = refere-se à forma, material, cor e elementos decorativos; o material deveria sempre ser de pele de animal, preferivelmente de cordeiro, branca e imaculada.*
- *Esotérico = interpretação simbólica ou parte esotérica, obedecer à evolução, também histórica.*

1º Vigilante

Na modernidade, por: *economia – facilidade – incompreensão – e despreocupação*, os *Aventais* são feitos de tecido, plástico ou material sintético, imitando a perfeição do couro ou pele curtida; cientes que a pelica é curtida por um processo químico, que mantém o couro branco.

Entre o *Avental* do Aprendiz e do Mestre, evidentemente, no último há muito maior quantidade de *Símbolos*, pois é a etapa derradeira do *Simbolismo Maçônico* moderno; e, merecendo destaque, a *Abeta do Avental* do Aprendiz protege o *epigastro* ligado ao plexo solar, correspondendo ao *chakra umbilical* responsável por sentimentos e emoções.

Sabe-se que no princípio, não muito remoto, a Ordem detinha apenas Dois (2) Graus: Aprendiz e Companheiro, e que o *dirigente do agrupamento de trabalhadores na obra*, ou o cargo de VM atual, era escolhido dentre os Companheiros, recebendo a denominação de Mestre.

Muito depois, surge o Mestrado como terceiro Grau, primeiro pela possibilidade de reunir os VM´s, e segundo pela necessidade de contar na hierarquia da Ordem com um Grau acima dos primeiros; pela experiência e evolução naturais dos trabalhos a realizar com o passar do tempo.

Em seus aspectos, o *Avental* de Mestre tem o mesmo simbolismo daqueles dos Graus de Aprendiz e Companheiro, surgiu na Maçonaria Operativa como vestimenta para proteção de partes do corpo do trabalhador em pedra, e outros ofícios; assim como apareceram as luvas para proteger as mãos.

Na verdade, na Antiguidade os povos viviam sem cobrir o corpo, sem roupa, que surgiram com a intenção de proteger e combater o frio, para depois referirem-se ao calor.

As vestes nunca deixaram de evoluir, tornando-se requintadas na Idade Media, e muito fausto nas dos orientais; essa evolução ocorreu exclusivamente por estética.

2º Vigilante

Atualmente, a expressão *moda*, e tudo que implica em criação e industrialização, é parte significativa da economia; e porque a indústria do vestuário exige imenso complexo de atividades, que vai desde plantar espécies que fornecem fios de muita qualidade e/ou resistência à sofisticada instalação petroquímica, responsável pela beleza e praticidade dos mais diversos tecidos.

Por isso, há milhões de trabalhadores que subsistem do que a *moda* proporciona, a partir de alterações periódicas; sendo, principais e marcantes, as criações destinadas anualmente ao verão e inverno, que substituem modelos, estilos e materiais que devem evoluir a cada fase ou etapa.

E nessa evolução, a Maçonaria ao passar de Operativa a Especulativa, também nos seus *Aventais*, adicionou novas interpretações referentes ao *Simbolismo*.

O uso de *Aventais* para proteção na construção dos *Templos* na fase Operativa foi semente, que depois viria a germinar e evoluir, tornando-se um dos mais relevantes *Símbolos* identificadores dos Adeptos; e considerar que o GADU tudo supervisiona, e nada existe sem Sua motivação.

Apesar de todo o exposto, a origem do uso de *Aventais* nunca foi muito bem definida, por isso, certos estudiosos acreditam ter surgido entre os: *egípcios – essênios – e outros*.

Já os *gregos*, a partir de seus *Aventais quadrados*, criaram os *sinais* que formaram seu *alfabeto*; grafaram duas linhas diagonais no *quadrado* dividindo-o em *quatro triângulos*; a seguir traçaram duas linhas, vertical e horizontal, em cruz, resultando em outros *quatro triângulos*, e completando *oito*; além de citar que os *números gregos* também se originaram desse *Símbolo*.

Por tudo isso, o *Avental* de Mestre também é denominado a *Chave dos Signos Gregos*, porque é formado por: *quadrado – linhas – ângulos – triângulos – e esquadros*.

Orador

Por exemplo, como utilizavam outros povos primitivos:

- *Persas de Mitra – revestido com cinta, coroa ou mitra, túnica púrpura e Avental branco;*
- *Budistas (antigos) – usavam Aventais brancos;*
- *Índios (norte-americanos) – usavam Aventais coloridos.*
- *Índia – Iniciados com cinta ou faixa sagrada, substituída em certas ocasiões por Avental.*
- *Israel – Sacerdotes vestem 'Abnet', espécie de Avental de linho.*

- *Essênios – usavam túnica branca, e nos banhos públicos um Avental protetor.*
- *Creta – Estátuas dos deuses pagãos esculpidas com Aventais duplos, frente e atrás.*
- *Egito – Rei Tutankamon no sarcófago descoberto em 03/01/1924 portava Avental; o descobridor Dr. O.*

J. Kinnamon diz: "Não há base para afirmar que o Avental fosse maçônico".

O *Avental* do terceiro Grau é branco; sendo certo que branco *não* é uma cor, mas a polarização das cores pelo espectro solar; o branco é considerado como *Símbolo de Pureza*; no início utilizavam a pele de cordeiro, que alude ao *Cordeiro Imaculado Cristão*.

No *Avental* do Grau de Mestre, a abeta fixa e abaixada simboliza a cobertura e proteção do órgão reprodutor; e, observando que a procriação *não* é mais tida como um ato fisiológico normal, comum, mas como um *Ato Sagrado*.

E esse *Ato Sagrado*, sendo determinado por vontade do GADU, obedece sempre os *Preceitos Morais* cultivados pela Maçonaria, que, por crer ser necessário, muito respeita a procriação.

Assim, o *Avental* cobre, protege e isola, mas também separa a parte inferior da superior do corpo, eis que somente as partes superiores devem participar dos trabalhos maçônicos; então, o Mestre sentado mantém as partes inferiores submissas, mas de pé o *Avental* as domina e subjuga.

Secretário

O *Avental* é o *Símbolo de: Sacrifício – Moral – Inocência – Distintivo – Mensagem – Herança e Emblema de Trabalho*; e o Adepto sentado horizontaliza o *Avental* demonstrando abarcar o Mundo; e em pé o verticaliza mostrando sua vontade no Cosmos, onde se trabalha.

O *Avental* de Mestre, conforme o Rito adotado pela Oficina pode ser debruado com fita azul-claro; mas, a cor desse debrum causa controvérsia, porque há Ritos que determinam seja debruado de vermelho, por exemplo, como observa o REAA das *Grandes Lojas Brasileiras*, que em 15/09/1875, na *Convenção de Lausanne na Suíça*, estabeleceu os *Aventais* para: *Aprendiz = de pele branca com abeta erguida – Companheiro = o mesmo com abeta abaixada, debruado e forrado em vermelho – e Mestre = azul, forrado e debruado em vermelho, e no centro as letras M:.M:.*.

No *Brasil*, o uso do azul-claro vem do disposto em 1875 pela *Grande Loja da Inglaterra*, visando uniformizar os *Aventais*; assim, atualmente é usado nos: *REAA – York – e Adonhiramita*.

O *Avental* prescrito pela *Grande Loja da Inglaterra* é forrado e bordado em azul, e sob a abeta, direita e esquerda, descem duas tiras terminadas em sete cordões de prata; sendo preso por um cordão azul significando o infinito, e completado por figuras geométricas.

No corpo do *Avental*, representam os: *quadrado a matéria, coisa criada – abeta o triângulo, trilogia espiritual – e círculo, coração, Universo e Cadeia de União Espiritual.*

E ainda, por exemplo, nos Ritos:

- *REAA = debruado em azul-claro, no quadrilátero há três rosetas azuis, que podem ser vermelhas;*
- *Adonhiramita = também debruado em azul-claro, com ramos de acácia, na abeta um triângulo com o olho-que-tudo-vê, e preso por cadarço ou elástico preto.*

e atualmente, os *Aventais* do terceiro Grau são forrados de preto, preso por uma cinta, cordão ou elástico, e cinge o corpo, dividindo-o em duas partes; por exemplo, no *Simbolismo Cristão* o *cinto de ouro* constitui *Símbolo de Pureza*, e os monges usam o *cingulum ou cinto de castidade*; e mais, podem ser inseridas no *Avental* as *Letras M:. e B:.*, iniciais da *Palavra Sagrada do Grau.*

O cordão do *Avental* constitui um *círculo magnético*, separando as forças naturais do organismo equilibrando-as, e as seccionando se as *inferiores* predominarem sobre as *nobres*.

Guarda (ou Cobridor)

Esse *círculo* é mais uma representação da *Corda dos 81 Nós*; e tem-se que dentro desse *círculo* encontra-se o Homem, sendo certo que o *círculo* é elástico, podendo dilatar-se de maneira uniforme ao infinito, e retomando com forças colhidas que enriquecem o Homem.

As três rosetas azuis simbolizam o *Ponto dentro do Círculo*; assim, são *três círculos* entrelaçando-se, simbolizam tanto o Sol representado pelos *três pontos* do firmamento em que é visível nas três fases: *Oriente – Meio-dia – e Ocidente (Poente)*; são também as posições das *Luzes* na Loja, e as *Três Portas do Templo de Salomão.*

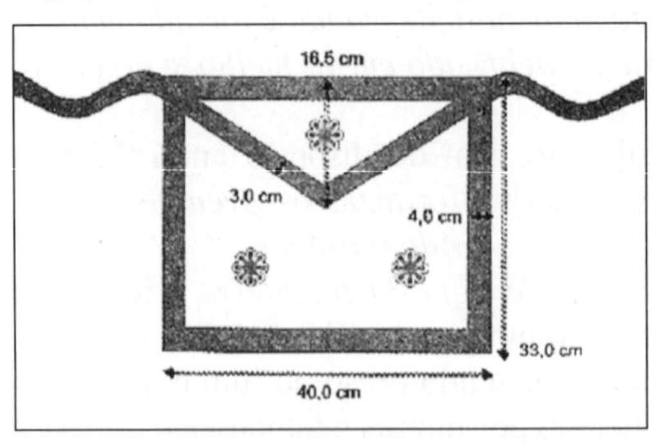

Ainda cabe citar que na interpretação astronômica da *Lenda do Grau*, o Sol se liga aos *Três Oficiais* da Loja que ocupam posições por onde o Sol passa no percurso diurno.

Sabedores que o primeiro Grau representa o *Inverno ou as Trevas do Solstício de*

Inverno ao Equinócio da Primavera no Hemisfério Boreal; e o segundo Grau representa o período do *Equinócio da Primavera ao de Outono*, quando o Sol brilha mais quente em benefício da Natureza; e, por fim, o terceiro Grau representa o Sol indo às *Trevas*.

E, de acordo com a versão adotada da *Lenda*, além de algo mais a respeito do *Simbolismo das rosetas* referente à *Edificação do Templo*, tem-se que:

- *A Régua de 24 Polegadas, que atinge na garganta o 'Encarregado pelos Serviços (Sol)', representa o dia de 24 horas; significando que o Sol recebe o primeiro golpe;*
- *O Esquadro dá o segundo golpe no Sol; é a estação que equivale à quarta parte zodiacal; e*
- *O Maço dá o terceiro e mortal golpe; a forma cilíndrica simboliza o ano que finda – a vida anual.*

No *Avental* do VM, sempre um Mestre, constam um ou mais *'Tau(s)'*, representado por uma *acha de dois cortes*; e seu *Malhete* simboliza: *poder – mando – criação – e equilíbrio.*

Já o(s) *'Tau(s) Invertido(s)'* substituem as *rosetas* nos *Aventais* dos VM e Past-VM *(Masters ou Ex)*, simbolizando a ligação dos: *material e imaterial – ou – invisível ou espiritual*; cientes que o VM é a ligação entre os Adeptos da Loja e o trabalho; que, para deter o poder, deve ser criativo.

Respeitabilíssimo Mestre

Já o *'lowton'* recebe seu *Avental* como símbolo de preparação educacional e moral até sua Iniciação, quando caberá usá-lo com abeta erguida, simbolizando a pré-puberdade maçônica.

Finalmente, o *Avental* representa também o trabalho constante a executar, e sendo composto por *Símbolos* mostra que o trabalho nunca é superficial; e o do terceiro Grau passa a ter significado superior, pois o Mestre já superou as dúvidas e sedimentou seu comportamento criativo.

A MARCHA DO MESTRE (PARTE I)

Respeitabilíssimo Mestre ____________

Adentrando ao *Templo*, o Mestre deve despertar os ensinamentos assimilados dos Graus precedentes, e ainda, não deve confundir a *Marcha* com postura ou sinais, já que é executada pelos *pés e pernas – que são as Colunas do corpo humano*; assim, o Integrante deve executar as *Marchas* de:

*1º) **Aprendiz** = com três passos em linha reta, imita o caminho Reto da Régua, e se posta Entre-Colunas de onde fará as saudações do primeiro Grau.*

O Aprendiz Marcha até dominar a linha reta formada pela sequência de pontos; e basta um ponto para iniciar o trajeto sem-fim, apregoado ser sempre Reto. A Reta no primeiro Grau equivale ao Raio de Luz, considerando que seus pontos componentes são constantes físicas, pertencentes à Ciência da Geometria. A Marcha do Aprendiz em linha reta conduz ao VM.

1º Vigilante ____________________________

*2º) **Companheiro** = com os dois passos desencontrados, o primeiro à d:. sobre um dos ramos do Esquadro, pois sua Marcha se baseia nesse instrumento; e o segundo à e:. parando defronte à futura simbologia do féretro, onde repousariam os restos mortais do Mestre Hiram/Adonhiram. Nesse Grau a Geometria é uma das Ciências: estudada – aplicada – e considerada a parte mais antiga da Física. Essa Marcha conduz aos 1º e 2º Vigilantes.*

e, dependendo do Rito adotado, com: *pés em esquadria – calcanhares juntos – e pontas separadas*, o Mestre executa o *Sinal de Horror,* pois vê com dificuldade pela escuridão; mas, no *Quadro Mortuário* de outros Ritos, esse *Sinal* é feito depois de ultrapassar o *esquife*, o que pode gerar confusão; contudo, não há razão para que o *Sinal* seja feito depois do trespasse da urna mortuária, sobretudo porque o *horror* inicia ao ser vista a cena, quando explodem os sentimentos, para depois ser cumprida a passagem.

> *3º) **Mestre** = com três passos ondulantes de trespasse, ergue a p:.d:. e põe à d:. do esquife, ou simples representação mortuária conforme o Rito, pousando o p:.d:. e justapondo a p:.e:. em esquadria por trás da d:.; segue atravessando com a p:.e:. e a põe à e:. do esquife, pousando o p:.e:. e justapondo a p:.d:. em esquadria por trás da e:.; por último põe a p:.d:. diante da parte do esquife destinada a cab:. ou os pp:. do Corpo, conforme o Rito, e justapõe à e:. com ambos os pp:. juntos à Ord:.. A Marcha é inspirada no Compasso; e os: ponto – reta – plano – e distância são elementos da Física, mas, no Grau, esses elementos penetram o espaço que era considerado, desde o físico Newton, como absoluto e inerte, onde se realizam os acontecimentos. A Marcha conclui as: trajetória da Luz – e as três (3) Marchas completas, e conduz ao Sanctus Sanctorum – Santo dos Santos, local místico que abarca o Cósmico e o interior do Maçom.*

e surge a *Teoria Ondulatória* mostrada adiante, dos físicos *Maxwell e Faraday*, afirmando que:

- *"Parece evidente a existência, no espaço vazio, de objetos dos estados que se propagam por ondulações, bem como de campos localizados que podem exercer ações dinâmicas sobre massas elétricas, ou polos magnéticos que lhe opõem."*

2º Vigilante

As *Marchas* têm similaridade com os instrumentos que as caracterizam, e são bases da engenharia de construção; e, conforme o Rito adotado, ao concluí-las bate com as *'mm:.nos jj:.'*, ergue-se sobre as pontas dos pés e por três (3) vezes e exclama: *"Ai, ai Senhor meu Deus!"*, termos lancinantes que demonstram profunda dor.

As *Marchas* que abrangem as *Três Fases – ou Graus do Simbolismo* significam a longa trajetória que o Mestre já trilhou, no início de forma suave e simples como o percurso em linha reta; e medindo os passos com cuidado, com a atenção que teve no *aprendizado*, e calculando para que, com precisão, seus pés possam encetar a segunda fase; e o Mestre deve se recordar dos dias da sua mocidade ao se incluir no espírito da mensagem bíblica quando da *Abertura do Livro da Lei*.

Apesar disso, podem surgir diversas polêmicas a respeito, mais precisamente:

1ª) Quando o Mestre executa a 'tríplice saudação', e alguns autores afirmam que ao adentrar o Templo, deve saudar logo depois de percorrer os 'três passos' de Aprendiz; e depois dos cumprimentos reinicia a Marcha com os 'dois passos' de Companheiro, e ao término saúda; e passa à Marcha de Mestre; mas, outros estudiosos dizem que as saudações devem ser apenas executadas depois de concluída a última Marcha de Mestre.

2ª) Dependendo do Rito, independentemente do Grau as Marchas devem se iniciar com o p:.d:. ou e:., o que tem origem porque deveriam ter o mesmo movimento do modo instintivo, obviamente, existem exceções que devem também ser respeitadas, para canhotos e ambidestros; e sobre o tema cabe validar as observações anteriores quanto ao acatamento do legislado nos Rituais.

3ª) Novamente dependente do Rito, adentrar o Templo depois de transpostas as Colunas nas Lojas, deve ser feito pela e:., e nos Corpos Filosóficos pela d:.; mas, por divergirem as opiniões, também há polêmica; uns acham que o ingresso obedeça ao Movimento da Rotação da Terra, outros ao de Translação, e terceiros com posição astrológica, ou, que sigam a Rotação do Sol no Cosmos.

Orador

4ª) Ao ser instalada uma Câmara-do-Meio, num Templo apropriado, e não havendo Aprendizes ou Companheiros, o Mestre deve iniciar a Marcha do Grau diretamente, omitindo as precedentes.

Acredita-se que tais polêmicas devam ser esclarecidas com a estrita observância do estipulado nos Rituais, jamais pela opinião dos *imaginosos* que existem em quase todas as Lojas, e que se autoconsideram

especialistas em ritualística; pois se atendido o Ritual, a Cerimônia é praticada identicamente, resultando na igualdade tão perseguida e pouco alcançada.

Independentemente das opiniões, a *Marcha* completa deve ser una, composta por *três estágios*, e iniciada pelo trajeto em linha reta do primeiro Grau; pois, sendo três os instrumentos da construção, e imprescindíveis, nenhum Mestre participaria da construção usando só um, mesmo que fosse o característico da *Marcha* do Grau – o Compasso; e porque a *Marcha* deve ater-se aos efeitos: *litúrgico – ritualístico – ou esotérico*.

Contudo, se não houvesse diferenciações, é provável que as obras literárias maçônicas ficassem monótonas, pois salvo exceções, a tendência é buscar inspiração nos autores maçônicos e seus livros publicados; porque diz o adágio popular que:

- *"Cópia de um tema é plágio; mas cópia de vários assuntos é pesquisa."*

Se para a conquista completa da *Iniciação* o Candidato *sorve o amargor da Taça Sagrada*, e é considerado como um *cruel assassino e destruidor de seus semelhantes* pelo engano e traição; no *Cerimonial de Exaltação* há a *encenação do cadáver*, que o Candidato deve bem perceber ao passar pelo *esquife ou representação mortuária.*

E a seguir, quando esse Candidato, simbolicamente, é trucidado e deitado no mesmo *esquife*, o *cadáver* do início não deve mais estar ali, pois para o *Símbolo da Vida*, a máscara da morte é aparente; e outro *cadáver* não deve impressioná-lo, apesar, que é aterrorizante *ver* o próprio *cadáver*; e, deve saber bem discernir para *ver* também a realidade da vida.

Absorvidos os conhecimentos como Aprendiz, que na mente passam rápido e se alojam no cérebro, *passa-se* a Companheiro por desvio brusco à *'d:.'*, para regularidade e observância das *Leis do Justo e Correto*; e segue com passo à *'e:.'*, ainda para regularidade, evitando desequilíbrio no *Dualismo de Coisas e Símbolos*; toda a preparação serve de advertência e observação.

Secretário

Ao findar por completo o Cerimonial, espiritualmente longo quando o tempo não existe para *Quem o criou*, o Mestre enceta sua derradeira trajetória; e, embora seja conhecida, sempre causará horror, pois em presença do *esquife ou restos mortais*, não se sentirá mal ou irá tremer; mas, lembrar o sacrifício do *Mestre Hiram/Adonhiram*, que simboliza todos os Mestres que o seguiram, e entender por que morreu em mãos criminosas; e mais, os: *horror – emoção – e paixão* passam a ser liberados quando a memória retroage, e relembra o sacrifício que integra a *Lenda do Grau*.

E, retornando à *Teoria Ondulatória* dos físicos *Maxwell e Faraday*, cabe relatar que os físicos do século XIX consideravam absurdo atribuir ao próprio espaço, funções ou estados físicos; então, obrigaram-se a construir um fluido que penetraria em todo o espaço, ou seja, o éter.

O éter teria por modelo a matéria ponderável, sendo base dos fenômenos eletromagnéticos e luminosos; principiaram representando os estados desse fluído, isto é: *campos eletromagnéticos – mecânicos – e modo das deformações elásticas dos sólidos*; mas, não foi possível completar a *Teoria Mecânica* do éter, então seus *campos* foram renunciados, por interpretação mais rigorosa.

Assim, o éter se transforma em matéria, com única função de suporte dos campos elétricos, que não sabiam analisar mais profundamente; e acabou por redundar na seguinte imagem:

- *"O éter enche o espaço; no éter mudam os corpúsculos materiais ou partes da matéria, assim, a estrutura atômica da matéria torna-se, na passagem do século, a ser considerada um sólido resultante de pesquisa."*;

e cabendo comentar que o cientista A. Einstein, sintetizando e, de início, escandalizando todos os cientistas, afirmou e comprovou que:

Guarda (ou Cobridor)

- *"Um raio de Luz penetrando no espaço pode chegar a certo ponto e tomar outro rumo, desviando-se da linha reta, em resumo, o raio de Luz também é ondulante"*;

entretanto, antes disso, conforme escritores maçônicos, pela *Marcha* do Grau do Mestre a Maçonaria mostrou que a *Luz* percorre três carninhos: *reta – ângulo – e ondulante*; portanto:

- *"A Ciência e a Filosofia caminham juntas, ainda que seus passos nem sempre andem em paralelo."*

E o Mestre bem preparado não se horroriza com os: *féretro – esquife – ou a própria morte*; mas, demonstra inigualável horror ao enfrentar ações nefastas impetradas por covardes traidores, que ao usufruirem vantagens, em nenhum instante ou circunstância titubeiam em prejudicar.

Conforme o Rito, o Candidato vê além do *esquife*, uma *Luz* interna num crânio no *Altar*, e compreende que: *Sempre há uma Luz na mente humana*; então se sustenta nessa *Luz* que não permite que desfaleça; e, ressaltando que: *Mesmo na morte, há Luz no interior da mente.*

Disso surgiram muitas *teorias*, a saber: *A ilusão da morte apesar de presente e palpável – a força espiritual a vencer a morte – e a inércia da morte e atividade do espírito com mente ágil*; e atua outro aspecto espiritual o: *Sentido da autoconservação*, ou seja, a legítima defesa ao reagir uma agressão; a reação é instantânea e a força para seguir na *Cerimônia*, porque é o chamamento dos sentidos ocultos que afloram, pois o Candidato sabe invoca-los e utilizá-los.

Respeitabilíssimo Mestre

Finalmente, o Mestre não mais se surpreende com a *morte* como fato natural, nem como o efetivo caminho para a eternidade; entretanto, é o assassino que o horroriza, principalmente porque o crime teve autoria dos *Três (3) Maus Companheiros ou Três (3) Maus Maçons*, que, obrigatoriamente, deveriam venerar seu *Maior Mestre*, e não procurar trucidá-lo.

A MARCHA DO MESTRE (PARTE II)

Respeitabilíssimo Mestre

A guerra de conquista inebria o Homem que sempre quer mais, porém a morte desnecessária como impetrada por crimes, os mais diversos, deveria causar horror; mas, isso não ocorre na modernidade, pois se passou a desconsiderar e dar menos importância à violência e à morte; assim como, nunca houve tanta conturbação por lutas religiosas, racistas e por vingança.

O Mestre ao iniciar sua *Marcha* erguendo a *per∴*, e depois se mantendo apenas num *'p∴'* ao lado do *esquife*, simboliza o equilíbrio que deve imprimir à própria vida; porque, assim, prova sua competência em viver equilibrado firmando-se apenas com metade de sua capacidade física, dispensando, momentaneamente, o uso dos outros *'per∴ e p∴'* que estão suspensos.

1º Vigilante

Desse modo, verifica-se ser possível que o *poder transponha obstáculos* apenas contando com sua própria força, sem auxílio de nada ou de ninguém; mas, o Candidato continua, depois de dar os dois passos iniciais vencendo as dificuldades, dispõem os *'pp∴ unidos'* na cabeceira do *esquife*, mesmo com seus sentimentos abalados e o sistema nervoso desequilibrado.

E, dependo do Rito, adota postura de: *juntar pp∴ – erguer ccalc∴ – flexionar pper∴ – sustentar-se na ponta pp∴ – e bater mm∴ nos jj∴'*, para depois, como já foi dito, poder desabafar exclamando: *"Ai, ai Senhor meu Deus"*, tal como afirmou o profeta *Jeremias*; e essa lamentação, pelo som das palavras, é por causa das vibrações para que possa receber tranquilidade e paz.

Mantido o rigor proposto nos Rituais, adentrando ao *Templo* o Mestre devia executar sua *Marcha*, porque as vibrações sonoras emitidas pelas exclamações, simbolicamente, provocam o ambiente propício ao bom prosseguimento dos trabalhos da Loja, assim:

- *Pelo início da exclamação (ai, ai) devem expelir os lamentos originados das situações pelas quais passou o Mestre, antes de ingressar no Templo; e*
- *O clamor de socorro ao Criador (Senhor meu Deus) é feito porque, sem dúvida, Deus atende a todos os reclamos de seus filhos;*

finalmente, *'bater mm:. nos jj:.'* gera sons abafados que neutralizam as vibrações negativas; assim, fica apenas a exclamação como uma tentativa aguardada de aproximação com Deus.

Na Sessão, o *Templo* na penumbra não possibilita ser muito visível o horror que possa estar estampado nos Mestres; mas, as vibrações podem ser transmitidas intensamente na escuridão.

2º Vigilante

Então, o Mestre executa a *Marcha*, dirige-se ao seu lugar e se posta à Ordem, com o *Sinal* do terceiro Grau; depois, retoma a anterior normalidade, pois o GADU compreende que o horror estampado somente ocorre pela viva lembrança do assassinato de *Hiram/Adonhiram*; assim, a paz retorna e contamina a todos, possibilitando assim que o trabalho da Sessão seja iniciado.

O Candidato, desde seu acesso à *Câmara-do-Meio*, executa um *Caminho de Luz*; e como foi dito, não percorrido em linha reta, mas alquebrado, para depois concluir ondulado, até conseguir retomar um novo rumo num plano diferente, que passa a ser essencialmente espiritual.

Por exemplo, o *Caminho de Luz* do cristão é percorrido em linha reta, aplainado por *Cristo* ao retirar os ângulos e ondulações; mas na Instituição quem aplainou o *Caminho* foi o *Grande Mestre Hiram/Adonhiram*, lógico que *não como redentor*, mas com a personalidade maçônica de cada Adepto; e, considerando que o Mestre que jaz no *esquife* é o próprio Candidato, que com esforço e equilíbrio vence a morte e se apresenta onde emana a *Luz*, então, humildemente, pede a *Misericórdia Divina* para poder ser recebido em *Seu Reino*.

O ingresso no *Reino* é muito importante, pois: *O Bem é a única virtude que abarca tudo, inspirando e impelindo os Mestres ao amor fraterno*; e, vencido o *Mal* pelo aperfeiçoamento do comportamento social, ou pela iluminação da consciência inferior, suprime-se o pecado original.

Por vezes, verifica-se que o Candidato vacila ao executar a *Marcha* ensinada, sendo certo que os Mestres também passaram pelo mesmo vacilo, com passos indecisos; então, fica fácil se confundir com o que é proposto no *Cerimonial de Exaltação*.

E, não havendo ensaio ou repetição, nota-se qual dos Candidatos conseguirá com facilidade e inspiração, e como vacilará o despreparado; essa insegurança do Candidato decorre também da escuridão reinante, pois quase nem sabe que a *Marcha* imposta passa por sobre o *esquife*.

Orador

Infelizmente, em Sessão do Grau, em determinadas situações e em certas Oficinas, é até possível que seja dado ingresso na *Câmara-do-Meio* suprimindo a *Terceira Marcha de Mestre*; com o uso de errônea ritualística, ou seja, depois da meditação partir do Átrio e adentrar ao *Templo* em procissão silenciosa; o ambiente se encontra escurecido, e, portanto, com pouca visibilidade, e então, os Integrantes se postam de pé ao redor do *esquife*.

Ponderando que na *Iniciação* o Candidato segue uma única vez à *Câmara de Reflexões*, e não mais retorna; o Mestre na sua *Exaltação* também ultrapassa o *esquife* uma única vez, e nunca mais torna a fazer; também por isso, são circunstâncias merecedoras de muito estudo e meditação.

A *Marcha* do terceiro Grau esgota as energias do Candidato na *Exaltação*, pois, como foi dito, ao concluí-la seus *'jj:.'* podem se dobrar exaustos; e, para revigorá-los, bate três vezes com as *'mm:.'*.

Então, olhando à frente vislumbra algo sagrado e pronuncia a exclamação conhecida; além disso, toda sua energia foi disposta no *esquife ou representação mortuária*, quando a vida e a morte, mais uma vez, estiveram presentes.

E como dito, o *dualismo* surge porque o assassinato de *Hiram/Adonhiram* foi resultado do *Mal*, e sua ressurreição um ato exemplar e atitudinal do *Bem*.

Todavia, não é concebível que ao se defrontar com o *esquife* o Candidato não se incomode, e, o percebendo com dificuldade visual, é impactado e tomado pelo medo e horror, porque a presença da morte o intimida; e, se não controlar os nervos, recua e pode se postar em posição defensiva; mas, logo domina a emoção, recompõe-se e enceta a *Marcha* do terceiro Grau transpondo o *esquife ou a representação mortuária*; e, como foi dito, nem toda Loja nesse momento executa o *Sinal ou Gesto de Horror*, como descrito nos Rituais, mas o fazem ao final do trajeto.

As *Três Marchas* podem ser entendidas e comparadas por seus significados intrínsecos, com as *Provas* realizadas pelo Candidato na sua *Iniciação*, podendo inclusive representar as *Provas do Ar – Água – e Fogo*; e, dependendo do Rito, as *Marchas* até podem ser assim relatadas:

1ª) Destinadas a vencer a ignorância, partindo do Ocidente, que simboliza o que é aparente, fútil e ilusório; é o início da destruição das paixões; é a luta contra o 'dualismo' no trajeto até atingir o Sul, onde recebe a claridade da verdade iluminada.

2ª) O Candidato dominaria o fanatismo – o escravizador; e a região do Sul, pelo calor, proporciona domínio das paixões, exercitando o severo juízo da mente; então atinge o Norte propício à auto-realização, ou a convicção do equilíbrio da mente que deve estar acima das paixões.

3º) Parte do Norte para concluir o trajeto até onde finda o Quadrilátero dos Quadros Pretos e Brancos, para a purificação do egoísmo e ambição; e dominadas as paixões, o Candidato chega aos domínios da consciência da unidade.

significa a origem da vida; e torna o Maçom depositário de manifestações, materiais ou espirituais.

Secretário

A Marcha Retrógrada

A palavra *retrógrada* é de origem latina e significa *voltar gradualmente*, que em Maçonaria é entendido como *repetição*; e, apenas como curiosidade histórica, seguem considerações sobre o que está contido nos antigos Rituais do Grau quanto à *Marcha Retrógrada*, *suprimida* na modernidade.

A *Marcha Retrógrada* era realizada ao contrário da dos Graus anteriores, isto é, das *Marchas* peculiares e seus significados filosóficos dos Graus de Aprendiz e Companheiro; porque essa *Marcha* era realizada com cuidado, de costas para a entrada, atravessando o *Templo* sem olhar para trás, significando: *não representar o passado, mas buscar as Lições aprendidas utilizadas na ascensão*; o Candidato entregava o *Avental*, e no final da *Cerimônia* recebia outro de Mestre.

Repetida a *Quinta Viagem da Cerimônia de Elevação a Companheiro*, na *Reta Retrógrada* deve o Candidato repetir a *Quarta Viagem*, e notar no *Esquadro* as figuras geométricas peculiares, para que as conhecendo bem, contrariamente, descubra outras finalidades que possa aproveitar; e assim, deve ocorrer com as: *Terceira – Segunda – e Primeira Viagens*.

Depois, repassa as *Viagens* de seu aprendizado: *Terra – Água – e Fogo*, e conquista a parte esotérica não transmitida; e compreende que os elementos da Natureza, acreditados reais, são *reflexos* como imagem de espelho; e, se pelo espelho tudo é visto ao contrário, então o Candidato percebe que a vida material é apenas uma desvalorizada *ilusão.*

E além, trilhando o *Caminho do Mestrado*, contrariamente, dará passos de retrocesso ao que realizou na *Iniciação* como Aprendiz; e, sem dúvida, essa *Marcha* será como uma *Nova Marcha*, indicando a um futuro com raízes no passado; e cabe indagar: *Quem desconhece o futuro encontra-se numa encruzilhada, assim, deve prosseguir ou deixar que o destino o conduza?*; E, além disso, a *Marcha Retrógrada* tem uma direção certa, não conduzindo ao desconhecido, mas para dentro no sentido do íntimo, do interior, esperando encontrar respostas para as aflições da Humanidade.

Guarda (ou Cobridor)

O Adepto em sua *Elevação a Companheiro*, ao terminar a *Quinta Viagem,* contempla a *Estrela Flamejante – Flamígera – ou Rutilante*; e fica extasiado porque essa emite *Chamas*, e que por seu brilho pode vislumbrar algo desconhecido.

Enquanto isso, ao adentrar a *Câmara-do-Meio*, quase forçado e sem resistir, não caminha com conforto e desenvoltura, entra lento dando as costas à *Porta de Entrada*; sendo certo que a *Estrela Flamejante* que absorveu no segundo Grau o acompanha; e, justamente no *Cerimonial de Exaltação a Mestre*, ao verificar as *Chamas da Estrela,* passa a se sentir confortado.

As grandes *Catedrais* da Idade Média, principalmente na *Europa*, como por exemplo, a francesa e bela *Catedral de Notre Dame*, seus projetos de arquitetura orientavam que houvesse um vitral esplendoroso centralizado na fachada, mas que não despertasse muita admiração, por isso foi construído em colorido e é escuro.

Contudo, a grandiosidade desse vitral é percebida quando se adentra a *Catedral,* estando vazia e na penumbra, apenas com seus menores vitrais laterais recebendo *Luz* externa; então, com a visão acostumada com o quase escuro, ao ser vislumbrada a saída, recebe-se um grande impacto; isso porque o esplendoroso vitral sobre a porta se mostra com profusão de cores e luminosidade, não havendo nada comparável em arte e beleza, pois a *Luz* do Sol o penetra de fora para dentro e proporciona o tão esperado magnífico deslumbramento.

E, semelhante às *Catedrais*, adentrando a *Câmara-do-Meio* não se percebe a similaridade com a arquitetura do vitral sobre a *Porta de Entrada*; pois na *Câmara* há algo parecido em pompa e brilho, a *Estrela Flamejante* iluminada no escuro possibilita quase a mesma sensação do vitral.

Mas, o Candidato que *Marcha para trás* não poderá vê-la, até porque a *Estrela* só se deixa contemplar pelos *olhos do espírito ou a terceira visão*; e, ao cultivar a *terceira visão* com sentido espiritual, na realidade, pode-se ver, enxergar; mas é na *Câmara-do-Meio* que pode contemplar o multicolorido que há em sua *Loja de Dentro – do Interior – ou a Interna.*

Respeitabilíssimo Mestre

Finalmente, terminando o *Cerimonial de Exaltação*, o Adepto se retira *marchando retilíneo em direção à Porta*, mas nem assim consegue ver a *Estrela*, podendo ser porque não conseguiu assimilar o que foi ministrado nos dois Graus anteriores, que o capacitasse para tanto.

A ILUMINAÇÃO E O MESTRE

Quanto à origem da ***Luz, Huyghens e Newton*** elaboraram a ***'Teoria das Ondas Luminosas'*** transmitidas pelo ***Sol, Estrelas e Chamas***.

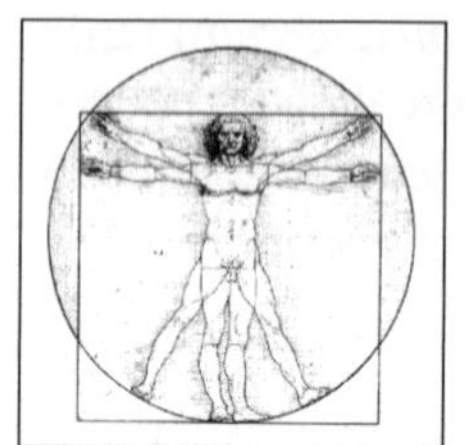

Respeitabilíssimo Mestre ______________

1) Introdução

As radiações das *Fontes de Luz* são tema de tratados científicos, pois a natureza da *Luz* manteve os estudiosos absortos em pura perplexidade; tanto que *Einstein, Maxwell e Broglie* consagraram obras ao estudo da *propriedade ondulatória* ou, ao contrário, da *linha reta* do fenômeno da propagação, como ao estudo da formação da *claridade luminosa molecular e material.*

Ao observar que: *Os objetos ... só são visíveis porque refletem a Luz – a Luz se propaga por ondas – como sua irradiação eletromagnética e energética*, o cientista *Bohr* estabeleceu que a *Luz* é gerada da matéria, pois a combustão a produz e emite; além de citar que os cientistas afirmam que: *"A Luz é um elemento constitutivo do Universo."*

Assim, os físicos investigam os desdobramentos da *Luz* no *Cosmos*, desde os: *Sol – Eletricidade – Laser – Infravermelho – até Ultravioleta*, e repetindo experiências, anotaram as observações na *Ciência da Ótica*, ou seja, a *Irradiação luminosa no espaço e vácuo*; e atestando que *Newton* comprovou ser a *cor branca* da *Luz* a *reunião das cores que o prisma decompõe.*

As *Fontes Luminosas* têm origem: *térmica – atômica – gasosa – e incandescente*, sendo conhecidas e explicadas, e como diz P. Rousseau: *"Matéria e Luz estão ... em contínua interação".*

1º Vigilante

O aquecimento de matéria produz *iluminação*, intrigando cientistas que foram averiguar, e desde Euclides a Goethe muitos pesquisaram; mas, outros estudiosos não hesitaram em considerar até mesmo como *mágica*; então: *Como medir sua densidade?* Se a velocidade do *Raio Solar é de 300.000 km/s*; assim, segue a definição possível, isto é, a dos cientistas:

- *"Luz é uma onda eletromagnética, cuja parte visível tem 'comprimento de onda' que varia de 0,4 a 0,7 micron; propaga-se no vácuo a aproximadamente 300.000 km/s."*
- *"Segundo seu 'comprimento de onda ou a mistura dos mesmos', sua impressão colorida é variável; e essa 'mistura'... dá impressão de branco; e mais, a Luz obedece às Leis das: difração – difusão – reflexão – refração – e polarização."*

O físico Maxwell elaborou a *Teoria Eletromagnética da Propagação da Luz* renovando a antiga *Teoria da Vibração do Éter*; outros cientistas reuniram: *Calor – Luz – e Eletricidade*, como L. Lucas em *Medicine Nouvelle*, declarando serem as *três (3) fases gerais do movimento*, com muitas nuanças; Papus retoma a afirmativa em *Trate Methodique de Science Occulte*; e, de acordo com P. Rousseau: *"A Luz visível é apenas uma fração ínfima do domínio das radiações eletromagnéticas; vibrações transversais ... senoidais, do duplo campo elétrico e magnético."*

E, modernamente, provou-se que: *'A Luz segue a curvatura do espaço'*; então todas as cores compõem o destino dos Homens, pois: *Vida – Natureza – e Cosmos* só se expandem pela *Luz*.

2) Adoração do Sol (Luz)

O Sol gerou os primeiros sentimentos místicos no Homem, pois até a *Religião* nasceu disso; e os mais inspirados, além dos sacerdotes, imbuídos da tradição edênica ou da felicidade, evocaram *Adão ao nascer do Sol, e fim do mundo no pôr do sol*; e a *luz ilumina o Mundo*, podendo ser tida no extremo como: *"A Luz é Deus"*; e mais, sempre houve *peregrinações* nos *Solstícios e Equinócios*, por isso, os *Deuses-Sóis* da *Pérsia* e do *Egito* são imperecíveis, sob esse ponto de vista; e ainda, na *Roma Antiga* o poeta Lucrecio saudava assim o Sol: *"O Sol etéreo, essa rica fonte de fluido luminoso, banha o céu de um brilho ... fresco, sem parar de substituir a Luz pela Luz ... . Os objetos precisam de Luz sempre nova, e a cada jato luminoso que se dissipa tão logo nasce, nada poderia perceber a Luz do Sol, se a claridade cessasse de se renovar pela própria fonte."* e pela energia luminosa recebida do Sol, a *Terra* aquece e emite radiação de calor no espaço.

2º Vigilante

Na *Cerimônia de Iniciação dos Mistérios de Elêusis*, o Profano seguia por locais tenebrosos ficando inseguro, mas as trevas se dissipavam e via claridade, que se convertia em *Luz* intensa.

No *Rito de Iniciação de Osíris, no Egito*, o Profano seguia na escuridão por salas da *Grande Pirâmide*, e ia a um *Tribunal* onde constava a representação da morte, e passava pelas *Provas Simbólicas da Purificação*, terminando em local ensolarado, quando por *palavras misteriosas* comunicavam os *Segredos do Além ou Amenti*; além disso, nos *Mistérios de Dionísio*, Orfeu dizia aos Recém-Iniciados: *"Vinde beber a Luz do Templo, oh vós que saístes da noite. O Sol que evoco sobre vossas almas não é o Sol dos mortais, é a Luz pura, o grande Sol dos iniciados."*

O auge do *culto* ao Sol foi no reinado do *Faraó Amenophis IV, ou Akhen-Aton*, que criou o *culto monoteísta*; e os egípcios acreditavam que a Luz iniciática trazia a salvação, e que *Aton* era seu deus solar, assim, prendia no sudário dos mortos um *amuleto* símbolo do Sol.

3) Ouro-Luz

Cumpre citar alguns povos e usuários que reverenciaram o Sol comparando-o ao ouro: *O egípcio reverenciava a cor solar do ouro, daí o amarelo predominar no rito funerário – A tradição grega via no ouro um aspecto do Sol, com a virtude da fecundidade – O deus Apolo tinha cabelos de ouro – O Velo de Ouro dos Argonautas conferia a seu detentor, poder temporal e espiritual – Na Índia, reverencia-se também o ouro por ter o brilho da Luz – Os ícones de Buda são dourados – Também são dourados os ícones bizantinos por serem reflexo da Luz Celeste – Aos alquimistas a transmutação de chumbo em ouro é como a transformação do Homem por Deus, objetivo da alquimia espiritual em que o Sol tem a cor do ouro – O ouro frequenta intensamente a descrição do Apocalipse – Jesus mediu a Jerusalém Eterna – cidade de ouro, com a régua de ouro; e, diz J. P. Bayard: "Essa régua de ouro é o Símbolo da Justiça, Esplendor, Sabedoria, e Verdade.";* mas, o que se deve lembrar é que: *'O ouro simboliza a Divina Claridade da Pureza e da Luz.'*

Orador

4) Luz Pelo Fogo

Diz P. Diel ser o *Fogo*: *Gerador de Luz, purificador, iluminador, regenerador, remete chamas ao céu, impulsiona espiritualização e aniquila pela combustão*; assim, o Sol, pelos *raios e chamas*, é a *ação que fecunda, purifica e ilumina*.

O *Fogo* prolonga-se nos: *Rito de Incineração, Fogueiras da Idade Média, Fogos de S. João e Ações da Purificação*; assim, o *Fogo* é a menos imperfeita imagem e representação de Deus, e ainda, existindo muito na *simbologia teológica*.

Na *Índia*, os grandes determinantes da *Luz*: *Fogo, Raio e Sol* são destaque e fundamento; assim: *Agni, Indra e Surya* são intermediários celestes do *Fogo*; e o *Fogo Ritual* simboliza: *Paixões, Espíritos e Conhecimento Intuitivo*.

O *taoísta* se lança na fogueira para se liberar dos erros e unir-se ao Eterno, pois seu sacerdote diz que o *Fogo* não queima o santo, porque o *Fogo Sacrificial do Hinduísmo* é sagrado.

Já nas *Religiões Judaica e Cristã* são numerosos os artefatos utilizados com *Fogo*, como: *castiçais, lamparinas, velas para pedir ou pagar promessa, etc.*

E, devendo ainda ser informado que desde remota antiguidade, os *Templos* eram orientados na direção do *Oriente* para receber a primeira *Luz Solar*, que simboliza a *Luz Incriada*.

5) Tempos Bíblicos e o Verbo

No *Livro do Genesis* consta que: *"Iahweh criou a Luz pelo Verbo."*; e Iahweh disse: *"Haja Luz."*; então: *"E viu Deus que a Luz era boa; e fez a separação entre a Luz e as trevas."*; e Iahweh disse ainda: *"Que haja luzeiros no firmamento dos céus para alumiar a Terra."*

Iahweh criou o Sol, o grande luzeiro, para presidir o dia, e a Lua à noite como as Estrelas a brilhar no Céu; a criação da *Luz* determinou o início do tempo, contudo, a *Luz* original não é do Sol, pois os Astros são só luzeiros, porquanto, a *Luz de Iahweh* é universal.

Os *salmistas, profetas e Reis* cantaram a *Luz Divina* como determinante do *Conhecimento*; tanto que, no *Salmo CXIX*, Davi diz: *"Tua palavra é uma lâmpada para iluminar os meus pés, uma Luz para brilhar sobre o meu caminho"*; e em *Provérbios 1:23* lê-se: *"O mandamento divino é uma lâmpada, a Thorah é Luz"*; e o salmista: *"Iahweh se veste de Luz como um manto (Sl, CIV:3)."*

Já comentaristas rabínicos judaicos explicam haver uma *'Luz escondida'*; pois existe a *Luz do Espírito*, criada e separada do Criador, e que é encontrada na *Thorah*.

Secretário

6) Sol Espiritual

A respeito desse tema alguns estudiosos e autores afirmavam que: R. Guenon: *"A irradiação do Sol espiritual é o verdadeiro coração do Mundo."* – C. San-Martin: *"A Luz do verdadeiro Sol deve ser recebida sem refração, ... sem ... intermediário que a deforme, mas sim por intuição direta; é a Iluminação Iniciática* – J. Boehme: *"A Luz contém a Revelação, pois na Luz há um Deus misericordioso e bom e, na força da Luz, Ele se chama Deus."*.

A *China* e a *Índia* assimilaram no *Budismo a Luz e o Conhecimento*; no *Islã 'Em-Nur (Luz)'* corresponde a *'Em-Rhu (Espírito)'*; e o *Evangelho, o Alcorão e textos taoístas e budistas* garantem que a *Luz* sucede as *trevas e a dualidade universal do Yang e Yin*.

E *Cristo* dotou-se de apelativos simbólicos como: *Sol de Justiça – Grande Luz – e Luz do Mundo*; e, a data estabelecida para Seu nascimento – 25 de dezembro, na *Roma* pagã era a mesma da *Festa do Sol Renascente ou* Solis Invietus.

7) Luz da Árvore da Vida

No *Paraíso* está a *Árvore do Conhecimento do Bem e Mal*, e essa *lenda babilônica* tem origem na *Mesopotâmia* e é atribuída a *Epopeia de Gilgamesh*; outra *árvore* venerada pelos antigos era o *carvalho* que recebia o *raio e símbolo* da *Luz e Fogo* de Deus, e cabendo citar: *O carvalho de Zeus em Dodona – de Júpiter em Roma – e de Perun entre os eslavos*; e ainda, devido a que quase todas as mitologias consagraram os locais de queda de raios.

A 'sarça ardente' do Êxodo foi uma manifestação de Iahweh a Moisés, que com espanto perguntou: "Qual é Seu Nome?", e Iahweh respondeu: "Eheieh Asher Eheieh!", traduzido por: "Eu Sou Aquele que Sou.", que entretanto seria melhor traduzido por: "Eu sou a Luz que É."

O Alcorão também exalta A Árvore Bendita; e a mesma imagem da Àrvore da Vida está na Cabala, onde consta que emana: O orvalho de Luz; e para R. Guenon a árvore é a oliveira, que produz o óleo da Luz da lamparina; e se a Luz que vem de Alla, e é o próprio Alla, então a árvore que dá a Luz é a própria Árvore da Luz .

Na Índia, os Upanishads mostram a Árvore da Vida como o próprio Brahma; o Alcorão afirma que há nisso: Luz sobre a Luz; e ainda no Alcorão, na Surata XXIV, que se intitula 'A Luz', demonstra em 64 versículos que: "Deus é o iluminador do Sol, Lua e Astros, das criaturas celestes e terrestres, e de tudo que existe"; então, são frases da Surata: "Deus é a Luz dos Céus e da Terra – Deus guia para Sua Luz quem lhe apraz, e fala aos Homens com alegorias".

Guarda (ou Cobridor) ______________________

8) Luzes da Idade Média

As magníficas Catedrais góticas da Europa são luminosas, construídas pelos Maçons Operativos ditos iluminados; as Catedrais são verdadeiros poemas à Luz quando os vitrais projetam diversas cores; por exemplo, à tarde as rosáceas iluminam o Templo com os últimos raios do Sol poente, proporcionando Luz Feérica digna da Divindade, sob o signo da beleza da rosa.

Já a iluminação ao nascer do Sol orientou os Templos ao Sol levante; assim como no Altar-Mor o oficiante se voltava simbolicamente para Jerusalém; e mais, proclamou João que: "Deus é Luz", e sua morada, a Catedral, resplandece com essa Luz.

9) Análise, Filosofia e Psicanálise da Luz

A semelhança entre o fenômeno da irradiação da Luz e o afluxo psíquico dos eflúvios mentais, como de S.Tereza D'Ávila, são motivo de pesquisa desse duplo fato, sua fonte e natureza.

Resultando da Luz do Espírito, a iluminação resplandece como o Sol que muda o ser inconsciente, mas que tem Conhecimento; é um sonho e a exaltação que assombra os psicanalistas, pois desconcerta a análise; e essa transformação procede como na Natureza, em três estágios:

1º) Na penumbra e à noite, fecha os olhos; 2º) No nascer do dia, faz discernir a matéria, o movimento e o acontecer; e 3º) O banho de sol que amplifica, transpõe pelo brilho e cria deslumbramento.

E o Espírito confuso: progride – fica leve – raciocina – e vê claro; e pela inteligência: irradia – magnifica – e sublima; e o filósofo R. Descartes diz: "Ciência! Clarões fulgurantes"; e Goethe: "Possessão dos mundos inter-estelares!", e ao morrer pedia: "Luz, mais Luz."

O Corpo distingue objetos, e o Espírito redobra suas faculdades; essa é a dupla visão magnifica do ser, que por vezes crê estar vendado, não no visual, mas pela exaltação de sua visão interior e, o ser exaltado pela Luz, elevado e transportado como levitando, vai à transcendência mística, metafísica ou artística; e é importante mencionar a propensão natural dos Homens em sempre procurar a Luz.

No Século XVIII a Luz era o Fogo do Espírito a gerar intelectualidade, descobrir o raciocínio livre, horizontes da Ciência, e novas possibilidades de evolução e revolução morais.

Respeitabilíssimo Mestre

E esse Fogo do Espírito se refugia nas fraternidades iniciáticas iluminativas, que detém nos Rituais os segredos da Gnose, como os Rosa-Cruzes e Maçons, e o Conhecimento intuitivo pela Luz; assim, aquele foi o Século das Luzes.

Não só o pensador atinge alturas insuspeitáveis do Espírito, não só a alma mística alça voo, mas o Eleito aniquila a vontade para se submeter a imperativo mais elevado; tanto que o sacrifício dos Iluminados pelo Fogo foi encorajado por Buda, e essa imolação voluntária, metafisicamente, marcava a ascensão ao além pela recusa da vida, pela aceitação do martírio e da morte física; o que seria o prodígio que a Luz visível opera para felicidade do ser.

Assim, é possível esquematizar o fenômeno da Luz, isto é, adquirir clarões espirituais, um enriquecimento do Eu Superior, um embelezamento pela libertação, pela elevação do Espírito; e, por isso, as sociedades iniciáticas conhecem seu maior desenvolvimento nos Altos Graus.

Já acessar a Gnose pode ser também conseguido por meio da Estrela Flamejante; e para o místico essa é a verdadeira ascensão, o sentimento de imanência e da sublimação divina; contudo, a iluminação será, assim, poder chegar a estar de frente com a Divindade.

O estudioso e autor maçônico O.Wirth, de outra parte, mesmo nas sociedades iniciáticas, exclamava: "Ignorar a Luz é perder o sentido iluminativo dos mistérios tradicionais!"; entretanto cabe indagar: 'O que pode ser chamado de recusa da Luz?'; mas o universo que se descobre pelo encontro com a Luz opõe-se e transcende o universo do Mundo Profano.

Finalmente, essa é a Luz, a Iluminação, que todo Maçom deve buscar na ingente caminhada até sua integração total com Deus – o GADU!

O PAINEL DO GRAU DE MESTRE (PARTE I)

Respeitabilíssimo Mestre ______________

1. Introdução

O terceiro (3°) Grau é o concludente da Trilogia da Arte Maçônica, sendo seu personagem central o *Grande Mestre.*

E, quase no final da obra do *Templo do Rei Salomão*, alguns *Maus Companheiros* que ali trabalhavam, antevendo o término dos serviços, preocuparam-se que isso ocorresse antes de serem promovidos ao Grau de Mestre; e assim, não receberiam as condições de acesso aos Segredos e Privilégios do Grau de Mestre, que acreditavam já serem merecedores.

1º Vigilante ______________________________

Assim, caso o *Grande Mestre* se recusasse a repassar os Segredos, esses *Companheiros do Ofício* julgaram e decidiram que a violência seria o único meio para obtê-los; por isso, consta do *Cerimonial de Exaltação ao Mestrado*, que ao Candidato cabe desempenhar teatral e simbolicamente o papel do personagem central *Hiram/ Adonhiram*.

É encorajado a considerar suas escolhas morais, até em condições mais extremas, como no real confronto com a *morte*, pois simbolicamente, é morto e elevado, de uma cova temporária; e, embora seja apenas uma *morte* figurativa, tem por objetivo fazê-lo pensar muito.

Esse fato é dramático, porquanto pretende se fixar na mente do Candidato como memorável e indelével, significando que não deve ser esquecido, e sendo essa a finalidade esperada.

Isso é necessário porque se trata das mais importantes *Lições* da Maçonaria ensinada no Grau, ademais, dessas *Lições* cabe enaltecer as referidas à: *honra – confiança – e fidelidade.*

A natureza dramática da experiência sugere que essa seja adequada, perfeitamente, para que o Candidato reveja em detalhes sua própria vida; ou ainda, que a Cerimônia tenha sido planejada para perceber que aparece uma segunda chance, e sob a benéfica égide dos *Princípios da Maçonaria*, deve seguir com esperança para fazer o melhor uso dessa nova oportunidade.

Assim, a intenção foi que o *Painel do Grau* refletisse os Ensinamentos desse Grau na vida do Candidato, e que continue a orientar os Mestres, isto é, antes e depois da experiência; portanto, sempre se espera que aproveite ao máximo a oportunidade única, bem compreendendo e utilizando o ferramental ou instrumental disponibilizado para sua própria melhoria em todos os aspectos.

2º Vigilante

2. Simbolismo

Os *Símbolos* detêm complexidade única, chegando a quase serem inimagináveis, fantásticos, porque tanto podem ser criados para decifrar, como para esconder; além disso, cabe comentar que a compreensão dos *Símbolos* depende de uma série de outras matérias, descritas para que o interessado possa divagar em seus próprios pensamentos, o que sempre é mais proveitoso.

Cientes de que o fascínio exercido pelos *Símbolos* é quase indescritível, afirma-se que não é a coisa mais intrigante, contudo, alguns o entendem como seu mundo próprio e íntimo; e, é lógico que o *Símbolo* não surge por acaso, mas resulta do essencial unido à natureza do real; ademais, as: *plasticidade física – forma – e significado espiritual* fazem do *Símbolo* um dos meios de expressão mais importantes em termos de: *Filosofia – Religião – Artes – etc.*

O *Símbolo* ainda representa o que é oculto e revelado, e com frequência mostra dificuldade de interpretação, porque ainda reproduz o incompreensível e invisível; mas é comum que sua interpretação se sujeite a Conceitos, que variam e se expressam de várias formas, como: *alegoria – analogia – arquétipo – metáfora – parábola – motivo – tipo – sinal – imagens – etc.*

Pode-se compreender que, quando o *Simbolismo* é submetido à análise criteriosa, seria definido como a verdadeira representação e interpretação simbólica, que leva o estudioso a maior amplitude, podendo referir-se as: *figura mítica – obra-de-arte – cultura – religião – etc.*

Alguns estudiosos entendem que o *Simbolismo* possa ser compreendido por ser um estudo ou uma doutrina; ou que a *Ciência dos Símbolos* estuda a origem e significado, sendo responsável por sua classificação e divulgação, dos individuais e coletivos, denominando-se *Simbologia*.

O professor A. Kircher *(1602-80)* foi o primeiro a citar certa disciplina simbólica, que entendia que o *Símbolo* conduzia o *espírito humano a conhecer uma coisa*, por semelhança com outras; entretanto, apesar disso, fica claro que o *Estudo dos Símbolos* envolve dificuldades, porque o material a ser estudado *não possui definição científica*; e, porque só o *método científico proporciona resultado exato e confiável*, convém que o *Estudo* jamais ultrapasse seus limites.

Orador

A pesquisa dos *Símbolos* e os fundamentos espirituais e religiosos requerem um trabalho interdisciplinar das: *Ciência da Arte – Literatura – Musicologia – Psicologia – Religião – etc.*

A primeira sociedade organizada e especializada no *Estudo dos Símbolos* foi fundada em 1953 por M. Engelson em *Genebra, Suíça*; e, que se reunia nessa cidade, e em Bruxelas e Paris, sob a denominação de *Sociéte de Simbolisme*.

O uso dos *Símbolos* como instrumento de didática pode ser muito útil como alternativa de melhor compreensão da própria vida, e circunstâncias que a circundam; e, se agregada à pedagogia da imagem, pode proporcionar a visão do que é pluralista, sendo orientado somente pelo racional.

E afirmar que só cerca 25% das informações repassadas verbalmente são lembradas, mas que, surpreendentemente, esse percentual cresce quando a informação vem baseada e apoiada por material visual, por um: *quadro – slide – filme, etc.*

E concluir serem da máxima importância os *Painéis dos Graus*, principalmente quando o Mestre passa *Instruções* e informações sobre a *Simbologia* de cada um desses Graus.

Pode-se concluir ainda que os *Painéis* são outra importante ferramenta da Maçonaria, e constante dos Rituais como instrumento central a ser reconhecido pelo Novo Candidato; e são obrigatórios e essenciais em todas as *Cerimônias* dos *três (3) Graus do Simbolismo*; e, se cada *Painel* contém todos os *Símbolos* associados ao Grau, podem estar num único Quadro.

A Maçonaria, até porque ministra os *Princípios* por *Símbolos*, detém vastíssima riqueza dos mesmos, que também são comuns à Arte Real; contudo, cada Grau adota os próprios Símbolos, exclusivos e relevantes, e por isso, são proeminentes nos respectivos *Painéis*.

Os *três (3) Graus do Simbolismo* possuem *Painéis* que os caracterizam e identificam, e como já foi dito, são constituídos por um Quadro onde estão desenhados os *Símbolos e/ou Alegorias* características de cada Grau; o que também ocorre de modo análogo nos *Graus do Filosofismo*.

Secretário

Há muito tempo, toda vez o *Painél* era desenhado no piso com carvão ou giz, e apagado ao final da Reunião; depois, para facilitar, foi pintado em tecido e enrolado, à semelhança dos *Livros Sagrados Israelitas*.

O *Painel* do *terceiro (3°) Grau* parece apresentar um emaranhado de *Símbolos* desconexos, como dos Graus precedentes; mas, onde os anteriores possuíam leve desorientação, o desse Grau sugere uma mensagem mórbida, chegando até a se mostrar sinistra; e parece ser devido a que o *Painel* é dominado por um *esquife – ataúde – ou caixão*, pois representam a *morte*; no entanto, entende-se que o *Símbolo Maçônico do Esquife* não simboliza apenas a *morte*, mas uma lembrança desse acontecimento, o qual todos os seres compartilham igual e inevitável destino.

E como foi dito, o *Painel* do *Grau de Mestre* é composto por um *equife* simbolizando a *Sepultura do Grande Mestre*, que concorde com a *Lenda*, atendendo a ordem do *Rei Salomão* que fora enterrado próximo ao *Sanctus Sanctorum*; pois, mesmo sendo a parte do *Templo* reservada como recinto sagrado, a *Lei Israelita* não permitia acesso de ninguém exceto do *Sumo Sacerdote*.

No interior do *Templo*, separado por cortinados de véus finos e transparentes, havia um recinto isolado onde, sobre um *Altar* estava o *Propiciatório*, um objeto de adorno de ouro puro, onde era derramado o *sangue dos animais sacrificados*; entretanto, ocorriam sacrifícios noutro *Altar* apropriado na parte externa do *Sanctus Sanctorum – Santo dos Santos – ou Santíssimo*; em continuidade, a *aspersão do sangue* era feita de acordo com específica ritualística, que afirmavam ter sido orientada por Jeovah, podendo ser atestado na *História Sagrada da Bíblia em Levítico.*

Esses sacrifícios denominavam-se *Festa Anual das Expiações*, que iniciaram com o primeiro *Sacerdote* Aarão, irmão de Moisés, *indicado* e ungido por Jeovah; e, posteriormente, de modo semelhante, foram consagrados os *Filhos de* Aarão: Nadabe – Abiu – Eleazer – e Itamar.

O *Tabernáculo* original foi o construído por Moisés, que informam ter recebido de Jeovah todos os detalhes para a empreitada, o que é atestado pela *Bíblia* em *Êxodo C.25-40.*

Guarda (ou Cobridor)

3. Comentários

O *Painel* do *terceiro (3º) Grau* é o mais enigmático dos três, porque é mais susceptível a muitas outras interpretações pessoais, do que os demais; contudo, o mais importante desse *Painel* é que também representa o Mestre diante da *morte* nos diversos aspectos: *diante da morte alheia – e – compreendendo sua própria morte.*

O caminho para imortalidade, a ressurreição, mostra haver: *santidade – liturgia – e mística,* na contemplação da *morte* que é, como foi dito, incontestável, não havendo ser vivo que possa fugir.

Já o *arrebatamento*, descrito várias vezes na *Bíblia*, como por exemplo:

- *O que ocorreu com Elias, que foi transportado num 'carro de fogo para ao Céu';*
- *A ascensão de Jesus – O Cristo, depois da sua ressurreição;*
- *A promessa nos Evangelhos de transporte à vida eterna, sem passar pela morte;*

são eventos ainda não suficientemente comprovados, para serem aceitos diante da necessária comprovação: *realística – palpável – e que só possa ser feita depois.*

A Instituição crê, sendo dos *Princípios Básicos de Filosofia Maçônica*, numa *vida futura além-túmulo*, porém, faz da *morte* uma passagem obrigatória, em face da imperiosa *Lei da Natureza*, e não se detém a dogmas que prometem transições fáceis, sem dor ou sacrifício; além disso, sendo certo que o sacrifício é o caminho natural e místico que conduz à *morte*, porque deixar de viver não é privilégio, somente o cumprimento de uma *Lei Natural.*

Porém, *morrer por sacrifício*, como ocorreu a muitos, desde tempos remotos até a atualidade como: *Abel – Jesus – Hiram/Adonhiram – De Molay – Gandhi – Luther King – e Santos Católicos*, além de outros *mortos por Ideais: Religioso – Patriótico – ou outros Princípios*, constitui um caminho de glória que passa a ser exemplo, incentivo e um caminho precursor a todos.

No *Templo do Rei Salomão*, mesmo tendo o *Grande Mestre*: *exemplarmente executado excelente trabalho de ornamentação – e – admiravelmente criado a mais perfeita organização, que imprimiu aos milhares de operários, artífices e mestres,* ainda assim, seu verdadeiro valor repousa na infeliz ocorrência de sua: *Sacrificada morte em defesa de um Juramento.*

Respeitabilíssimo Mestre

Isso é devido a que o *Grande Mestre*, diante dos *Reis Salomão e Hiram de Tiro*, *jurara* jamais revelar as *Palavras de Passe*, que haviam escolhido para garantir a ordem e hierarquia na construção, que à época se constituiu no evento mais brilhante.

Pelas mensagens transmitidas pelo *Painel da Loja de Mestre*, o Integrante pode inferir as verdades que o guiarão no caminho árduo e difícil a percorrer como Mestre; desse modo, o Adepto deve estudar esse *Painel* com cuidado, pois resume a trajetória do Mestre rumo à *Perfeição*.

Finalmente, lembrar que apenas um *Painel* deve ser mostrado por vez, e sempre ser o pertencente ao Grau em que esteja trabalhando a Oficina; então o *Painel* mostra aos Integrantes o Grau a ser conferido pela Loja, sem haver a necessidade de qualquer questionamento.

O PAINEL DO GRAU DE MESTRE (PARTE II)

4. Descrição

4.1 – Rito Adonhiramita

Ramo de Acácia
Esquife – Ataúde - Caixão
Cordel – Compasso – Lápis
Código Maçônico (em Hebraico Antigo)
Crânio e Tíbias
Três (3) Números Cinco (5)
Pórtico (Colunas/Abóbada/Inscrições/Altar)
Pavimento Mosaico
Malho – Nível – Prumo
Esquadro

4.2 – Rito Escocês Antigo e Aceito

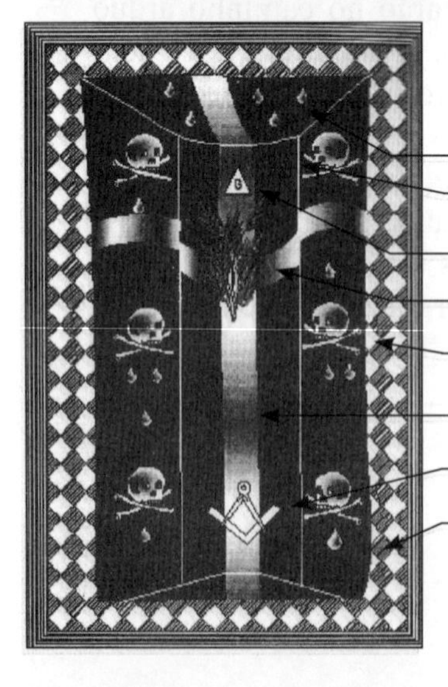

Lágrimas
Esquife – Ataúde - Caixão
Triângulo e Letra ‘G’
Ramo de Acácia
Crânio e Tíbias
Fita Mortuária
Esquadro e Compasso
Pavimento Mosaico

Respeitabilíssimo Mestre

O *Painel do Terceiro (3º) Grau*, em ambos os casos, é composto por:

- ***Caixão Mortuário*** = *Na parte central há a imagem de um esquife, ataúde ou caixão mortuário, de formas convencionais; representa a sepultura do Grande Mestre. Simboliza a morte e o sepultamento do Eu Transitório, com as limitações e imperfeições, propiciando a ressurreição do Ser Espiritual, Perfeito. O Mestre, purificado pela morte das paixões inferiores, e mudado pela Luz da Iniciação, é um militante da renovação humana pela virtude.*

1º Vigilante

- ***Ramo de Acácia*** = *Com a figura de um Ramo de Acácia, representando o usado para identificar a cova provisória do Grande Mestre. A Acácia, em hebraico* Shitah, *simboliza: alma, virtude e inocência, e é reflexo da Exaltação e seu Símbolo Privativo. O Ramo tem Três (3) Galhos na extremidade e um abaixo; disposição sem simbologia, só dependente do desenhista.*
- ***Três (3) Ferramentas do Grau*** = *Na parte superior do esquife (tampa) estão as três (3) ferramentas: cordel, compasso e lápis; na modernidade, aplica-se à Moral; são assim usados:*

Cordel = *Composto por um barbante enrolado num pino central para marcar os ângulos do edifício, iguais e retos, e sendo os alicerces que tornam a estrutura sólida. Com a 'linha' desenha-se as: elevação – planos da construção – e orientação da obra; já cobrindo o barbante com giz traçar-se uma linha reta para as fundações. Nisso o Adepto vê a Lição Moral em ser direto com as pessoas; é das mais simples e importantes Lições. Indica a 'Linha de Conduta Reta, sem Desvios ou Falhas'. A advertir que Palavras e Pensamentos são registros pelo GADU, a quem é devido prestar contas do proceder na vida. Recorda a 'Justiça Imparcial e Infalível' do Supremo. É preciso distinguir o Bem do Mal, ou seja, a Justiça da Iniquidade, para, com o Compasso Simbólico, apreciar e medir, com justo valor, os atos a praticar. Simboliza que o Mestre precisa planejar com prudência suas: ações – atos – e palavras, pois são observados por Aprendizes* *e Companheiros, e juntos pelo GADU. Ainda significa as Retidão e Justeza, a serem inesquecíveis ao Mestre.*

2º Vigilante

Compasso = Semiaberto serve para determinar, com certeza e precisão, as proporções e os limites construção. Mede os aspectos da obra, inclusive para desenhar precisamente os círculos ou partes, a orientar a disposição das Pedras. Simboliza a necessidade do Adepto se elevar acima da materialidade; e, se inescapável, posta no contexto apropriado, mas, não exercitada demais. Direciona aos três atributos maçônicos: virtude, moralidade e amor fraternal. Como é visto, pode haver conexão com que os pedreiros, que há centenas de anos o usavam para afirmações morais. Significava mais do que só uma ferramenta de trabalho, pois se tomado com o Sinal, tem poderoso conteúdo esotérico. Representa pela ação o relativo e absoluto. Composto pela dualidade (hastes) e união (a junção) é o Emblema da Medida e Justiça, dos importantes Símbolos Esotéricos. Mas, mesmo sendo um Símbolo conhecido, sua importância maçônica, infelizmente, até não é consensual.

Lápis = Essencial para o pedreiro mostrar os planos e calcular. Convencional ou antigo era apenas de grafite em forma cilíndrica, sem revestimento de madeira. Usa-se nos traçados simbolizando ser preciso o planejamento antes da obra, reflete Prudência. Mas, pode ser substituído pelo estilete do Grande Mestre na Prancheta. Lembra que o GADU já tem planos em que se participa, e com isso em mente as decisões devem ser tomadas.

- ***Código Maçônico*** = *Ainda na parte superior, abaixo das ferramentas, há um Código Maçônico inscrito em hebraico antigo, significando: "Excelente e Grande Arquiteto do Universo, assassinado por Oberfuth e Obbed, no Ano Lucis 3000, ou da Criação do Mundo". O Anno Lucis 3000 equivale a 1000 a.C., ano aproximado da Construção do Templo, e provável data lendária da morte do Encarregado. Se utilizada a 'chave própria' significa: 'O Encarregado pelos serviços na obra, que sacrificou a vida para evitar que a Palavra de Mestre e o Segredo caíssem em mãos despreparadas'. Tubalcaim, antepassado do Encarregado, ensinou a Arte da Paz e da Guerra, e o termo Tu-*

balcaim significa: 'A propagação de Caim, ou de sua raça'; e alguns hebraistas divergem afirmando derivar de Tebel e Kanah – Posse do Mundo; e, conhecendo-se melhor, o Homem se torna melhor, um construtor social.

Orador

Detalhe do 'Código'

- ***Crânio e Duas Tíbias*** *= No primeiro caso, na parte superior do esquife, abaixo do Código, consta a figura de 'Um Crânio e Duas Tíbias Cruzadas', e no segundo constam 'Seis (6) Crânios com Tíbias Cruzadas'. Mesmo nas duas composições sendo proeminentes, são mal-entendidos ou mal-utilizados Símbolos*

No sentido S-N constante do Painel.

No sentido N-S ou efeito 'espelho'.

Maçônicos. Por muito tempo, como emblema da mortalidade foram usados como lembrança da 'inevitabilidade da morte', e também na Maçonaria desempenham o mesmo propósito, como o esquife. É possível que tenham conexão com o referido a uma 'cova e caixa de ossos'. São uma espécie de 'lembrete da Ordem' referente à morte prematura do Grande Mestre, bem como do final dos seres. Ainda são com frequência usados no Simbolismo Maçônico junto à ceifa e ampulheta, que também 'lembram a morte', e um apelo da Maçonaria para que se use essa oportunidade para mudar para melhor antes que seja tarde. Lembram as: Igualdade dos Homens – Vida terrena é vaidade – e Presença da morte está em si próprio. São ainda uma lição sobre a 'fragilidade das coisas terrenas', e sobre a 'vida efêmera e transitória' do mundo físico. A combinação de 'crânio e ossos' era característica comum nas lápides na Grã--Bretanha depois da Reforma.

- *Números Cinco (5) = Abaixo do crânio há 'dois (2) Números Cinco (5)', e quase no final do esquife um 'terceiro (3º)', sendo que esses três (3) Números representam a Idade Simbólica dos Três (3) Maus Companheiros, perjuros e assassinos.*

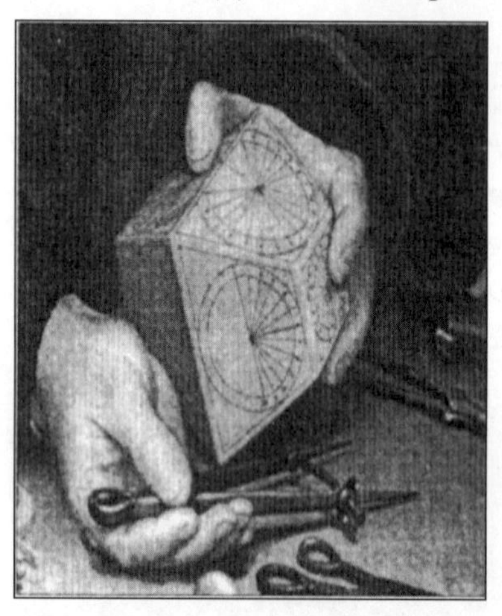

- *Pórtico do Templo de Salomão = No primeiro, na parte central do esquife abaixo dos Números, consta a imagem do que seria o Pórtico do Templo de Salomão e o Pavimento Quadriculado, que representa a entrada para o Santo dos Santos. Reza no Antigo Manuscrito da Edinburgh Register House que a primeira Loja fora instalada próxima ao Pórtico do Templo. O Pórtico e as Inscrições em Hebraico simbolizam a 'Entrada à vida no post-mortem no Templo Celestial', como é a 'Entrada para o 'Sanctus-Santorum'. Representa a 'Entrada ao terceiro (3º) Grau ou à Câmara-do-Meio', e para transpô-lo o Maçom deve fortalecer seu caráter. Suas inscrições significam em Hebraico 'Kadosh: Santo – Santidade – Sagrado – ou Consagrado ao Poderoso Deus'. Representa a 'mortalidade e a entrada para a vida verdadeira de além-túmulo'. Recorda os Deveres Morais a praticar antes de ser Mestre, quando compreende os Mistérios e reconhece as Recomendações.*
- *O Companheiro para merecer o ingresso deve conquistar, não só pelo conhecimento adquirido, mas demonstrando deter personalidade e caráter condignos, para conviver com os Mestres. A 'Lâmpada Mística' do conjunto é a Fonte Luminosa que o ilumina, simbolizando a 'Luz recebida de Deus e a Presença do GADU', que pela Irradiação e Presença Divinas penetra os íntimos pensamentos. Recorda as: Obrigações – Deveres – e Juramentos, pois antes de transpor deve o Candidato ser preparado. Pelo 'Pórtico' é possível ver dentro do Templo, ainda iluminado por uma 'trapeira – ou janela da Loja', que joga Luz, mesmo tênue, nesses futuros potenciais. Sugere que a Loja sendo usada corretamente ajuda o Candidato a direcionar seu*

caminho ao futuro. Pela primeira vez vê-se um lampejo no interior do Templo obscuro, porque o Sumo Sacerdote adentrava e via o interior do Santuário. Mas, para ver o interior do Templo, há que olhar a Loja Maçônica no Pórtico. A Loja permite que potencialidades sejam vislumbradas, mas só se as Lições do Grau forem respeitadas e acionadas; e isso lembra que a Maçonaria 'não' é uma Religião.

Secretário

- ***Pavimento Mosaico** = Nos dois casos, o 'Pavimento ou Tapete Mosaico' é por onde caminha o Sumo Sacerdote, simbolizando sua personalidade porque, no Propiciatório, 'Expiava as faltas do povo', pelo sangue de animais sacrificados. Consta do Antigo Manuscrito da Edinburgh Register House, sendo característica de várias Lojas europeias; portanto, é consistente constar no Pórtico do Templo. Detém interpretações múltiplas, da diversidade de: Raças – Sentimentos – e Religiões, à comparação entre 'duas coisas, ou dualismo', em quaisquer circunstâncias. Representa a 'ausência das cores com preto e branco', pela polarização via Luz Solar, isto é, o Universo antes da Criação e a Luz depois da Criação do Mundo por Deus; e as: União – Harmonia – Vida em alegria e tristeza (dualidade) – Equilíbrio – e o caminho com intermitências (sombra, luz, alegria, tristeza e felicidade).*
- ***Malho, Nível, Prumo e Esquadro** = Abaixo do Pavimento estão os: malho – nível – prumo e esquadro, as ferramentas do segundo (2º) Grau; e são expostos porque os: malho – nível – e prumo, segundo uma das versões, foram as ferramentas com que os Três (3) Companheiros, por duas vezes, feriram e mataram o Grande Mestre; e sendo um forte lembrete aos Maçons que: 'Até uma honrosa decisão pode resultar em desagradável consequência'; assim:*

Malho = Símbolo do trabalho organizador, preparador da Pedra Bruta, atuante longe da construção para que o rumor produzido não perturbe a delicadeza da obra e a santidade do local. Com o malho o Aprendiz realiza seu primeiro trabalho, tosco e pesado, com batidas desordenadas e violentas; e torna-se sublime depois da educação de movimentos, e surge o 'malhete' para uso do Respeitável/Venerável Mestre e Vigilantes.

Nível *= Instrumento estático que demonstra a horizontalidade. Amplia conhecimentos e os delimita na Natureza. Trata-se de uma infinitude ao equilíbrio e sabedoria.*

Prumo *= Instrumento de precisão que oferece verticalidade, equilíbrio e segurança. Sobre base sólida ergue a parede firme. Define a horizontalidade perfeita.*

Guarda (ou Cobridor)

Esquadro *= Com vértice para baixo e/ou para cima, demonstra a 'esquadria'. Representa: Retidão – Justiça – Equidade – Ação sobre a Matéria e si próprio.*

Colunas do Pórtico e mais *= O conjunto: Colunas – Abóbada – Inscrições – Altar com Escada de Sete (7) Degraus – e Trono, representam o Templo e suas características já conhecidas. Sendo como aspecto importante a representação do Maçom diante de morte alheia, além da compreensão de sua própria.*

- ***Doze (12) Colunas*** *= Dependendo do Rito adotado representam todo trabalho e estudo dos movimentos de Astros e sua influência na vida humana, à época. Fazem alusão alegórica aos Doze (12) Signos do Zodíaco, uma e vez que os antigos os tinham como a chave das Ciências humanas e naturais. Cada Signo do Zodíaco tinha significado iniciático.*
- ***'Sancto-Sanctorum' e Degraus*** *= O Santo-dos-Santos era a parte mais interior e sagrada como Moisés dividiu o Tabernáculo. Separada por véus era guardada a Arca da Aliança, e foi o mesmo arranjo respeitado no Templo de Salomão. Considerado o Símbolo da Loja de Mestre. Seus Sete (7) Degraus de acesso se dividem em dois (2) lances: Quatro (4) e Três (3) Degraus.*
- ***Três (3) Luzes*** *= Dependendo da versão adotada significam as iniciais dos Três (3) Maus Companheiros: Jubelus – Jubela – e Jubelum. No livro 'Lendas Maçônicas' o autor R. Camino diz: "... eternos descontentes que aspiram receber Salários que não lhes correspondem, por ciúme e vaidade, pois, embora reconheçam seu despreparo, querem igualar-se aos Mestres."*
- ***Lágrimas*** *= Apenas no segundo exemplo, demonstrando toda tristeza. No Painel representa o sofrimento, angústia e desespero dos fiéis seguidores do Grande Mestre, e dos Reis Salomão e*

Hiram de Tiro, pela ausência que causou sua morte prematura e violenta.

- ***Triângulo Equilátero com 'Letra G'*** *= Ainda no segundo caso, a figura do Triângulo, tão significativa na Ordem, à qual se reduzem as demais que compõem a Geometria, e que dentre tantos outros significados, ainda representa o Supremo Criador. Inserida no Triângulo, vem a 'Letra G', que também dentre múltiplos significados é a confirmação da Divindade.*
- ***Fita Mortuária*** *= Também no segundo caso, a recobrir o esquife nos quatro lados, é colocada a Fita Mortuária. Segundo estudiosos maçônicos e historiadores, na Antiguidade, quando passaram a acomodar corpos mortos em caixões, essa decoração simbolizava a fértil jornada que o féretro deveria empreender em busca do tranquilo repouso.*
- ***Faixas Brancas*** *= Na mortalha há duas faixas brancas cruzadas na altura do coração formando uma 'cruz latina', simbolizando: vida – imortalidade – e ressurreição. Na altura dos pés do corpo constam o Esquadro e Compasso na posição do Grau: o Espírito prevalece sobre a Matéria; ou como citado, sem mais adornos, só com inscrições e desenhos no esquife.*
- ***Emblema Maçônico*** *= Também no exemplo dois, já de conhecimento como Mestre, é um símbolo conhecido até no mundo profano. Entrecruzar dois Instrumentos da construção – Compasso e Esquadro detêm inúmeros significados na Maçonaria, e são dos mais importantes Emblemas da Ordem, compõem o Painel para identificação do Simbolismo da Instituição.*

Respeitabilíssimo Mestre ______________________________

5. Conclusão

E conforme a versão adotada da *Lenda*, o *Grande Mestre* foi exumado pelos encarregados de descobrir seu corpo, depois foram cumpridas as *sentenças* que para si pediram os *Três (3) Maus Companheiros: Jubelus – Jubela – e Jubelum*; e mais, o *Rei Salomão* ordenou que fosse *tumulado* o corpo, executou-se sua: *inumação – enterro – ou sepultamento*, tão próximo do *'Sanctus-Santorum'* quanto permitiam as *Leis de Israel*.

O corpo não foi exatamente sepultado no *'Sanctus-Santorum'*, pois ali só entrava o *Sumo Sacerdote* apenas uma vez ao ano, quando, depois das *ablusões e purificações no Dia da Expiação*, realizava a *Solenidade Religiosa dos Hebreus*, com finalidade da *Expiação dos Pecados do Povo*; isso porque pelas *Leis Israelitas* a carne era considerada impura; então o *Sumo Sacerdote* queimava incenso em *Honra e Glória do GADU*, e rogava que, em sua *Infinita Sabedoria e Bondade*, derramasse toda *paz e tranquilidade* de que fosse merecedor o Povo.

Finalmente, pode-se afirmar, parodiando o poeta, que:

- *"O fim é o princípio de tudo"*,

pois o *profano tem a morte como ponto final*, e em desespero busca dilatar o tempo para que não chegue, enganando-se com subterfúgios, pois ignora que aquela é a oportunidade da construção de nova fase, sendo:

- *"O ponto final é o princípio de tudo"*,

ou seja, do que realmente há de glorioso!

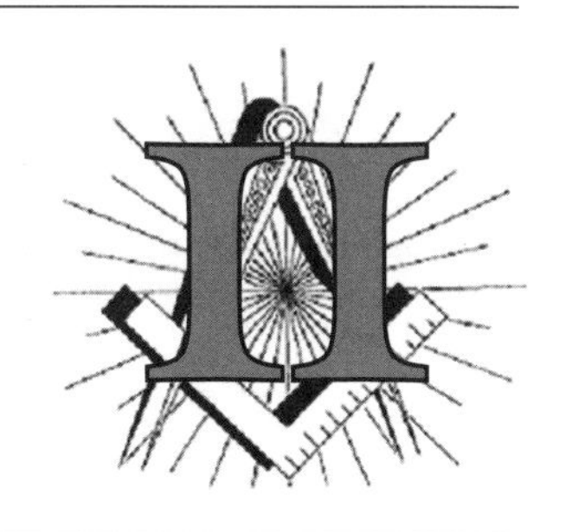

Instruções
Com Teor Filosófico

A VIDA DO MESTRE MAÇOM (PARTE I)

Respeitabilíssimo Mestre

Logo de início, cumpre recordar que sempre deve ser imposto como um *Dever Sagrado*, ou seja, o de: *Trabalhar em função de tudo o que se posiciona circundante à Fraternidade*; e por isso, os Mestres, cônscios dessa sua condição privilegiada, devem se reunir em paz, como todo Integrante da Ordem para:

- *Trocarem impressões – fortalecerem seus laços fraternais que devem ligá-los – aprender e ensinar – reciprocamente prestarem favores – e participar do clima e respirar o ambiente de sociabilidade familiar.*

1º Vigilante

Assim, em suas deliberações sempre cumpre praticar a *Liberdade*, em sua expressão maior, e de acordo com o mais estrito respeito ao *Direito* de outrem, ou seja, de todo terceiro indivíduo.

Pelas *Leis* que regem a Instituição, e pelas obrigações cabíveis aos Mestres, sem nenhuma contestação devem realizar suas eleições baseando-as no *sufrágio universal.*

Desse modo, essas deliberações e as eleições poderiam, e deveriam, se tornar excelente *Norma* para utilização no *Direito Público* dos cidadãos, e em consequência, da Humanidade.

Os Mestres conclamam secretas suas Reuniões, mesmo sabendo que, atualmente, são apenas discretas, apesar de que numa *Reunião de Homens* inteligentes pode examinar os temas de real interesse da Humanidade, procurando nas: *Ciência – História – e Razão,* o objetivo dos *Ensinamentos*; e atentar aos: *conflitos – paixões – e conflagrações*, origem da luta de interesses.

Como em todos os demais Graus da Ordem, os Mestres têm seus *Sinais e Palavras de Reconhecimento*, para não serem surpreendidos por estranhos e/ou profanos; contudo, apesar dos profanos duvidarem, esse é seu *único segredo*, pois seus trabalhos são de domínio público; ademais, sendo absolutamente correto que sua formidável *força* jamais se embasa em acordos tenebrosos, mas na solidariedade que deve imperar entre os Integrantes da Instituição.

E, de acordo com o que estipula a Maçonaria, aos Mestres são mantidas *proibições* de:

- *Discussões de caráter político e/ou religioso, porque quem quiser se aprofundar nos temas, pouco importando se em questões filosóficas, científicas ou sociais, é certo que chegará um instante em que sua própria meditação o aproximará dos limites do religioso; e ainda, do referente à Teologia e Proselitismo, ou seja, de todos os convertidos a uma Religião.*

2º Vigilante

Ao Mestre é permitido tentar convencer seus ouvintes; porém, é vedado proclamar a excelência e verdade de qualquer *Conceito* sem que se confesse adepto e praticante efetivo do mesmo; assim, são explicitadas as citações dos *Conceitos* em duas (2) situações:

- *Recordar, pelo GADU, a quem todos devem se sujeitar eternamente, os Rituais cujo mecanismo até pode escapar de seu pleno entendimento, e passar longe da influência dos Mestres, sendo a atitude entendida como de essência religiosa, que 'une' os Homens; e*
- *Outro entendimento é pretender conhecer e proclamar os 'Atributos à própria Divindade', sendo tal providência que remete à Teologia, que 'divide' os Homens.*

E, como já foi dito anteriormente, nenhum Integrante deve adentrar ao *Templo Maçônico* onde esteja outro Adepto com quem tenha quaisquer diferenças, ou contra quem abrigue animosidade; nesse caso deveria convidá-lo a sair e conversar, para, com tolerância, ajustar aquelas diferenças, buscando fazê-lo amigavelmente.

E se essas tratativas culminarem satisfatoriamente, em seguida, pode adentrar e trabalhar com amor e harmonia, que devem caracterizar os bons Maçons; e, agindo assim, estariam honrando a Maçonaria, geradora dos precursores da paz e da fraternidade universal, e que com denodo e sinceridade respeitam os componentes do seu Quadro, chamando-se Irmãos!

Orador

Os Maçons devem sempre ser Homens livres, honrados e de bons costumes, orientando a vida de acordo com os princípios de: *Tolerância – Liberdade – Igualdade – e Fraternidade.*

Entre os Integrantes sempre deve haver preferência e fundamento no valor e mérito pessoais de cada um; e evitar linguagem inconveniente, jamais serem descorteses e conduzirem-se corretamente dentro e fora do *Templo.*

Também como já foi mencionado, nunca deve espreitar ou vigiar o trabalho do outro, nem tratar de suplantá-lo ou separá-lo disso, mesmo sendo capaz de executá-lo; porque não cabe a ninguém completar um trabalho já iniciado, até em condições vantajosas sobre quem o começou, sem antes perfeitamente conhecer os projetos e planos de construção.

Por conta de tudo isso, todos os Adeptos, em quaisquer situações, devem rechaçar a maledicência ou calúnia, bem como, não permitir que em sua presença se fale mal de outro Integrante, ao contrário, cabe defender seu caráter.

Como a primeira condição maçônica é a *Liberdade*, os Mestres devem conversar entre si tal condição, mantendo o coração aberto; por isso, só devem obeder seus princípios, e não admitir pressões; e sua concordância e apego ao progresso não impede que admire certas ações; e se mostrar conservadores às: *Tradição – Ritos – Educação – e Costumes Maçônicos.*

O Mestre deve defender a Justiça porque é admirável, pois tende a estabelecer e sustentar a segurança da Nação em que vive, sendo das importantes pré-condições de vida social exemplar; portanto, deve ser inimigo da Injustiça, combatendo-a sempre porque é deteriorável como conduta e/ou vontade, tendendo a destruir os fundamentos do bem-estar do Homem; e se autoimpõe como Dever Sagrado, o de sempre trabalhar em torno dos preceitos referidos à *Fraternidade.*

Secretário

Sendo os Mestres considerados espíritos selecionados e almas elevadas, outro seu importante dever é de sobrepor-se às misérias humanas, e em todo lugar procurar frutificar o Amor – ou seja, a verdadeira Fraternidade, que se caracteriza por:

- *Não precisar de qualquer qualificação, sendo imutável sem alterações;*
- *É independente do tempo, e livre de circunstâncias prósperas ou adversas;*
- *Deve irradiar sua cor, perfume e se mostrar generosa como as flores;*

essa seria a *Fraternidade* que: *'É sempre sentida sem nunca ser vista!'*

A ordem, e não a desordem, como quer fazer crer alguns inimigos da Maçonaria, é a característica dos *Bons Mestres*; desse modo, caberia indagar: *Como compreender a 'ordem' aplicada pelos Mestres?* E como resposta seria necessário explicar:

- *A palavra 'ordem' é como o termo número; há quem acredite não ser preciso definir.*
- *Há diversos tipos de 'ordem'; e, ao aplicar esse conceito de 'ordem' na sociedade, naturalmente, se procede de modo diferente, pelo que se pretenda aplicar, um ou outro tipo de 'ordem'.*
- *A 'ordem' é boa quando não contraria as Leis; é preciso, pois, antes de tudo, dar-se conta dessas Leis, e, em consequência, conhecer intimamente os seres que determinaram as Leis.*
- *A 'ordem' pode ser* ***Imposta ou Aceitável:***

Aceitável = *para aceitar qualquer 'ordem', é preciso ter inteligência e vontade; e, o Homem, para fazer uso da liberdade e razão, tem direito de discutir a 'ordem' que mais convém, porque o despotismo brutal é contrário a sua vida moral.*

Imposta = *a 'ordem' imposta ou impositiva só rege a matéria, e deve estar de acordo com a natureza material, inorgânica ou orgânica; tal condição se liga à mesma essência que a inteligência impõe à 'ordem', ou seja, não pode impô-la senão como foi concebida, isto é, em harmonia com as Leis.*

Guarda (ou Cobridor)

A motivação a tudo isso se restringe a apenas uma, ou, é verdade que há seres inteligentes sujeitos a condições diversificadas de: *organismo* –

posição – tempo – lugar – e circunstâncias; entretanto, se a *'ordem'* é formulada por um ser inteligente, e se tratar do enunciado de uma *Lei*, são certamente verdadeiras, porque é por meio delas que a inteligência se mostra real.

A partir disso, os demais seres inteligentes deverão aceitá-la, porque dentre outros tantos motivos, até mesmo por ser realmente uma obra de um desses seres inteligentes.

Então se torna uma obrigação, mesmo apenas moral, mas aceita pelos sábios, ou, noutras palavras, transforma-se num meio compatível com a decantada *Liberdade*, e com a própria vida.

Para ser aceita uma *'ordem'* por qualquer ser inteligente e livre, absolutamente normal, é preciso que a *'ordem'* tanto o convença na íntegra, quanto o faça muito feliz e realizado.

E, para que a *'ordem'* seja social, no mais puro sentido da palavra, precisa convencer a todos da sociedade, e como foi dito, transformá-los em seres felizes e realizados; e além, assim que for cumprida essa condição, e enquanto persistir esse aspecto, impostar-se-á a demonstrada *'ordem real'*; e assim, pelo interesse quase comum em sustentá-la, por se tornar de quase uma unanimidade, é provável que muito poucos a ataquem.

E, caso se pergunte se: *Há 'ordem'?*; Essa pode ser manifestada em duas condições, aos:

Menos favorecidos = *os obreiros sem trabalho, portanto, sem remuneração suficiente para se alimentar; aos que a Ciência substituiu por máquinas menos onerosas; àquele que a falta de recursos aumenta a ignorância e embrutecimento; a quem a miséria conduz ao vício; e aos que a desgraça leva ao crime; entretanto, a resposta resultará negativa: Não, e*

Mais favorecidos = *àqueles que estão rodeados por: prazer – tranquilidade – consideração – saber – e liberdade, sem temer que a 'ordem' resulte em possíveis ataques dos menos favorecidos, e não precisando lutar por suas necessidades e da família, em consequência, podendo propiciar prazer; contudo, dará resposta absolutamente oposta: Sim.*

Respeitabilíssimo Mestre

Apesar de todo o enunciado, certamente não existe tanta *'ordem'* assim na sociedade moderna atual, portanto não existe nem para todos, ou para os considerados mais favorecidos.

Entretanto, há certo número de privilegiados que denomina como *'ordem'* o fato de sempre poderem usufruir dos outros indivíduos; e ainda, àqueles que conclamam como *Liberdade* esse seu domínio sobre as pessoas; contudo, essa espécie de *'ordem'* jamais pode ser durável, porque tem mais inimigos que defensores.

Finalmente, afirmar que até a atualidade, em toda a *Terra*, as sociedades não encontraram o caminho mais certo; assim, acabam até lançando mão de movimentos revoltosos, que são consequentemente métodos que mesmo desprezando a Injustiça sempre a mantém e sustentam.

A VIDA DO MESTRE MAÇOM (PARTE II)

Respeitabilíssimo Mestre

E retomando, as sociedades não procuram encontrar trajetória que objetive a cura dos problemas particularizados, somente concentram sua visão na *roda da fortuna*; e dessa maneira, infelizmente, seguem encontrando os: *felizes e desafortunados – e – vítimas e tiranos*, com a diferença que os *desafortunados* foram substituídos pelos *tiranos*, e as *vítimas* pelos *felizes*.

Toda sociedade será arrastada por tristes e estéreis alternativas, resultando no mais: *funesto – caótico – e terrível*, enquanto a maioria não entender que nunca deve haver altos ou baixos na vida social e qualquer tipo de oscilações; contudo, é necessário que todos contem com a: *Estabilidade sempre obtida pela Justiça – Justiça igual a todos os seres – e Igualdade e Felicidade durável também a todos os indivíduos.*

1º Vigilante

Então, pode ser passível de conclusão, que desse modo: *vivem – pensam – e trabalham* os Mestres, que se tornaram os mais legítimos herdeiros da: *Liberdade – Justiça – e Razão*; além disso, todos os Mestres deveriam ser abnegados, e se tornar irredutíveis contra o: *obscurantismo – tirania – corrupção – e hipocrisia*; e mais, transformar-se numa legião disposta até a se sacrificar pela felicidade da Humanidade.

E, como declara o estudioso e autor J. M. Jurado valeria responder a indagação: *Por que se é Mestre Maçom?* Sendo obtida resposta: *Porque em Maçonaria se aprende a ser: bom – leal – generoso – e feliz, por conta de ser: honrado – livre – e de bons costumes.*

Ainda se aprende a descobrir como *Amar o Supremo*, jamais por receio de eventual castigo, ou por interesse em recompensas, mas *Amá-lo* sim, com toda pureza do desprendimento e abnegação de uma vida isenta e límpida de falsas teorias e vergonhoso fanatismo.

Em Maçonaria se aprende a viver sorridente e tranquilo, e a sofrer essa transformação benéfica, usufruindo de: sublimidade – perfeição – primor – excelência – e a beleza da vida.

Além do exposto, deve ser entendida a Maçonaria como uma verdadeira Escola de Moral; e também compreendido o que sabem seus Adeptos, ou seja, antes de um Profano ser admitido, deve ser alvo de rigorosa interpelação realizada pela Comissão de Sindicâncias.

2º Vigilante

Essa Comissão, que necessariamente deve ser escolhida e nomeada pela Loja, e se tudo for bem realizado e correr a contento, ainda assim a Iniciação depende de sua aprovação por votação dos Componentes do Quadro da Oficina reunidos para aprovar ou não em escrutínio secreto.

É considerado louvável o Sistema de Seleção, pois resguarda a inviolabilidade da origem dos votos, e mais, caso sejam votos: contrários – impeditivos – reprováveis ou embargo, tudo a consagrar a dignidade de caráter dos votantes – eleitores; esse é um dos verdadeiros segredos funcionais da Maçonaria!

Por isso, bastam pouquíssimos voto(s) contrário(s) para impedir a respectiva aprovação; quando então, o Presidente da Sessão Eleitoral pede que seja repetido o procedimento – ou solenidade; mas, caso persista, como dito, o voto: contrário – impeditivo – reprovável ou embargo, esse se iguala a um verdadeiro e realista 'veto'; e o Candidato deverá ser recusado.

A nenhum Integrante é conferido direito de tentar descobrir de onde partiu o embargo, a menos que o eleitor resolva se revelar, espontaneamente; até porque, a Moral do votante é a garantia de que agiu com honradez e espírito de justiça; e mais, sendo todos iguais na Loja, na votação prevalece confiança ilimitada no individual procedimento liberto de reservas mentais.

E que, embora entendido que os processos de seleção e julgamento sejam certos e lógicos, é um determinante dever da Oficina proporcionar outras chances aos Candidatos que, de acordo com os procedimentos regulares, são julgados antecipadamente; e tais julgamentos antecipados, muitas vezes, ocorrem por informações apressadas e até levianas, que se observadas com certa tolerância, poderiam não ser tão graves empecilhos para a eventual aceitação do Profano.

Orador

Então, é possível afirmar que nenhum Adepto pode propor seu voto condenatório a Candidato à *Fraternidade*, sem estar perfeitamente em harmonia com sua consciência.

Mas caso venha a agir assim, isto é, venha a prover um ato de vingança e/ou conduta degradante, certamente virá a se tornar indigno de ser um Mestre; contudo, sempre é possível que ocorra um caso dessa ordem, quando um Mestre, por inimizade ou rivalidade, venha a vetar o ingresso de um desafeto, simplesmente por não querer vê-lo como partícipe da Loja, onde tudo sempre deve se nivelar pela *Fraternidade.*

A Maçonaria também cumpre integralmente sua finalidade na sociedade, quando realiza um balanço operativo entre os Adeptos, do que realizaram nas respectivas atividades extra-*Templo*, e quando se referiram à aplicação doutrinária e ensinamento geral; são as razões do A*prendizado* nas hostes da Instituição Maçônica, e que devem sempre ser dirigidas ao bem dos indivíduos que convivem com esses Adeptos.

O verdadeiro clássico enunciado maçônico de *Desbastar a Pedra Bruta* somente encontra analogia e significado a partir do trabalho primitivo dos Pedreiros Livres; isso é referente a quando a Instituição procura nos trabalhos em Loja anular quase todas as *arestas* dos seus Adeptos, sejam quais forem sua posição na Oficina, ou seus respectivos títulos iniciáticos.

De acordo com o que propala a *Bíblia*, que o *médico deve estar entre os enfermos, para que os cure ou aconselhe*, sendo esse o melhor meio de lutar contra os males físicos; então, por analogia, a Maçonaria poderá tornar-se:

- *A grande nutriz da Alma – o aperfeiçoamento Moral do ser – e a universidade de Doutrinas Filosóficas capazes de iluminar os espíritos ainda cheios de impurezas nas próprias Lojas;*

e, caso um Profano seja impedido de adentrar e aperfeiçoar-se, é certo que não estará tão bem compreendida a verdadeira *Doutrina Maçônica.*

Secretário

E que a Ordem seja vista e compreendida, como uma *grande obra de assistência Moral*, aos que trazem na Alma *manchas* de defeitos da vida profana, sem maior chance de regeneração.

Por isso, deve ficar sempre muito claro que a Maçonaria, absolutamente, *'não'* é um *Clube de Perfeição*, mas sim um *Clube de Aperfeiçoamento*, ou seja, que tanto procura aperfeiçoar todos do lado de fora, quanto os que estejam entre suas Colunas, até porque todo ser humano porta muitos defeitos, pois: *Ninguém é perfeito em nada!*

A *Doutrina Maçônica* busca aperfeiçoar o Homem no mais puro sentido da *Moralidade*, mas, caso ao ser admitido já for visto como um Candidato detentor de *Moral Perfeita*, a Instituição nada mais poderá realizar como se fosse determinado milagre humano.

Porém, caso esse Homem adentre aos *Quadros de Obreiros da Ordem*, como um enfermo precisado de assistência e cura, então a Ordem e os Mestres devem bem atendê-lo; e, por isso, estarão cumprindo sua *Sagrada Missão*, quanto e frente à Humanidade; e consequentemente, passar a reduzir os indivíduos considerados *maus*, recuperando-os para os princípios do *Bem*.

Assim, não deve causar estranheza, ou incompreensão, adentrarem a Instituição certos indivíduos não tão bem qualificados e/ou preparados, pois é somente depois de participar das *Cerimônias e Eventos Maçônicos* pertinentes que, infelizmente, alguns agora Integrantes podem se revelar não adequados a pertencerem à Maçonaria.

Contudo, o que deve realmente parecer estranho é a Instituição não ter conseguido transformá-lo num Homem de bem, uma pessoa digna de louvor.

Guarda (ou Cobridor)

Então, poder-se-ia concluir que é incontestável o *principal trabalho* da Maçonaria, ou, o *aperfeiçoamento Moral* de todos os seus Adeptos.

Mas, em concordância com os pressupostos da Maçonaria, se todos os seus Integrantes são obrigatoriamente considerados iguais, em Loja *'não'* devem ser permitidas: *reservas mentais – desvios – e/ou recuos*, no cumprimento do dever saneador individual, quando se faz necessária aplicação dos *Regulamentos e Código Maçônico*.

De modo igual, é: *falsa – falha – e indesculpável* a alegação de que a Maçonaria nunca teria *nada* a intervir na vida particular ou privada de nenhum de seus Filiados; entretanto, nos seus *Templos*, mas principalmente fora desses, o *Código de Conduta* do Mestre deve ser muito respeitado, assim como sua postura ilibada.

Assim, à Instituição Maçônica também compete influir, quando for possível e tiver acesso, em todos os atos de seus Integrantes, até pelo fato de o Adepto já ter uma longa vida no Mundo Profano, independentemente do pouco tempo dedicado à sua Oficina.

Um Mestre, mesmo assíduo na Loja, e cumpridor de suas contribuições a todos aqueles que a Instituição procura amparar, não é digno de ser um Mestre, ou de pertencer aos *Quadros da Maçonaria*, caso se caracterize por:

- *Atentar contra a Moral, sua e de terceiros – comprometer seu nome ou de sua família – não cumprir seus inúmeros deveres e obrigações, até profanos – ser extravagante, leviano ou perdulário – ser mau pai ou esposo – e ser detentor de uma vida desregrada;*

sendo então considerado um enfermo a ser curado de *moléstia Moral*, apesar dessa ser tida como incurável; desse modo, a Loja deve procurar que seja desligado, para que a Instituição não seja onerada pelos eventuais pecados desse Integrante.

E ainda, valendo sempre relembrar ser correto que a Maçonaria, quando pode *'não'* triunfar sobre o Adepto desviado da trajetória do bem, muito se esforça e luta para que isso seja conseguido, tudo em concordância como recomendam suas tradições seculares.

Respeitabilíssimo Mestre

Além disso, poder-se-ia citar o constante dos *Evangelhos*, quando *Jesus* em certa ocasião foi censurado por aceitar que uma mulher transviada untasse seus pés com óleo perfumado; entretanto, ainda como dito, respondeu com as: *mansuetude – serenidade – e pacifismo*, que O caracterizou por toda a vida:

- *"O médico deve estar entre os enfermos";*

contudo, é possível que um enfermo, no caso um Candidato a renascer na *Luz da Maçonaria*, esteja entre os que querem ser aprovados, mas conte com um ou mais Mestres seus desafetos, e que, em tais circunstâncias, se veja barrado em seu pleito de ser recebido Maçom.

Então, pela imagem do fato referido a *Jesus*, ter-se-á que o enfermo deva estar entre os médicos; e assim, o enfermo não seria o Profano proposto, mas o Mestre que impediu seu ingresso.

Finalmente, voltando a citar o estudioso e escritor J. M. Jurado, repetindo seu pensamento quando pergunta:

- *Por que ser um bom Maçom?*

tendo por resposta, como foi dito anteriormente, que:

- *Além de na Maçonaria se aprender a ser um Homem leal, honesto e trabalhador responsável, também se aprende a viver sempre sorridente e tranquilo, pois se goza da sublimidade e pertinaz beleza da própria vida!*

CONSIDERAÇÕES SOBRE A 'BUSCA'

Respeitabilíssimo Mestre

Atingido o terceiro (3º) Grau ou o Mestrado, o Maçom tem plena consciência de estar apto a iniciar uma nova e longa jornada, em busca de si próprio; e, ao atingir esse Grau de Mestre, logo é possível constatar o surgimento de dois fenômenos, a saber:

1º) Passa a poder trilhar o Filosofismo Maçônico, sucessor do Simbolismo:

Depois, se o Adepto envereda pelo Filosofismo alcança o dito 'ápice da pirâmide', o último Grau da Escada ou Classe, que dependendo do Rito adotado, pode variar em número; mas, coloca-o em igualdade quanto ao conhecimento, apenas diferindo nos detalhes; da mesma forma ocorre com outros Ritos, vendo no último Grau o fim ou término da Escala ascendente.

2º) Refere-se ao comportamento egoístico do que se acha já perfeitamente acabado:

Atingido o Mestrado, o Adepto pode perder o interesse em buscar estabilidade e aperfeiçoamento; então, afasta-se do convívio dos demais e perde o hábito até então enraizado, adormece e se desinteressa pela Egrégora; de modo análogo, seu comportamento, que por longo tempo foi assíduo e interessado, muda ao atingir o último Grau; e, convencido que chegou à perfeição, se afasta, e pensa ter atingido o 'ápice' e encontrado a Justiça.

1º Vigilante

Para que haja um comportamento do tipo, são precisas causas determinantes nas Reuniões, como: *falta de atrativo – baixa frequência – e/ou despreparo da administração*; e infelizmente, de modo acentuado de *escassez de amor fraterno*; contudo, seria descabido trabalhar apenas para eliminar essas causas, para que não se afastem; e mais, quem contribui para o afastamento, temporário ou definitivo, deve assumir a responsabilidade, pois alguém cobrará suas faltas e os fatos, e por isso será exigido ônus, cedo ou tarde, porque há certos aspectos da *Lei Cármica* que exigem cobrança quase imediata.

Infelizmente, muitos Maçons criam discórdias, afastando o não compartilhamento das benesses maçônicas; e esses instigadores, alcançando seu objetivo contra seus iguais, a seguir se afastam, sem perceberem que esse sumiço já é a paga de parte da parcela da dívida contraída.

A razão dos problemas da Ordem é o *'não'* cumprimento dos *Juramentos*; sendo certo que o Maçom, em todos os Graus de seu Rito, realiza um *Juramento* a cada Grau em que é elevado; então, a problemática recai na *falta de brio – de honestidade – e de caráter* de quem perjura.

E, como parte dos *Cerimoniais Iniciáticos*, a Maçonaria *simbolicamente* ameaça o perjuro com castigos, até por se tratar de um Maçom que militou na Ordem junto a seus pares; entretanto, nada acontece de prático, o que, infelizmente, é parte importante da *fragilidade* da Ordem.

Sendo o Mestrado o coroamento da trajetória que principiou na Iniciação, portanto, referente ao *Simbolismo* nada mais há além, porque é quando adquire a plenitude dos direitos da Ordem; não havendo ligações com o *Filosofismo*, relativamente às funções do terceiro (3º) Grau de Mestre.

2º Vigilante

O Mestrado também exige que sejam acompanhados os discípulos, e assim, pode ser fácil no *Quadro de Obreiros da Loja* estar relacionados os Mestres e ao lado o rol de seus discípulos; isso é devido porque o Mestre em seus *Juramentos* envolve o discípulo; então cabe indagar: *Que deve ocorrer ao Mestre perjuro?*; E outra: *Com que autoridade esse se apresentaria ao discípulo?*

Tais situações parecem simples de entender e fáceis de solucionar, basta que o Respeitável Mestre/VM se dedique em esclarecer sobre a conveniência da observação dos *Juramentos*, tendo-os como: *Comportamento moral – atitude honesta – e cumprimento das obrigações na Oficina.*

E, em determinada situação delicada, sempre deve tratar o Mestrado sob o aspecto espiritual; assim, o Mestre estando alocado em seu *Templo Interior*, e se foi burilado espiritualmente, caberia indagar: *Que atitude demonstrará ao discípulo no Templo Místico? – Deixará de estar lotado em seu Templo Interior? – e, Com sua ausência deixará só e abandonado o discípulo?*

Ressaltando novamente que, ao adentrar o *Templo* com seus pares, também ingressará em seu *Templo Interior*, assim como nos *Templos Internos* de cada Adepto, produzindo uma *fusão espiritual misteriosa*; pois, no instante do ingresso na Loja, é sua mente que o dirige.

Por isso, as: *Abertura da Loja – e – Desenvolvimento da Liturgia*, que são complementares, conduzem a esse estado de *consciência coletiva*; e, se por vezes a mente parece poderosa como a *Natureza* ou as *Leis da Física*, consequentemente, estará além da compreensão humana.

A *Liturgia* mostra o surgimento da(o) *Egrégora*, criada(o) pelo poder da soma das mentes dos Adeptos; e, mesmo em certa contradição à *Natureza* surge a(o) *Egrégora*, pois é uma espécie de corpo espiritual alocado no interior do *Templo Individual e Coletivo* dos presentes na Loja.

Em Loja o Adepto conta com outros seres compenetrados e com postura idêntica, cujo conjunto é interligado pela(o) *Egrégora*, sob a égide mística do *Livro Sagrado ou da Lei*, simbolizando a *Onipresença de Deus,* entendido ser cada Maçom integrante da coletividade.

Orador

E a Loja não pode ser só constituída por um (1) ou sete (7) Maçons, mas por todos os componentes de seu *Quadro de Obreiros*, e até mesmo pelos ausentes, que deverão estar presentes em espírito; e, conforme o Rito adotado, caso detenham o *nome simbólico* batizado, cada Adepto é um Maçom diferente do que há poucos momentos estava na *Sala dos Passos Perdidos*; isso porque, sendo um Iniciado, trata-se de uma nova individualidade com um *novo nome*, renascido do profano e comum, e no interior do *Templo* tem obrigação de ser: *limpo – puro – e perfeito*.

Na penumbra da Loja o semblante do Maçom torna-se quase angelical, com transformação que atrai pelo calor emanado pelo sentimento tido como *amor fraterno*; compartilhado e forte, suficientemente, para anular predisposição de repulsa.

Aos profanos pode parecer difícil alcançar esse estado quase angelical, e podem os descrentes questionar a inviabilidade do *convívio místico*, apesar da imperfeição humana.

Pelos *Juramentos* prestados, os presentes na Loja obrigam-se a se amar, pois só cabe aos Adeptos haver únicos: *Coração – Alma – e Personalidade*, no misticismo do *Templo Interno*, pois muitas recomendações crísticas compõem a *Filosofia Maçônica*, como: *"Amai-vos uns aos outros como Vos amei."*; e, sem tal disposição, que também se origina dos *Juramentos*, não se cogita na existência de uma *Perfeita Loja Maçônica*; e, se o Adepto amar e for amado, será assíduo aos trabalhos na Oficina, pois sentirá prazer e compreensão participando do *convívio fraterno*.

Felizmente, na Ordem o Adepto quase não tem dificuldades, bastando que o Integrante aceite que, em certas condições, a mente humana pode se aproximar da poderosa *Natureza*; para tanto, basta que o Adepto, com sinceridade, aceite o Maçom postado ao lado, não o vendo como um mero ou mais um componente da Loja, mas sempre o considerando seu parceiro espiritual; e, misticamente, numa vida mais elevada que a proporcionada pela *Natureza*; isso é devido a que a verdadeira *Natureza do Homem* é a vigente em seu mais íntimo, em sua Alma!

Secretário

Com base nesses *Conceitos*, é possível afirmar que as *Regras de Conduta* para haver um convívio social cordato, por si só bastariam para conquistar um melhor *Mundo de Paz*; mas, infelizmente, o Homem mesmo sabendo disso não cumpre as *Regras*; e com muito mais gravidade se for Maçom, pois agindo assim *não* manterá os *Preceitos* norteadores dos *Juramentos*; até porque, esses importantes *Juramentos* constituem o *Código de Ética* da Ordem, cujos conteúdos em parte referem-se ao *convívio social,* e outra parcela ao convívio espiritual.

E, na formação da *Cadeia de União*, como elos os Adeptos são considerados iguais, não havendo Mestres ou discípulos; e o que efetivamente ocorre é o excepcional reforço da(o) *Egrégora* já existente, pois o conjunto unido compõe uma única individualidade; além disso, a postura individual dos braços cruzados na altura do plexo solar constitui também um abraço sobre o próprio coração, ao qual se soma o calor espiritual que: *une – funde – e atrai*.

Efetivamente, são raros esses momentos de êxtase espiritual, e a feitura da *Cadeia de União* no íntimo do *Templo Interior*, seu individual e coletivo dos demais, com únicos: *voz – impulso – e desejo*, faz com que esse colegiado seja postado e auspiciado pelo *manto protetor de Deus*.

Entretanto, se infelizmente o Adepto apenas participa da *Cadeia de União* como: *mero coadjuvante – simples portador da postura geométrica – somente reconhece o curioso da forma – e vislumbra como simples a eventual beleza material,* certamente se constituirá em mais *um estranho*, e assim, deixará de ser colaborador, usufruindo da chance permitida pelas instauradas: *Consciência Coletiva – Misticismo – e Integração num Plano Elevado*; porque só a modesta ação mecânica não trará resultado material ou espiritual a qualquer Adepto que assim se comportar; fato é que estará na Loja *'só'* fisicamente, mas *'não'* colaborando na influência de Deus e proteção dos pares.

Sendo certo que compreender a *Filosofia* da Ordem depende da disposição do Adepto em se integrar ao seu espírito; mas isso pode levar anos de participação e estudo das coisas da Ordem até seu pleno entendimento; mas, de outra parte, pode levar só alguns segundos caso consiga que a própria mente esteja despida de preconceitos que entravem sua almejada *Liberdade*!

Guarda (ou Cobridor)

Essa constante *'busca'* deve ser incessante, com procura de apoio e ensinamento nas Lojas, pelos Mestres que se mostrem: *antigos – sedimentados – e mais calados.*

O Integrante que desejar tal *'busca'*, e por isso se mostrar muito mais interessado, deve despertar nos Mestres, por meio de humilde súplica, a satisfação de poderem o elucidar; de outra parte, tanto a experiência quanto a vivência no trato do que é místico poderá trazer extraordinárias recompensas aos Adeptos que se propõem a trilhar essa árdua trajetória.

Resumidamente, o primeiro passo nessa jornada é muito difícil, porque sempre estará na dependência da efetiva *Tolerância* de cada Integrante; principalmente, participando dos trabalhos em Loja, chega o tempo de meditação, isto é, na *Circulação ou Giro das Bolsas ou Sacos*; então, pode observar o Integrante à sua frente, verificando seu semblante, e caso se mostre tenso, cabe enviar pensamentos geradores de serenidade e começar um tipo de diálogo silencioso; se possível, informar que é amado e reconhecido como um caro Integrante, a quem se deseja ajudar.

Assim, o Adepto deve contemplá-lo, e nesse ato mirar a própria imagem, pois cabe observar naquela face, que efetivamente não se trata de um rosto comum, o reflexo como se fosse de um espelho enigmático, e então poderá bem refletir sobre esse caro Integrante.

Por isso, devem ser considerados iguais a todos os demais Adeptos alocados ao lado, enfim, de todos que trabalham na Oficina, ou seja, aquele grupo deve receber as vibrações que se está emitindo, os fluidos benéficos de amor.

Respeitabilíssimo Mestre

O Integrante deve pedir com humildade aos que o *Tolerarem*, que procurem relevar seus defeitos, e se por acaso, não intencionalmente, ocorrer que os melindrem, por conta da obrigação e dever de ser Maçom, cabe pedir sinceras desculpas.

Para tanto, deve ter consigo que o poder da mente sempre será suficiente para que todos aqueles Integrantes recebam a mensagem e o amor.

Finalmente, em resumo, é possível concluir que nos citados instantes de meditação, se os componentes da Oficina assim se dispuserem com eficiência, todos se encontrarão no interior do *Templo Maçônico*, porque tornaram-se absolutamnte eficientes!

OS COMPROMISSOS DOS NOVOS MESTRES (PARTE I)

Respeitabilíssimo Mestre

Vencida a *Marcha* e concluídas as *Viagens*, e dependendo do Rito adotado pela Oficina, o Adepto já pode se aproximar, e se não tiver nenhuma restrição de ordem pessoal, e se ajoelhar aos pés do *Ara ou Altar.*

Por conta de tais atos, deve ter muita afinidade com os demais Mestres; e, então, passa a integrar um *Colégio de Mestres*, ou seja, uma organização: *consagrada – sedimentada – e permanente.*

E porque ingressa numa Instituição muito bem formada, e sendo assim, apenas deve *permitir* haver uma completa adesão de sua parte a essa Organização.

Além disso, ninguém, absolutamente ninguém, por ser partícipe do Mestrado terá direito ou oportunidade de *alterar* o que vem sendo concluído há muito tempo, e que constitui a *Tradição.*

1º Vigilante

Como Mestre suas *obrigações*, resumidamente, são em *número* de sete (7), ou seja, o *número* de *Normas estabelecidas – cultivadas – e sedimentadas* pelos que o precederam.

Além disso, esse é o *número* simbólico e próprio do Mestrado, eis que a *Idade do Mestre* foi estabelecida como sendo de *sete (7) anos*; desse modo, em resumo, e como foi dito, o Aprendiz tem *Idade de três (3) anos*, o Companheiro de *cinco (5)* e o Mestre de *sete (7)*.

E, certo que o *setenário (7)* imprime nesse Grau determinada *Filosofia*; assim, é considerado *número: cabalístico – virtuoso – ou aziago (de mau agouro, de azar, infausto ou infeliz)*.

Então, passa-se a descrever as *Sete (7) Obrigações* que caracterizam o Mestrado:

1ª Obrigação = Manutenção do Segredo

A *primeira das obrigações* do futuro Mestre é manter *Segredo* sobre o terceiro (3º) Grau; entretanto, dever-se-ia preferir a substituição do termo *Segredo por Sigilo*, pois, com a evolução do pensamento humano, não há razão de ser mantido qualquer *Segredo.*

Para isso, seria suficiente manter uma posição prudente, haja vista que consta dos livros maçônicos a descrição detalhada de tudo que compõe e consiste o Mestrado.

Antigamente, quando quase inexistia literatura maçônica, o *Segredo* se mantinha com facilidade, e porque os *Ensinamentos* eram ministrados por quem realmente conhecia a *Arte Real.*

Atualmente, são muito raros, e quando referidos o são com desencanto, os Mestres que efetivamente têm pouco tempo disponível para frequentar a Loja; o que se deve à sua paixão pela modernidade; e esse modernismo se caracteriza pelo binômio: *pressa e falta de tempo.*

Assim, não fossem os livros, e outros autores por mais modestos que se mostrem em seu trabalho incansável de pesquisa, os Mestres da atualidade estariam demasiadamente próximos da ignorância, que culminaria por conduzi-los ao total desinteresse.

2º Vigilante

Pela *Filosofia do Conhecimento*, obrigatoriamente, o Aprendiz deveria ser acompanhado pelo Mestre; porque, até por simples comparação, no auge da *Grécia Antiga* cada *discípulo* era orientado por seu Mestre; e, por isso, a considerar que o *Sigilo Maçônico* tem única finalidade a de despertar nos Graus inferiores, em sua cronologia, o interesse pela busca do *Conhecimento.*

E a divulgação referida à *profanação* não é percebida, pois *proselitismo*, isto é, *a diligência ou o zelo em fazer prosélitos, convertidos a qualquer Religião*, atualmente, é tarefa muito difícil.

Tudo isso é devido, pois conseguir levar seres livres e de bons costumes às Lojas é tarefa desmedida exorbitante, pois são precisos anos para formar a contento um *Quadro de Obreiros.*

Além disso, por exemplo, o *Cristianismo* contém uma parte *sigilosa*, contudo, seu *Novo Testamento* é demais divulgado, sendo até traduzido em quase todas as línguas e dialetos, inclusive sua parcela considerada como menos desenvolvida cultural e economicamente; e ainda, os povos indígenas têm à disposição o denominado *Livro Sagrado ou Bíblia*, em suas línguas peculiares.

Entretanto, o *Cristianismo* vem sendo tão deturpado, que caso *Jesus* retornasse entre os Homens e entrasse numa *Igreja Cristã*, provavelmente, não reconheceria seu *Evangelho*; ainda assim, citar que o cientista A. Einstein se referiu ao *Cristianismo Primitivo*, como segue adaptado:

- *"Se se separa o Judaísmo dos profetas, e o Cristianismo ... como foi ensinado por Jesus Cristo de todos os acréscimos posteriores, em particular aqueles dos padres, subsiste uma Doutrina capaz de curar a Humanidade das moléstias sociais."*

Outro exemplo são os meios de comunicação, atualizados e sofisticados, que já estão a serviço da *Evangelização*, estando disponíveis nas Igrejas que se propõe serem cumpridoras de sua missão, e que por esse motivo se encontram enormemente disseminadas pelo Mundo.

Orador

Por isso, o Homem de boa vontade e corajoso onde vive, quanto possível deve tentar tornar viva essa *Doutrina da Humanidade Perfeita*; contudo, se apenas puder realizar lentamente, e com perseverança, não deve se deixar silenciar e/ou eliminar por seus contemporâneos, pois terá direito de julgar a si próprio e de sentir-se muito feliz em conjunto com sua comunidade.

2ª Obrigação = Obediência às Leis e Regras

A *segunda obrigação* refere-se a *Obediência às Leis e Regras da Instituição*, que são os: *Rituais – Constituições – Regulamentos – Estatutos – e Normas*; essa documentação direcionadora de ações foi elaborada com base na *Tradição*; e, a seguir, são descritas suas características:

- ***Rituais*** *= São escritos e não podem sofrer alteração, exceto quando necessárias eventuais traduções, atualizações de vernáculo e ligeiras adaptações de conceitos filosóficos, que são obrigadas pelo tempo, que traz à modernidade. As alterações só devem se efetivar pelos responsáveis por esses Rituais, por Maçons que devam ser auscultados, outros com os quais se debata e discuta os temas, e por aqueles que detenham indiscutível aculturamento específico, obtendo o resultado de consenso generalizado para tais modificações.*
- ***Constituições*** *= Diversas, principiando pelas que iniciaram a administração moderna, como a Constituição de Anderson*

de 1723. Outras se sucederam, e cada Grupo, Grande Loja ou Grande Oriente compôs sua particular. A Constituição é a base (lastro) administrativa das organizações, e necessária ao Registro Civil do organismo, objetivando receber sua respectiva personalidade jurídica. As Constituições podem ser alteradas, pois não compõem a Liturgia da Ordem.

- ***Regulamentos** = Disposições esclarecedoras dos Artigos das Constituições, que tratam seus temas minuciosamente, e na prática, podem até substituir as Constituições; mas, estão sujeitos a alterações constantes.*
- ***Estatutos** = Regulamentos particulares de cada Corpo, e se forem instituídos independentes, são a interpretação restrita das Leis Internas de cada Oficina Maçônica.*

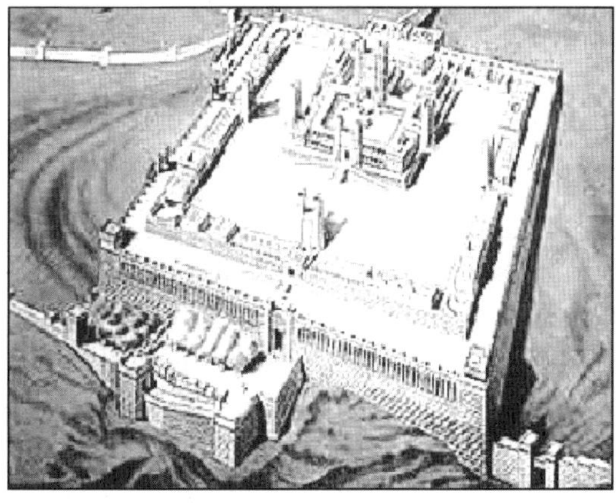

Secretário ___________

- ***Normas** = Emitidas pelo Grão-Mestre, para dar a cada caso específico surgido sua interpretação e aplicação. As Normas são salutares, porque quase sempre constituem jurisprudências; assim, para cada nova gestão de Grão-Mestrado, novas Normas surgem.*
- *Além disso, há outro componente, a Tradição que se divide em dois espaços:*
- ***Landmarks** = Que são Normas primitivas, místicas e imutáveis; e*
- ***Lei não escrita** = Que são interpretações passadas de um Maçom a outro, mantendo sempre a mesma tendência, e única interpretação sobre o que não está escrito;*

e a *Tradição* refere-se aos *Aspectos Moral e Social*, e os Mestres seus fiéis depositários.

E como foi dito, o objetivo primordial dessa *segunda obrigação* é a *Obediência*, *não* a considerada cega, mas a *obediência respeitosa e racional* embasada nas *Leis e Regras*.

O Mestre no *Altar* jura fidelidade, *obediência* e jamais ser escravo ou subserviente; mas, fica registrado que nunca será considerado diminuído ou menor, aquele que praticar a *Obediência*.

3ª Obrigação = Discrição

A *terceira das obrigações* refere-se a ser *Discreto*, portanto, praticar a *discrição*, que se transforma num dever em se tornar operacional com *amor e benevolência*.

Essa *discrição* não diz respeito ao conteúdo dos: *Rituais – Leis – ou Regras*, mas ao conhecimento dos sentimentos dos Integrantes, e seus: *Sigilos – Mágoas – e Ansiedades*.

Como os Adeptos, têm plena liberdade de expor em Loja a seus pares, suas dificuldades e problemas, chegando até a relatar fatos que dizem respeito à sua própria intimidade, assim, ninguém que tome conhecimento dos acontecimentos tem direito de referir-se a esses fora do *Templo*.

E a *discrição* é recomendada, pois assim as ocorrências se traduzem em *amor fraterno e bondade*, pois o Adepto deve compreender seu igual e buscar seu conforto, jamais o criticando.

Guarda (ou Cobridor)

Reza a *Tradição* poder existir um ato até comovente, mas que é comum, ou seja, qualquer Integrante em Loja pode solicitar ao Respeitável/Venerável que permita se colocar *Entre-Colunas* porque deseja proferir determinado pronunciamento.

E, obtida a permissão, o Adepto se coloca naquele espaço, desfazendo seu *Sinal*; e, por estar locado onde deve imperar a *neutralidade*, dessa tribuna pode abrir seu *coração* para: *confissões – arrependimentos – ou críticas*, enfim, com absoluta liberdade e sem interrupções, pode discorrer sobre tudo o que preenche sua Alma.

Concluído seu propósito retoma ao lugar, e ninguém terá direito de comentar sobre o que ouviu; esse Integrante estará *coberto* a qualquer advertência ou admoestação de toda espécie, e os demais deverão reconhecer aquele desabafo com muito *amor fraternal*.

No *Encerramento* dos trabalhos, todos prestam o solene *Juramento* de nada comentar fora do *Templo* sobre o que ouviram e assistiram; é a *obrigação* a ser mantida ciosamente.

4ª Obrigação = Fraternidade

A *quarta obrigação* refere-se a *Cultuar a Fraternidade*, ou o: *amor amigo – respeito – bondade – e carinho*, que devem ser as disposições sentimentais de todo Mestre; e, sabedores de que a *Fraternidade a ser cultuada* é também uma importante ação específica dos Mestres.

Por isso, sempre é preciso cultivar a *Fraternidade*, porque essa disposição envolve muito dos aspectos de: *Moral – Comportamento – Sociabilidade – e Atração pelo grupo.*

Por isso, o Mestre deve sempre, em quaisquer circunstâncias ou ocasião, defender seus pares e não permitir que sejam: *difamados – menosprezados – ou ridicularizados*, mesmo que, a contragosto, sejam merecedores de críticas.

Respeitabilíssimo Mestre ___________________________

Então, incondicionalmente, o *'dever'* do Mestre será de proteger seus pares e impedir, a qualquer custo, que sejam desmoralizados; e esse amparo não deve se restringir somente aos Integrantes, mas ainda ser estendido a sua família.

Finalmente, informar que, como já foi dito, as *Obrigações* dos Mestres são em *número de sete (7)*, e até aqui somente foram expostas as *quatro primeiras*, portanto, restando outras *três* a serem explicitadas na continuidade dessa Instrução, ou, na Parte II a seguir.

OS COMPROMISSOS DOS NOVOS MESTRES (PARTE II)

Respeitabilíssimo Mestre ______________

5ª Obrigação = Socorro

A *quinta das obrigações* do Mestre refere-se ao importante do *Culto à Fraternidade*, especificamente, voltada ao eventual *socorro* de seus pares; e que entre Mestres jamais deve haver constrangimento, e nenhum Adepto deve ser passível de necessidades, nem de se expor a nenhuma espécie de perigo.

Além disso, quando do *Passamento ao Oriente Eterno* de um Integrante, os Mestres devem amparar sua viúva e seus filhos.

Essa *obrigação ou dever* deve ser passível de *Segredo* e ato de prevenção, pois se o Mestre ampara seus pares e famílias, é provável ser depois amparado, se necessário, por outro Mestre.

A tarefa não deve ser individual, pois nenhum Mestre deve sozinho suportar a carga de qualquer amparo, mas solicitar auxílio a todos da Loja para melhor cumprir esse *'dever'*.

1º Vigilante ______________________________

Sendo a vida também composta por *trocas permanentes*, deve-se dar e pedir tudo com abrangência, com: *ousadia necessária – vontade em obter – e fé nas forças mentais e espirituais*; e pelos conceitos serem da *quinta obrigação*, o Mestre deve atender quem clama por *socorro*.

Por isso, o Mestre deve ser alertado e estar convicto que tem participação efetiva na *Grande Fraternidade Universal*, onde atua consciente ou inconsciente, pois suas definições são:

- ***Consciente*** *= Pode visualizar o 'pedido de socorro', e*
- ***Inconsciente*** *= Ao meditar sente o chamamento e emite forças que se agregam às demais, que faz atuar na direção solicitada.*

6ª Obrigação = Sinal de Socorro

A *sexta obrigação* consiste em *socorrer* o Maçom que explicite o *Sinal de Socorro*, ainda que, para tanto, e em situação extremada, possa até arriscar a própria vida.

Essa *obrigação* pode parecer que deva ficar restrita à prestação de *auxílio aos Mestres*, pois somente esses conhecem o *Sinal de Socorro*; contudo, se em qualquer situação, por obrigatoriedade, Aprendizes e Companheiros devam ser socorridos, a explicitação ou não do *Sinal* identifica a condição do requerente, porque, como foi dito, só ao Mestre é dado conhecer o *Sinal de Socorro*.

Na Exaltação, entre *Lições e Recomendações*, é proporcionado ao Candidato o *Segredo* que a Maçonaria detém com zelo; trata-se da execução, em postura certa e determinada, de um *Sinal* composto por braços e mãos *(membros superiores)*, e pernas e pés *(membros inferiores)*, acompanhado de *súplica* em voz alta, cujo conjunto compõe o denominado *Grito de Socorro*.

2º Vigilante

Portanto, pouco se tem escrito a respeito, por não ser razoável muita divulgação, dado que os Profanos poderiam imitar o gestual e demonstrar tal condição aos verdadeiros Mestres.

Modernamente, pela evolução da sociedade em que se vive, torna-se difícil um Mestre se encontrar em situação tão constrangedora que exija a execução do *Sinal de Socorro*.

Mas por essa impraticabilidade o *Sinal* passou a um segundo plano; e ainda assim, o Candidato recebe o *Segredo*, mesmo quase não mais se lembrando por julgar não ser necessário.

E o Mestre deve reconhecer que a Ordem oferece uma dádiva inigualável, mas que por falta de conhecimento o Adepto não percebe o quanto é útil o *Sinal de Socorro*, a executar em caso de *perigo*; pois é possível narrar diversos casos que o *socorro* veio no momento exato, preciso.

Então, deve-se definir o significado de *perigo*: *Situação de constrangimento – necessidade grave – temor – angústia – e sentimento que apavora e agoniza*; e, para melhor compreender, cabe citar exemplos simples: *posição econômica desastrosa – enfermidade sua e/ou familiar – ameaça – ansiedade e/ou expectativa por solução, necessidade que esforço e vontade não vencem, nem contornam*; e é possível citar muitos outros exemplos que afligem a Humanidade e os Mestres.

Surgindo ao Mestre uma dessas situações aflitivas, deve procurar um lugar mais isolado, postar-se em *posição* e clamar em voz alta: *"(A mim) Filh:. da Viú:."*, dependendo do Rito adotado; então, a sempre vigilante *Fraternidade Branca Universal* atenderá seu pedido, pois aos Mestres constitui verdadeira *obrigação sagrada* atender um *Pedido de Socorro!*

Por isso, é possível desafiar os Adeptos afirmando: *"Ó Mestre, aflito e em perigo, busca 'socorro' onde pode sempre ser prestado!"*; e, sendo certo que *'não'* se trata de suposição, mas da realidade maçônica mais palpável; assim: *"Pedi e dar-se-vos-á"*, o que constitui a promessa cumprida pelo *Mestre dos Mestres.*

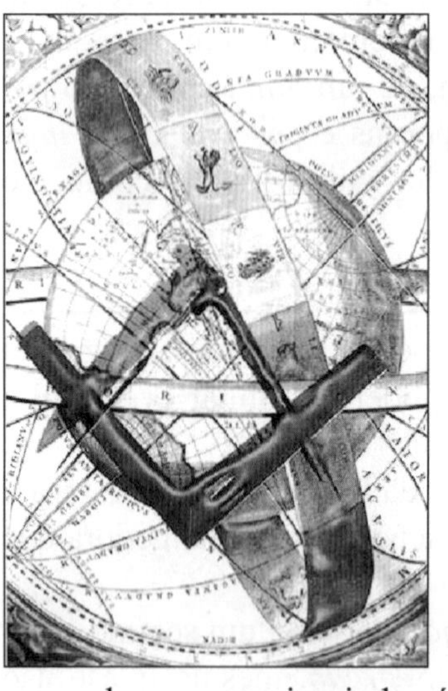

Orador

A *Grande Fraternidade Branca* é formada por seres de boa vontade, muito espiritualizados, vivos ou não, Maçons ou não, mas os Iniciados na Ordem são seus expoentes máximos.

Essa é a *Grande Força Mental* que há no *Mundo* e no *Cosmos*, e que, mesmo sendo aceitável ou não, o importante é que existe, e então, por que não usufruir?

É tão misteriosa como os *Anjos*, e compõe a *Bíblia* do *Cristão ou Hebreu*, onde há esclarecimentos que convencem, pois até na literatura de outros povos: *Egípcios – Hindus – ou Tibetanos*, a presença desses seres incriados é semelhante.

O *Divino Mestre*, depois do jejum de quarenta dias, em que venceu a tentação e exaustão, e faminto foi saciado com alimento pelos *Anjos*; e além, estudar os seres alados celestiais é fascinante, principalmente ao tentar saber sobre sua origem e atuação, sobretudo depois que o Homem os abandonou.

O *Anjo* aparece, mas não surge quando não se mostra *Fé* suficiente em admitir sua presença, em circunstâncias de anúncio de: *fato marcante – mensagem – ou consolo*, para defesa e a servir.

Portanto, é possível concluir que os *Anjos* fazem parte da *Grande Fraternidade Branca*, e que basta invocá-los com muita *Fé* para que todos sejam *servidos*.

Assim, a Maçonaria oferece aos seus Adeptos os recursos necessários para alcançar a *felicidade*, e que o verdadeiro Iniciado, bem situado na Ordem, ou seja, sinceramente posicionado, pode sempre usufruir tudo que é oferecido pela Instituição.

E uma das principais dádivas que somente é oferecida aos Mestres, isto é, àqueles que colaram o terceiro (3º) Grau – o Mestrado, é justamente a do *Pedido de Socorro*; desse modo, nenhum Adepto da Ordem jamais deve confundir o *Sinal de Socorro com Pedido de Socorro*, pois o simples *Sinal* servirá tão somente como exercício, enquanto o *Pedido* trará consequências.

Secretário

Ademais, o conjunto desses *Sinais* deve ser executado com a máxima perfeição, e assim, os Mestres, ao se reunirem em *Câmara-do--Meio*, devem mostrar como elaborar tal *Sinal*.

A *sexta obrigação* refere-se ainda ao *Domínio das Próprias Paixões*, para efetivamente trabalhar na Loja, que é o *bem-comum* de todos os pares, e exemplar *magistério da Arte Real*.

Essa *sexta obrigação 'não'* é referida ao *Desbastar da Pedra Bruta*, tarefa que se espera de há muito superada, mas que o Mestre elimine suas *Paixões*, entraves da própria *evolução*.

7ª Obrigação = Consagração como Integrante da Ordem

A *sétima das obrigações* é convencional, pois ao Mestre cabem infinitas *obrigações*, o que consagra esse Mestre como exemplar *Integrante da Ordem Maçônica e seu Fiel Adepto* a trabalhar com todas suas forças para seu autoengrandecimento e dignidade.

No início do século XX os Mestres tinham um hábito peculiar, isto é, ao se cumprimentarem passando nas ruas, com elegância tiravam o chapéu segurando a aba pela parte traseira, e com mesmo gesto o recolocavam, era um *gesto maçônico*; mas já vulgarizado, pois todos sabiam que quem cumprimentava assim era Maçom; entretanto, aquele que se comportava desse modo era muito admirado, e as pessoas sussurravam que seria Maçom, o que era efetivamente o desejavam; contudo, há muitos anos usar *'chapéu'* se tornou uma real excentricidade, apenas uma característica pessoal, o que impediu que aquele uso ou costume se mantivesse até a atualidade.

Muito embora esse hábito fosse apenas uma exteriorização material, imprimia na psique do Mestre autoconfiança, por ter assumido uma condição excepcional e privilegiada, a de ser Maçom; porém, a atentar que as atitudes do Mestre devem, em qualquer situação, serem revestidas de muita dignidade, porque representa o *Quadro da Oficina*, tanto no mundo material como espiritual.

Guarda (ou Cobridor)

Apenas como ilustração, para os Maçons que demonstram negatividade e desconsideram as *obrigações* analisadas, há um *castigo simbólico* repetido daquele do primeiro (1º) Grau; ou, ao Mestre que faltar o *Juramento*, que implica nas *obrigações* referidas, ao qual concordou solene e simbolicamente, dependendo do Rito da Loja, em: *dividir o corpo em partes, arrancando e queimando as entranhas, e arrojando--as ao vento quando cinzas.*

Assim, é repetido o que *Tifon fez com Osíris*, quando *dividiu* seu corpo em catorze (14) partes, sendo que treze (13) foram encontradas por sua fiel esposa *Ísis*, mas a última parcela que ficou desaparecida foi, justamente, seu órgão procriador.

Cientes de que o instinto humano promove a tentação de destruir e queimar tudo o que abomina, então, aquele que não conseguir sua regeneração física e espiritual está sujeito à *morte simbólica* no sentido de *destruição*; assim, seu destino seria de *retornar a Terra*, por meio da *reencarnação*, porque, enquanto a Iniciação *imortaliza*, ao perjuro é *restituída a mortalidade.*

E ainda, cabendo ressaltar que ao *dividir ao meio* o Homem, como sugere o *Sinal do Mestrado*, realmente será separada a parte material da espiritual, e sendo o próprio Mestre quem executa a operação, tudo dependerá de si próprio, sendo por isso que: *Tudo o que o Mestre Maçom fizer, sempre deve ser absolutamente perfeito!*

Comentários Finais

Além do exposto, uma das *Paixões* que alguns desejam classificar como vício é a *Dúvida*; e, na atualidade, das suas características marcantes uma é a reinante *Agonia Moral e Social*, mas, não deve o Homem participar dessa desarmonia, que marca a *Nova Era – o Terceiro Milênio.*

Mas, infelizmente, a Maçonaria *não* está sendo levada, se é possível assim dizer, *tão a sério* quanto é merecedora, referida aos membros que *não* estão tão interessados em se inteirarem nos *Mistérios*, quando deveriam promover a necessária integração antes que seja tarde.

Respeitabilíssimo Mestre

Logo de início, a preparação deverá ser individual e sempre dirigida aos Mestres, que são os Integrantes mais sedimentados; e, dessa maneira, esses novos Mestres podem até deixar os antigos Adeptos contrariados ou mesmo irritados, ao dizer que as Sessões da Loja são *monótonas*, onde *apenas* se batem *malhetes*.

Entretanto, mesmo os Mestres, tendo a obrigatoriedade de entender que a oportunidade de assistir às Sessões da Loja é: *inigualável – inédita – e ímpar*, e constituindo-se num importante privilégio, mostra-se como uma verdadeira bênção, mas infelizmente, na prática chegam até a desprezar essa *Dádiva Divina.*

Finalmente, cabe sempre verificar tudo o que deve ser feito para que o Mestre bem entenda a vital importância de: *Sua presença nas Lojas – tentar reiniciá-lo (se é que é possível) – ou até propor sua eliminação do Quadro da Loja*; e, certo é que o Mestre deve sempre portar seu *Avental* e assumir *plenamente* sua condição de Mestre, ou seja, incorporar-se e exercer sua *Missão,* que é pura e excencialmente *Divina!*

O TRABALHO DOS MESTRES: LENDA E ESCADA

Respeitabilíssimo Mestre ______________

1. Considerações sobre a 'Lenda'

Ao tentar tecer qualquer explanação sobre os Mestres, não é possível deixar de citar a *'Lenda'* do terceiro (3º) Grau, que, efetivamente, se trata de uma *obra oculta*; e ainda, que os Homens de boa vontade somente podem compreender sua importante mensagem por meio de: *estudo – aspiração – respiração – e meditação.*

A *'Lenda'*, por intermédio de seu Cerimonial enigmático, estimula em primeiro lugar a *imaginação*, logo convertida em *visualização interior*, que induz à *intuição* de tudo o que é necessário a abrir as *Portas do Templo da Verdade*, que possibilita contemplar sua *beleza.*

1º Vigilante ______________

A motivação da *'Lenda'* recai na construção de um *Templo*, cuja finalidade é a de que nessa *Nobre Casa* pudesse habitar o *Deus* que orientou e permitiu sua edificação.

Esse *Templo* representa o *Corpo do Adepto*, Candidato ao terceiro (3º) Grau de Mestre, e que, para isso, deve ser instruído e educado pelas: *disciplina – verdade – e virtude.*

O *Templo de Salomão* foi configurado à semelhaça de um corpo humano, extensível do Oriente ao Ocidente, e do Norte ao Sul, podendo ser interpretado como um Homem *indivisível* e comparado à *indivisibilidade* do Universo.

O *Rei Salomão*, pelas aspirações de seu pai *Rei Davi*, que desejou realizar um *Templo* digno para ser a morada de seu *Deus ou GADU*; então, procurou solicitar ao amigo do pai e seu, o *Rei Hiram* da cidade de *Tiro*, que pudesse auxiliá-lo na execução dessa grandiosa obra.

O *Rei Hiram de Tiro* aceitou auxiliar na empreitada contra pagamento, com o que anuiu o *Rei Salomão*; e mais, como colaboração *Hiram* propôs enviar um de seus mais brilhantes artistas e artífices, também de nome *Hiram*, considerado um gênio pela inteligência, gosto e muitos talentos, inclusive referido à *Arquitetura*; além de ter como principal característica, seu vasto conhecimento da essência e transformação de metais, e de ser conhecedor de grandes obras.

Assim, o *Rei de Tiro* enviou *Hiram – o Artífice*, para orientar os trabalhos, inclusive de fundição e feitura de utensílios como: *pregos – fixações – etc*, usados na obra bruta, e conjuntos de adorno como: *mesas – castiçais – incensadores – bacias – etc.*, para o magnífico complemento.

Organizando os trabalhos, e sendo sábio, justo e benevolente, *Hiram* instituiu de acordo com a aptidão e conhecimento de cada um, a divisão dos operários em três categorias distintas:

2º Vigilante

- ***Aprendizes** = Quase nada conheciam, mas auxiliavam os demais para aprender o Ofício; contudo, detinham suas energias concentradas no Plexo Solar;*
- ***Companheiros** = Conhecedores já de parte do Ofício, eram os oficiais da obra, auxiliados pelos Apreendizes que também ensinavam; mas ainda sem desempenhar e orientar como os Mestres faziam; suas energias estavam concentradas no Plexo Cardíaco; e*
- ***Mestres** = Principais orientadores, executores e responsáveis pela obra, supervisando o trabalho de todos os operários; e concentrando suas energias no Plexo Laríngeo.*

e por categoria instituiu um *Códigos de Identificação* por meio de: *Sinais – Toques – e Palavras Sagrada e de Passe.*

No lado externo do *Pórtico do Templo* foram erguidas *Duas Colunas de Bronze (ocas)*, e determinaram que os Aprendizes recebessem seus *Salários* junto à *Coluna J*, os Companheiros à *Coluna B*, e os Mestres na *Coluna ou Câmara-do-Meio*.

Segundo a *Arquitetura do Templo,* havia *três (3) portas* por onde acessavam os:

- *Aprendizes = que depois se transformou no seu principal Pórtico, no Ocidente;*
- *Companheiros = que ao término da obra ficou sendo a dos Levitas, no Sul; e*
- *Mestres = que ao longo do tempo ficou estabelecida como a dos Pontífices, no Oriente.*

Já *Adonhiram*, hebreu que auxiliava o *Rei Salomão*, ocupando o cargo de *Preposto às Corveias – ou Arrecadador dos Impostos do Reino*, que modernamente poderia equivaler à função de *Ministro da Fazenda ou Secretário de Fianças*; portanto, também respondia pelos *Pagamentos dos Compromissos do Reino*, dentre outros, os *Salários dos Trabalhadores*, além de orientar os trabalhos e equipes na obra.

E, graças ao extremo cuidado e vigilância desse *Encarregado*, as obras se desenvolveram em ritmo adequado; assim, dia a dia o *Templo* era erguido com todo esplendor, e os serviços satisfaziam *Salomão*, sempre atento à *ordem e tranquilidade* reinante entre os obreiros.

Orador

Conforme dispôs a *'Lenda'*, três (3) maus Companheiros descontentes com seus *Salários*, e as condições desfrutadas, desejaram o que cabia aos Mestres, mesmo não reunindo as condições necessárias que justificassem sua promoção; então projetaram obter as: *Palavras – Sinais – e Toque*, característicos e identificadores, que permitiriam obter as condições dos Mestres, só que decidiram optar pela violência, executando-a pelo emprego da força.

E, de acordo com a versão da *'Lenda'* adotada, cientes que o *Encarregado* pelos serviços visitava todo dia as obras, sempre depois que os trabalhadores concluíam sua jornada e se retiravam; e aqueles maus Companheiros permaneceram no interior do *Templo* escondidos e armados com instrumentos de trabalho, um com uma *Régua*, outro com uma *Alavanca* e o último com um *Malho*, e o esperaram nas *três (3) portas*.

O *Encarregado* utilizava uma passagem ou porta secreta para adentrar ao *Templo*, e seguiu à *Porta do Ocidente*, onde encontrou um dos Companheiros que pediu as: *Palavras – Sinais – e Toque* de Mestre, ameaçando-o de morte se não fornecesse; o *Encarregado* negando as informações, afirmando que apenas as conseguiria pelo próprio merecimento, o traidor desferiu na direção da sua cabeça uma pancada violenta com a Régua; ao se esquivar foi atingido no ombro.

Para se salvar o Encarregado correu em fuga para a Porta do Sul, mas encontrou outro Companheiro que fez a mesma pergunta sob a mesma ameaça, e do mesmo modo que negou ao primeiro fez ao segundo, sendo atingido com forte golpe de Alavanca na nuca; e, atordoado e cambaleante, fugiu para a Porta do Oriente, onde o terceiro o aguardava com o mesmo propósito, e não logrando sucesso, desferiu na sua testa um golpe mortal com o Malho, vindo a falecer.

Para não levantar suspeitas sobre esse crime, os traidores enterraram provisoriamente o corpo sob um monte de escombros ou sobras de obra; e depois, ao transferir o corpo ecolheram outro local próximo, e também provisoriamente enterraram numa cova rasa; e imginando que quando o assunto não causasse mais tanta comoção, sendo menos comentado e quase esquecido, poderiam remover novamente o corpo e o transladar para outro lugar ainda mais afastado e diferente, para não ser jamais reconhecido; e apenas para identificar esse sítio, por sobre o aterro fincaram um pequeno ramo de acácia.

Secretário

O Rei Salomão sendo informado do desaparecimento ordenou a procura, e que a primeira expressão dita ao encontrarem o corpo se transformaria na nova Palavra de Mestre, pois a Palavra anterior poderia estar perdida com o sumiço do Encarregado, o que realmente ocorreu; então, ao final de todo esse episódio mandou alterar as: Palavras – Sinais – e Toque dos Mestres.

Depois, Salomão descobriu as razões do assassinato e o local onde o corpo fora ocultado; então, mandou desenterrar aquele corpo, e, com pompa e circunstância, ordenou a realização de magníficas exéquias fúnebres, e o sepultamento onde seria o Santuário do Templo.

2. Considerações sobre a Escada

Acima do Grau de Mestre são estendidos outros Degraus da Escada de Jacó, que se ocultam sob o 'véu' que divide o visível do invisível; e o verdadeiro Adepto sabendo disso, trabalha com determinação, sem outros conceitos da mente, na busca de merecer trespassar o 'véu' e juntar-se ao grupo que, incógnito e silencioso, carrega a responsabilidade pelo crescimento da Humanidade.

Os Adeptos devem fixar-se nas sete (7) estrelas que brilham acima do último degrau da Escada; e com: fé – esperança – e caridade se disporem a galgar todos esses degraus; e, com a Palavra de Mestre guarda os portões, e depois passa pelo 'véu'; então nasce o verdadeiro Maçom.

Só ao trespassar o 'véu' o estudante místico toma posse de si, pois as coisas que vê são formas ou promessas de algo não especificado, ou de símbolos da verdade desconhecida.

No Templo Espiritual, construído sem ruído de operários ou ferramentas, é que a verdadeira Iniciação ocorre, e ali, vestido com a simples pele de cordeiro, o estudante torna-se um Mestre Maçom; escolhido e retirado da multidão para ser um operário ativo em nome do GADU.

Guarda (ou Cobridor)

Estando sozinho, e longe de olhos profanos, é quando os Altos Graus são oferecidos, e assim, a Alma radiante de Luz torna-se a estrela viva no dossel azul das Lojas.

O Mestre, como na 'Lenda', almejando a sonhada perfeição, não pode mais errar ou agir incorretamente na Loja ou fora da mesma; porque deve ser exemplo vivo aos Aprendizes e Companheiros, bem como modelo de Virtude e Moral, na: Loja – Família – e Convívio social; e, obrigatoriamente, o Mestre deve estar consciente de todos os atos e implicações na vida dos que o rodeiam, e por vocação ou formação maçônica, passar a liderar aqueles com que tem convívio.

Orientado pela Ordem, acreditando que sendo Mestre Maçom já venceu o ser profano que trazia, e no exercício da Arte Real passa a iluminar seu caminho com a verdadeira Luz, para depois obedecer à obrigatoriedade de espargir essa mesma iluminação em todas as direções aos que necessitem; por isso, desde a Loja de Aprendiz, o Mestre se obriga a ser sóbrio, considerando que, como já foi dito, deve ser o exemplo vivo para a formação dos futuros Mestres de sua Oficina.

O esmero com o bem-trajar do rigor maçônico, e dependendo do Rito, podendo ser com: terno preto – luvas brancas – gravata preta ou branca ou vermelha – sapatos e meias pretos – faixa – avental – e chapéu, assim, os símbolos do terceiro (3º) Grau devem ser portados com absoluta responsabilidade, pois esse bom exemplo será referência a Aprendizes e Companheiros.

Respeitabilíssimo Mestre

E não deve ser relegado a um segundo plano, ou até esquecido, o importante rigor como deve ser tratada a Ritualística nas Sessões; e há que se ter todo cuidado para bem aplicá-la, pois com isso, além de preservar-se toda a Simbologia, os novos Adeptos aprendem com maior facilidade, e podem no futuro transmitir o aprendizado com correção, aos Integrantes que se seguirão.

Finalmente, ao fazer essa explanação, caberia citar, para ser bem lembrado, o real propósito com que deve sempre se preocupar um Mestre Maçom, a saber: Ensinar quando tiver certeza de saber bem e com correção – Bem aprender quando não souber para depois ensinar – Ajudar sempre todos os necessitados – Permitir-se ajuda quando preciso – Dispor-se a saber ouvir e falar – Resignar-se com críticas, como ao criticar – e Procurar saber perguntar e res*ponder.*

O PRIVILÉGIO DO MESTRE

Respeitabilíssimo Mestre

Baseados em: *atividades do presente e experiências e conhecimento do passado*, o Integrante pode preparar o futuro, que além de ser uma de suas tarefas importantes, efetivamente, trata-se de um real *Privilégio do Mestre.*

Assim, o *discernimento* é dos atributos necessários para o Adepto bem desincumbir-se dessa tarefa.

Porém, tal atributo só é adquirido na *Câmara-do-Meio* da própria inteligência, o que deve ocorrer depois de superada a *prova simbólica da morte e ressurreição* como rege a *'Lenda'*, que são as características do *Cerimonial de Exaltação* ao terceiro Grau de Mestre.

1º Vigilante

De acordo com os Graus antecedentes, referente ao estudo da origem e desenvolvimento histórico da Maçonaria, e ao progresso na Ordem que garante o ingresso no terceiro Grau, são passadas aos novos Mestres plenas condições de realizar essa tarefa; e que, desde o conhecimento das *causas,* podem constituir o denominado *Plano de Inteligência Criativa do Universo*.

E, conforme o Rito adotado pela Oficina, ainda concorde com o exposto nos Graus anteriores, cabe sempre lembrar que nos:

- *Primeiro Grau de Aprendiz = busca-se o real significado da indagação: De onde viemos?, que também consta do Ritual desse Grau;*
- *Segundo Grau de Companheiro = igualmente, e também constante do Ritual do Grau, buscar a real significância da pergunta: Quem somos?;*

e, com isso poder estudar a *História da Maçonaria Moderna*.

Já o *conhecimento*, que no caso se entende ter como sinônimo o *discernimento*, é constituído pela visão dos *Planos do GADU*; sendo alcançado individualmente por: *estudo – meditação – e trabalho*, e tornando-se: *consciente – fiél – e disciplinado*, se esmerar para atingir o objetivo.

Quanto à Maçonaria, os *Planos do GADU* revelam-se a cada Mestre em sua própria inteligência, pelo mais elevado *'ideal'* que a Ordem adota, tal como chegar a ver interiormente.

O *'ideal'*, manifestado na mente compreensiva, encontra no Mestre o instrumento de sua expressão, e tendo como origem a *c1arividência*, tem o dom da profecia como *poderosa faculdade construtora e realizadora*; tal como mostra o *poder de levantar e ressuscitar*, sendo prerrogativas do *Magistério Real da Arte*.

E, pelas *ressuscitações e manifestações* em tempos e lugares distintos, é natural a necessária adaptação, e se convertendo em instrumento, é o modo de expressão da antiga *Ordem da Luz ou Fraternidade Universal*, a da moderna Maçonaria como: *simbólica – una – e indivisível.*

Assim, trata-se do mais universal dos *Landmarks*, reconhecido pelos desejosos do bem da Ordem; e o simples reconhecimento do *Landmark* é suficiente para unificar a Instituição; e, sendo certo que as divisões de Adeptos são insignificantes, mas podendo criar coflitos nas *Obediências*.

2º Vigilante

Dentre todas as características dominantes da Maçonaria, uma é o:

- *Ecleticismo – do grego* eklektismós *significando o método filosófico, político ou científico de formar uma Doutrina, desde as opiniões de várias teses conciliáveis de sistemas distintos. E sabedores que no século III a.C. em Alexandria o filósofo Potamão criou uma seita de ecléticos célebres, e modernamente, o francês V. Cousin reviveu essa filosofia eclética, procurando nos conceitos de outros filósofos o que parecia verossível. E mais, que o Homem detém um 'sentido da verdade', e descobre aspectos da 'verdade total' referente à liberdade de escolha;*

e assim, é permitida a harmonia entre as tendências, com a *tolerância surgida da compreensão e da fraternidade*, sem jamais dividir, mas sedimentando a *unidade indivisível* da Instituição.

A Maçonaria, sem se afastar de seus *espírito e essência*, sempre será *una e indivisível*, mesmo parecendo dividida em *ideal e esforço*, igualmente: *saudáveis – úteis – e proveitosos*, para o bem da Ordem e da Humanidade, para que os Adeptos das *Obediências* se unam mais, até quando separadas por barreiras arbitrárias e ilusórias criadas: por *ignorância – fanatismo – e ambição.*

Se o Mestre destruir em si esses inimigos, será digno de denominar-se como tal, e então concorrer para a efetiva unificação da Ordem; e, desse modo, o Adepto providencia que:

- *A 'ignorância' seja destruída pelo conhecimento da verdade;*
- *O 'fanatismo' pela compreensão, a base da verdadeira tolerância; e*

A 'ambição' pelo amor fraternal.

assim, realiza o trinômio: *Liberdade – Igualdade – e Fraternidade*, que conduz ao reconhecimento da igualdade dos *Direitos*, cuja liberdade, tolerância e compreensão produz a *Fraternidade* entre os Maçons que formam um núcleo da *Fraternidade Universal da Humanidade*, e ainda, reconhecer que na Ordem não deve haver divisões, por ser *una sua alma e essência, e único seu espírito.*

Orador

E ainda, parecem fictícias as divisões existentes, pois a *interioridade* do Adepto será mais efetiva quanto maior sua *compreensão*, e por isso, jamais deve buscar no exterior as barreiras que dividem os Mestres.

Assim, cada Integrante, com humildade e entendimento, deve destruir os obstáculos, resultando que a Maçonaria será totalmente *unificada*, como sempre deveria ser.

A *compreensão* dessa unidade precisa ser buscada nas *origens e princípios* da Instituição; portanto, esse conceito sempre deve ser *repetido* do Oriente, e não do Ocidente.

E, sabedores que no domínio da *realidade visível* reinam as *Duas Colunas Antagônicas*, essas originaram os contrastes dos: *Quadros branco e preto – Luz e Escuridão – Verdade e Mentira – etc.*, que bem pode representar o:

- *Mosaico que oferece o quadro exterior da Maçonaria Moderna ao Oriente, ou*
- *Interior, onde brilha a Luz branca unitária e purificadora do Delta, ou ainda*
- *Princípios Eternos que se fundamenta a Ordem, e se realiza pela perfeita compreensão.*

Sempre será um verdadeiro *Privilégio do Mestre* poder sentar no Oriente, e por meio da compreensão dos princípios maçônicos, e pelos *Planos Geométricos, Universais e Perfeitos do GADU*, conseguir estabelecer como melhor dirigir os trabalhos da Loja em harmonia.

Por isso, devem seguir ao Oriente para trabalhar com eficácia, e dirigido ao bem da Ordem, ou seja, naquele Oriente Simbólico onde brilha e resplandece a unidade essencial; e, concentrando a visão no Oriente, é possível reconhecer a unidade da Ordem, e o *ideal* que enleva e motiva todos seus Adeptos, torná-los dignos da tarefa incumbida de preparar construtivamente o futuro.

Já a capacidade em profetizar tem origem na faculdade de ver e expressar o *verbo criador*, que se faz presente em todas as coisas, e que constitui sua *alma vital animadora*, antes que possam se manifestar exteriormente.

Secretário

Como define a etimologia da palavra, *especular significa contemplar e observar*, dessa maneira especular sobre o futuro pode se tornar factível, caso, na própria consciência, sobre esse futuro haja possibilidade de poder: *imaginar – ver – contemplar – e antecipar*; porque no reino absoluto do Homem, que é a origem de toda existência, está quase sempre presente.

Essa seria uma faculdade passível a todos poderem exercer, quase até com consciência; mas cientes de que é, efetivamente, um *Privilégio do Mestre* que ao sentar no Oriente se depara com a realidade, e pode atuar com a necessária retidão, de acordo com a perfeição do *verbo*, pois praticamente todos os erros da visão se traduzem em imperfeições quando de sua realização.

Entretanto, a imaginação se converte no instrumento de sua adaptação e expressão; por conseguinte se faz necessário que essa faculdade, reprodutora das próprias indagações, esteja perfeitamente dominada e controlada pela inteligência.

É o que caracteriza ter a verdadeira capacidade da profecia, própria das naturezas superiores, mas que jamais deve ser confundida com outras faculdades parecidas, manifestadas nos seres, principalmente aqueles escravizados pela: *ilusão – terror – e paixões*.

Entretanto, a clarividência do Iniciado não se apresenta consistente, porque além de poder ver as coisas como são realmente, quanto ao que irá acontecer também pode conseguir fazê-lo; e, para tanto, deve prover:

- *O contato direto intimamente estabelecido entre sua 'consciência e a origem das coisas', e*
- *Da origem das coisas com o 'verbo criador ou o espírito manifestado'.*

De outra parte, a iluminação do novo dia, aguardado e esperado pelos Mestres na preparação dos trabalhos noturnos, para aparecer precisa da participação ativa dos esforços; e, simbolicamente, o novo Sol, ou *Hiram/Adonhiram* renascido, não surgirá sem o auxílio conjunto dos *Nove (9) Mestres*, para conseguir vivificá-lo pelo poder de uma *Palavra* que aparecerá como o *Novo Verbo ou Novo Ideal*, que ilumine os que estejam nas trevas.

Guarda (ou Cobridor)

A Maçonaria, que atualmente necessita reforçar suas fileiras, e retornar à grata realidade, dará a todos a mágica *Palavra* que consiga tirar os Homens das trevas da ignorância, esclarecendo e cessando para sempre a obscuridade da noite do materialismo dominante.

E o mundo, estando submisso à materialidade, necessita ser liberto por meio de uma *Nova Luz da Verdade ou um Novo Ideal*, que somente os Mestres são portadores e podem dar; e, para isso, se faz necessário que o *ideal maçônico ou Hiram/Adonhiram*, mesmo parecendo latente numa organização simbólica, seja erguido e vivificado na compreensão dos fidedignos Integrantes.

Já os *Mistérios*, que até a muito pouco tempo, permaneceram em demasia misteriosos aos Maçons, serão a mística agitação que fomentará o advento de uma nova civilização, com base numa justa interpretação e estabelecimento de valores espirituais, ao invés de materiais.

Então, afastando-os e retirando para sempre do *Templo* individual da consciência, a Maçonaria se converterá no *Templo Universal da Sabedoria*, e com os muitos esforços dos Integrantes de todas as Nações, erguerá um grandioso *Templo* onde se concretizem as: *Solidariedade dos povos e a Fraternidade dos Homens*.

E aos Mestres cumprirá rapidamente se tornarem conscientes desse *Dever*, cooperando que se abra para a Humanidade os novos horizontes, que a encaminhem orientada no sentido: *Da Luz de um novo dia, e de uma nova civilização mais brilhante, na qual se fixem o olhar dos Homens*.

Respeitabilíssimo Mestre

Finalmente, por isso o terceiro Grau de Mestre implica:

- *Atingir a conquista simbolizada pelo místico ramo de acácia, ou seja, a Palavra de Passe do conhecimento verdadeiro;*

porque o Mestre:

- *Venceu as: Ignorância, Fanatismo e Ambição – Controlou o poder do Silêncio – Sabiamente administrou seus Conhecimentos – Captou a real essência de sua augusta e gloriosa Instituição – e Convergiu seus esforços pela unificação da Maçonaria;*

e, além disso, aquele que alcançou o terceiro Grau, encontrou os conceitos para vencer quaisquer dúvidas do ponto de vista: *Maçônico – Teosófico – Esotérico – Exotérico – e Filosófico*.

A ARQUITETURA E O MESTRE (PARTE I)

Respeitabilíssimo Mestre ____________

A mais antiga Arte aprendida pelo Homem foi a Arquitetura, mesmo porque, teve, minimamente, a necessidade de construir um abrigo para si e sua família; então, buscou motivação para pensar nas melhores formas de estrutura; e dessa profícua atividade intelectual derivou-se uma das mais importantes concepções produzidas, a Arquitetura.

Isso porque é passível de credibilidade não haver dentre os ofícios nenhum comparável à Arquitetura, talvez exceção feita apenas à Medicina.

1º Vigilante ____________

À Arquitetura associam-se as emanações humanas, ou seja, a obra no mundo físico, ou a virtude no sutil do espírito; assim, à Arquitetura, como Nobre Arte, se associaram as atividades:

- *Operativa: Transformada numa das respeitadas Ciências da cultura da Humanidade; e*
- *Especulativa: Pertence à psique, a origem dos processos de 'consciência, alma e espírito';*

sendo o motivo que a Arte de Construir requer tanta atividade nos dois domínios que a formatam; assim, a Arquitetura apresenta essas duas faces, ou seja, nos domínios do:

Imenso = Em: matéria – técnica – ciência – e sabedoria, é necessário muito trabalho mental e manual para dar forma aos objetos criados; caracteriza-se por ser: profana – operativa – e exotérica; destina-se a construir o mundo da imensidade, das realidades físicas e da vida cósmica manifesta nas obras; e ainda

Ínfimo = A Energia Criadora gera as realidades do espírito, com trabalho de organização, para que a sinergia criada não resulte em descalabro mental, em vez da Consciência Superior; caracteriza-se por ser: sagrada – especulativa – e esotérica; destina-se a construir o mundo da infinitude no espírito e a vida cósmica real, mas não se manifesta em formas, sendo a verdadeira fonte de onde tudo emana.

Assim, pode-se concluir que: *Todo Homem é um Arquiteto de si e do Cosmos*, pois executa obras para: *Fora de si onde vive, e dentro de si onde quer viver*; e então, precisa ter consciência do que faz, e aprender a fazer sempre melhor, pois os mundos *de dentro e de fora* são reflexos entre si, e cada melhoria em um, o outro se beneficia por igual; por isso, dizia o pensador H. Trimegisto:

- *"O que há fora é igual ao que há dentro; e o que há em cima é igual ao que há embaixo."*

mas, nesse antigo preceito hermetista consta tanto a fórmula da sensibilidade como da sabedoria, às vezes milenar, suficiente e produtora de ótimos resultados para o bem-viver e bem-pensar.

2º Vigilante

E esse conhecimento mostra que o ser não pode ser construído em uma única direção, mas que necessita crescer no interior e no espírito, e por fora em *Moral e Virtude*; cientes de que as duas direções não são exclusivas, mas se completam em cada ação e pensamento, por isso:

- *É preciso aprender a pensar para agir, e agir para pensar melhor.*
- *A Maçonaria é a Arte de Construir os edifícios de:*
- *Moral Social: Objetivo profano, prático e coletivo; que faz vontade do GADU, que tem no Homem o Seu criador da produção universal; e*
- *Espírito: Objetivo sagrado, esotérico e individual; que conclui o projeto do ser universal, tudo que existe manifestado em densidade energética, ou o espírito primordial, ou ainda o próprio espírito do GADU na essência.*

Felizmente, quase todo Homem possui em si um Maçom Operativo e um Especulativo, por isso, a Maçonaria é: *Arte – Filosofia – Processo – Magistério – Planejamento – e Prática de Vida*; e daí advém sua outra denominação de *Arte Real*.

É sabido que, ao serem construídos edifícios, há necessidade de planejamento e projetos, além de não ser possível prescindir de alicerces e estruturas; por isso, a forma das obras e de tudo que é produzido já foi antes bem elaborado na mente de alguém, pois o plano de qualquer realidade no mundo físico sempre é uma imagem formada, primeiramente, no mundo das ideias.

Desse modo, poder-se-ia até concluir que o Cosmos sempre fez parte do Ideal Divino, e a partir disso emergiu em suas manifestações iniciais, para, sem interrupções e pela eternidade, continuar surgindo em Ondas de Luz formatadas como realidades físicas.

De modo análogo, as obras dos Homens podem ser consideradas como Ondas de Luz, que no início fluem como pensamentos, para depois se concretizarem em construções.

Orador

E, para formatar realidades físicas, é necessário aprender as fórmulas da construção, e esse aprendizado é o real objetivo das Ciências e Técnicas; do alcance desses objetivos depende a melhoria das condições de vida das pessoas; por isso, com respeito a Ciências e Técnicas, é preciso: estudar – entender – desenvolver – e ensinar a todos os demais.

Esse deveria ser o dever das: escolas – universidades – e associações culturais, corporativas e filantrópicas; mas, se não atuar por meio do Magistério, não serão criados indivíduos úteis a uma sociedade livre, justa e fraterna.

Mas, atualmente no Brasil, esse Magistério não se desenvolve em: universidades – associações – ou unidades; em verdade, realiza-se nas igrejas por filósofos solitários, e em sociedades de pensamento, como por exemplo, na Maçonaria.

Todavia, essas unidades operam no aperfeiçoamento espiritual, que é muito semelhante ao exercício da construção; por isso, o Maçom que aproveitou os Ensinamentos sabe o motivo real de ter sido Iniciado, e de toda expectativa gerada pela magnificência de suas obras, porque as de:

Labor manual: A consequência das conquistas diárias na árdua tarefa de viver e de tornar a vida mais feliz com quem interage; e

Verdadeiro espírito: Advém como conquista do espírito, de quem, efetivamente, assimilou e viveu de acordo com esse magistério.

portanto, a Maçonaria é a *Arte de Construir*: *externamente – um mundo melhor a si e semelhantes; e interiormente – um estado de consciência superior denominado pela espiritualidade.*

Então, a Ordem é um *Processo de Aprendizado* que dirige o Homem ao: *exterior – na construção de uma sociedade justa e perfeita; e interior – em adquirir espírito livre, fraterno e leve, sem preconceito, ódio, temor e vícios, impeditivos da verdadeira felicidade.*

Mas, o *Processo* é longo, exigindo paciência, tolerância e nenhum açodamento; seria como o exaustivo trabalho dos operários da:

- *Construção civil: O que ergue paredes assentando tijolos um a um, ou*
- *Pedreira: O que desbasta, manualmente, pedras que comporão o edifício.*

Secretário

Então, cumpre lembrar que ao Maçom a *Pedra Bruta* a ser lavrada é o próprio Adepto, o próprio ser e a própria mente, ou os muitos aspectos que precisam estar livres das asperezas; e, de modo análogo, como a matéria-prima na qual o talhador: *trabalha – se aprimora – e se esforça.*

O *Iniciado* é uma *Pedra Bruta* a ser trabalhada com paciência e cuidadosos golpes de *Ponteiro ou Cinzel*, como faziam os Maçons Operativos; e ao se transformar na *Pedra Talhada* sofrerá novo *aperfeiçoamento*, modificando-a na *Pedra Cúbica*; então seguirá ao canteiro de obras maçônico, cumprindo função específica no edifício que a *Arte Real* se propôs a construir.

O Maçom trabalha com: *Maço – Martelo – ou Malho, e Cinzel – Ponteiro – ou Talhadeira*, e como um artesão das pedreiras, aplica golpes estudados na *Pedra* para a conformação desejada, e sobre isso, afirma o pensador e o estudioso Lavagnini que *(adaptado)*:

- *"Para labrar e pulir la piedra, asi como para darle o imprimir e grabar em elia uma forma ideal determinada, ei Martillo solo nos sirve em proporción de como se aplica, de una manera inteligente y disciplinada, sobre ei Cinzel. Y la combinasión de los dos instrumentos, expresando una idea o imagem ideal, hará de aquella misma piedra bruta (que puede ser inútilmente hecha pedazos com el sólo martillo, empleado sin la inteligencia constructiva) una hermoza obra de arte que, como La Vênus e Milo y el Apolo de Beldevere, son evidencias de um genio inspirador".*

ou seja:

- *"Para lavrar e polir a Pedra, assim como para dar-lhe a impressão e gravar nela uma forma ideal determinada, o Malho só nos serve na proporção de como se aplica, de uma maneira inteligente e disciplinada, sobre o Cinzel. E a combinação dos instrumentos, expressando uma ideia ou imagem ideal, fará daquela mesma Pedra Bruta (que pode ser inutilmente feita em pedaços só com o Malho, empregado sem a inteligência construtiva) uma beleza de obra que, como 'A Vênus de Milo e O Apolo de Beldevere', são evidências de um gênio inspirador."*

Guarda (ou Cobridor)

Trata-se de um *Processo* ou *Magistério*, o *aprendizado* não adquirido só em único estágio, mas que demanda: *Iniciação – Aperfeiçoamento – e Acabamento*; pois a longa jornada que vai da humilde tarefa praticada como mero reflexo muscular ativado pela repetição até a elaborada arte de engenho, onde o espírito se envolve no mais alto grau de concentração.

Antigamente, nas pedreiras o trabalho de cortar, desbastar e lavrar *Pedras* era atividade de caráter iniciático; e, como foi dito, trabalhava-se com *Maço e Cinzel* e/ou derivativos, conforme quisessem *Pedras* para: *alicerce – parede – ou acabamento*; e cada tipo de *Pedra* era trabalhado por operários treinados para a finalidade, daí advindo graduações de Aprendiz e Profissionais.

Depois, a atividade desse artesão (Maçom) evoluiu para algo mais sofisticado, que já se poderia denominar *Arte*; quando extraíam outras formas das *Pedras*, procurando imitar a Natureza no trabalho de formar as realidades físicas; e esse trabalho mostrava que o ser detinha inteligência criadora, e que sua consciência se refletida na Natureza por suas obras manuais; por conta disso, a história da aplicação de criatividade e a capacidade realizadora ou engenho do Homem é confundida com a história da evolução do psiquismo ou espiritualidade do próprio ser humano.

O termo Maçom se origina na ocupação e profissionalismo com *Pedras*, e a espiritualidade, que caminha ao lado da profissão, decorre da projeção da consciência sobre a matéria, formatando coisas e objetos tentando imitar a própria *Criação Divina*; e assim, há autores aceitando a ideia, ou intuição, de que seria um Maçom a pessoa que *Desbastou a primeira Pedra Bruta*, com objetivo precípuo de transformá-la num sólido material para uma construção.

Respeitável Mestre

Então, por analogia conclusiva, também seria possível considerar ser a Maçonaria tão antiga quanto a presença humana na *Terra*; porque, o bem cuidar da *Pedra Bruta* para determinada edificação é uma prática que ainda pode ser entendida, no decorrer do tempo, como sendo considerada contemporânea aos primeiros grupos humanos.

Finalmente, caberia mencionar, para ficar bem claro, que essa antiguidade somente pode ser entendida e situada como sendo uma prática operativa e uma atividade especulativa; e, além disso, ser preciso devendo afirmar que, efetivamente, essa não é a Maçonaria entendida como *Organização ou Instituição*, porquanto apenas surgiu no século XVIII.

A ARQUITETURA E O MESTRE (PARTE II)

Respeitabilíssimo Mestre ____________

Retomando com objetivo de dar continuidade à Instrução anterior, mas mantendo todo o seu sentido que torna também possível definir a Maçonaria como sendo:

- *Interar a mente com elementos da N,atureza e produzir a obra da Criação;*
- *Prática operativa como sendo o trabalho que constrói o mundo,* e
- *Atividade especulativa, que é uma fórmula que aprimora o espírito;*

e, em ambos os sentidos, seria a *Arte-de-Construir,* que nada mais é do que a *Arquitetura.*

1º Vigilante ____________________________

Nos antigos canteiros de obras do *Egito* e da *Mesopotâmia*, já era costume separar os trabalhadores em grupos distintivos por seus Graus; e ainda, que os Aprendizes não comungavam com Companheiros, e nem esses com seus Mestres.

Por isso, no próprio canteiro de obras do *Rei Salomão*, quando da construção do *Templo de Jerusalém*, havia segundo a *Bíblia*: *Profissionais e aprendizes de todo tipo, desde 'cavouqueiros' para abrir as valas, serventes para transportar cargas, até Mestres arquitetos e fundidores, como Hiram e Adonhiram, respondendo o último também pela administração dos serviços da obra.*

Mas, a tradição iniciática referente à formação das Lojas Simbólicas em Aprendizes, Companheiros e Mestres, essa organização teve como inspiração os antigos canteiros de obras *egípcios*, mais especialmente em suas pedreiras, cuja hierarquia contemplava também essa divisão;

além disso, essa mesma tradição desenvolvida mais por necessidade prática do que por razões religiosas, foi repassada aos canteiros de obras da Idade Média.

E foi nesses últimos canteiros que a tradição de separar os trabalhadores por seus Graus de profissionalização se tornou sacralizada, em especial pelo fato de as organizações dos pedreiros medievais estarem estreitamente ligadas à Igreja Católica.

Na Antiguidade, os Mestres Maçons já intuiram haver ligação entre a *Arte de Construir* e as *Disciplinas Morais e Espirituais*; assim, por exemplo, pode-se citar alguns Mestres que a história nomeou, como: *Nenrode – Hiram Abiff – Adonhiram – Amenhotep – e outros*, que foram ao mesmo tempo técnicos em construção de edifícios e taumaturgos ou quem opera milagres.

Por conta disso, nas edificações dos Mestres Maçons é possível perceber não somente a obra do engenho humano, mas também a *Disciplina do Espírito*, que ainda se propõem a ensinar que a escalada dos Adeptos da Ordem sempre deve se realizar por muito esforço e estudo.

E em todas essas obras há uma tentativa de conjugar o profano e o sagrado, como forma de realizar a tarefa que o *Supremo* confiou, ou seja, a construção do Universo; e, ao mesmo tempo, consumar a união do espírito humano com a realidade *Divina*, ou o *Espírito do Sublime.*

Assim, o oficio de construtor, ao longo do tempo e da história, sempre foi identificado como tendo caráter sacro e detentor de mística própria que o acompanha pelos séculos, ou seja, de uma grande aura de espiritualidade.

2º Vigilante

E ainda na Antiguidade, entre os artesãos construtores, mesmo já havendo o costume de sacralizar esse seu ofício, foi somente na Idade Média que tal costume, em verdade, passou a fazer parte importante da Tradição.

Isso foi devido principalmente à transformação da habilidade operativa em ideal especulativo, que se constituiu na grande realização dos Adeptos nos tempos medievais.

Então, caracterizados por serem mais religiosos que técnicos, e mais místicos que filósofos, esses profissionais perceberam que o ofício de construtor, tratando principalmente de: *integração e integralização das formas – manipulação de símbolos – e conhecimentos de Geometria e Matemática*, enfim, o mais indicado a atender os propósitos de uma cultura; contudo, cabendo atestar que a cultura medieval não distinguia o esotérico do exotérico.

Tendo em vista a *Arte de Construir*, ao seu praticante era permitido ao mesmo tempo:

- *O provimento de suas necessidades profanas;*
- *O indispensável para seu sustento; e*
- *O propiciar da sua importante realização espiritual.*

Pela mística imprimida nesse tipo de obra, a construção de catedrais e igrejas eram as edificações que mais realizam esses construtores, em especial, detinham a sensação inédita de certa mágica transcendência; e que faziam crer serem os canais onde fluía a *Inteligência Divina*.

Na construção desses edifícios monumentais (catedrais, igrejas, e outros), os artistas da *Pedra* acreditavam repetir o magnífico *Trabalho Divino* quando da construção do Universo; porque, com efeito, as catedrais medievais não eram só locais onde os seres poderiam se sentir em perfeita comunhão com Deus; mas um simulacro ou imagem sacra, à semelhança do Universo onde havia manifestações da existência humana, e onde ainda buscar seu devido encaminhamento.

Orador

O pensador e autor Fulcanelli diz a síntese do espírito medieval *(adaptado)*:

- *"Santuário da Tradição, Ciência e Arte, a catedral gótica não deve ser vista como uma obra só dedicada ao Cristianismo; mas ... uma vasta coordenação de ideias, tendências e fé populares, um todo ... ao qual se pode referir sem receio, desde que trate de penetrar o pensamento dos ancestrais, em qualquer domínio: religioso, laico, filosófico ou social.";*

a afirmação demonstra a espiritualidade do edifício, e as tendências da vida medieval; e segue:

- *"Se há quem entre no edifício para: assistir Ofícios Divinos – acompanhar cortejos fúnebres – ou alegres cortejos das festas anunciadas pelo repicar dos sinos, também há quem se reúna nelas noutras circunstâncias. Realizam-se assembleias políticas presididas pelo bispo; discute-se o preço do trigo ou gado; os mercadores de pano discutem a cotação do produto; acorre-se ... a pedir reconforto, solicitar conselho, implorar perdão. Há quem faça benzer a obra-prima do novo companheiro, e que não se reúna uma vez ao ano sob a proteção do santo padroeiro.";*

portanto, é insofismável a demonstração da convergência do espírito, que atinge o benéfico uso do sacro espaço; e, logicamente, facilitar a comunicação com a *Divindade*; e disso, torna-se conceitual que as catedrais góticas sejam consideradas como:

- *Arquétipo perfeito de todas as edificações dos Homens, e*

Modelo ideal para a realização do aprimoramento do espírito pelo trabalho manual.

e juntas, a mística e essa elevação da alma aos domínios sutis do espírito, somente poderiam ser alcançadas, mais tarde, pela prática da *Alquimia* que também visava a idêntico objetivo.

Secretário

Assim, os *Maçons Operativos* poderiam dizer que *Deus* era o *Sublime Arquiteto do Universo*, e esses Adeptos seriam *demiurgos – do latim* demiurgus *originado do grego* δημιουργός (dēmiourgós), *literalmente 'o que produz para o povo' construir modelos do Universo Divino.*

Com efeito, pela perfeição com que elaboravam cada detalhe construtivo, conseguiam:

- *As formas quase inigualáveis e perfeitas;*
- *A esplêndida solidez das estruturas; e*
- *A magnificência da harmonia dos conjuntos;*

e reconhecer nessa a obra máxima da *Arquitetura Medieval*, a verdadeira construção do espírito, pela ação do trabalhador na matéria, e a interação dos espíritos da matéria e do artesão.

Diante dessa ideia e do fato, tornou-se realidade a sacralização do oficio de construtor; e, a esse respeito, o pensador J. Palou em *A Franco-Maçonaria Simbólica e Iniciática*, afirma que:

- *"Nos tempos primitivos, o ofício sacralizado já pertencia ao domínio do esoterismo, razão pela qual seus conhecimentos eram transmitidos por Iniciação."*

sendo tanto verdade, que embora os profissionais da construção fossem, de certa forma, *Iniciados*, somente a Iniciação não conferia a tão almejada e completa realização espiritual.

Tal realização espiritual só ocorria ao cumprir a cadeia iniciática, em que se praticava uma liturgia ritual específica, proporcionando a absorção do espírito da profissão, e então, inteirava-se e correspondia à espiritualidade do ofício, e se tornava um verdadeiro eleito.

Guarda (ou Cobridor)

E ainda, sobre o tema afirma o pensador e autor J. Palou *(adaptado)*:

- *"A Iniciação nas formas ... meios ... objetivos, una no espírito, porém, múltipla nas diferentes aplicações das técnicas peculiares a cada ofício; pela sabedoria que preside a elaboração lógica da obra, pela força que possibilita sua realização efetiva, e pela beleza que proporciona o amor a cada realizador; isto é, o conhecimento ajudava o artífice a despojar o homem velho, para se transformar em novo, criador e ... forjador de um novo mundo ... harmonioso."*

então, não pode o *Iniciado*, que principia como Aprendiz, compartilhar com os Companheiros e os Mestres, os mesmos: *Símbolos – Senhas – Comportamentos – e Práticas.*

Ainda assim, mesmo entre os Mestres eram impostas distinções, porque, apesar de serem *Iniciados* e detentores de idênticas condições profissionais, apenas um número muito menor de Adeptos era considerado eleito, ou seja, que alcançaram ou obtiveram a tão almejada elevação espiritual; e, por isso, sendo também nesse aspecto considerados Mestres.

A Maçonaria evoluiu de Operativa a Especulativa, e quando já instada na condição de Especulativa, houve por bem integrar em sua liturgia as tradições do *Hermetismo* e a *Gnose*, foi quando a mística do construtor aliou-se à prática alquímica e ao emocional do gnosticismo.

Se antes o ofício de construtor era eficaz num domínio religioso e social, depois evoluiu ao complementar domínio filosófico e espiritual, mais vasto e amplo; e isso era devido porque a especulação, maior que a prática pura e simples de uma arte ou técnica, exige ainda mais da sensibilidade do artista do que requerem apenas a razão e a habilidade física.

O artista ou artífice, no fundo também um técnico, que antes aliava o sentimento religioso com a tecnologia da *Arte*, teve que buscar no esoterismo as justificativas para sua prática; entretanto, depois, no início do século XVIII, quando a *Arte Real* incorporou também toda mensagem e doutrina iluminista, desenvolveu uma liturgia ritual complementar e, por isso, passou a permitir a divulgação da sua nova filosofia; e, ao mesmo tempo, se incumbiu de transmitir a mensagem iniciática da sua sociedade, que não abandonou, nem abandonará, as tradições da construção mesmo que, na atualidade, sua obra se restrinja apenas à pura *Simbologia*.

Respeitável Mestre

Finalmente, toda a efetiva espiritualidade buscada no exercício do ofício, ou na prática da filosofia hermética, transformou-se numa realização *Moral*, em que o *Iniciado* aprendia e se educava em ser virtuoso, a partir do Novo Arquétipo de Homem, ou de um Homem Universal; constituía-se no aprendizado da *Filosofia Moral* em busca do *Êxtase Espiritual* proporcionada pela excepcional e magnífica *Iniciação Maçônica*.

A FILOSOFIA DA PRÁTICA DO MESTRE (PARTE I)

Respeitabilíssimo Mestre

O objetivo do Mestre Maçom é ser aquele que teve contato com o próprio interior, seu íntimo, bem como, o ser convertido à sua própria Religião.

Assim, como todo o visível é sempre reflexo do invisível, o Integrante pode ser o reflexo visível de uma Divindade invisível, e ainda, sua mente é una e unida com a consciência do *Cosmos*, que guia e dirige todas as coisas.

Emprega sua interior consciência cósmica para o bem universal, sem pensar em si, e então se converte em Mestre; até porque, é na consciência cósmica interna do Homem que está toda a *Lei da Verdade*; ora, o mago é quem sabe ler e cumprir essa *Lei*.

É possível comparar o corpo humano (físico) à história universal, por essa ser completa e perfeita, e representar o desenvolvimento e evolução do Homem, que deve aprender a ler na história escrita em seu próprio corpo, e conhecerá a si mesmo; assim, o objetivo primordial do *Conhecimento* é que seja conseguido pela leitura no *Livro (ou Corpo) do Apocalipse*.

1º Vigilante

O pleno *Conhecimento* de si conduz forçosamente ao *Amor*, e esse ao *Reino Interno*; ciente que o corpo é um centro de estudos, com *Ensinamentos* primários, secundários e superiores.

Por isso, é preciso assistir às aulas atentamente e aprender a sabedoria ensinada pelos Mestres Interiores; e mais, todos que se dedicam a trabalhar pela *obra evolutiva* receberão lições internas e externas, pois se põem totalmente em contato com os senhores dos elementos.

O *Amor* aumenta a sensibilidade para compreensão da *Verdade*, e a *Verdade* faz o Homem ser livre; porque o ser de bons sentimentos aspira tudo o que se mostrar concorde com seu sentir, até como *Anjos*, pois essas inteligências superiores acodem apenas pelo pensamento de *Amor*.

Os Mestres da Sabedoria, no interno do ser, manejam e ocupam seus centros interiores, e cada um ensina um ramo da Sabedoria escrita na consciência dos átomos, que os acompanham desde a formação do Mundo; é certo de que na atualidade o ser é resultante de seus pensamentos.

E para ingressar no grupo interior deve voltar a ser criança ou Neófito, e ter completamente limpa e clara sua mente; então, os Mestres de Sabedoria escreverão nessa mente a história de suas vidas passadas, e assim, o discípulo poderá ler suas vidas futuras.

Ninguém pode salvar a si se não trabalha pela salvação dos outros; e para isso deve primeiro salvar seus centros internos de egoísmos, que integram seu pensamento ao ser egoísta.

Então, deram uma *Palavra Misteriosa de Sete Vogais*, correspondente aos *Sete Centros do Corpo,* e algum dia essas vogais com os devidos sons serão reveladas ao discípulo no *Templo Interno*; entretanto, não é por egoísmo que se oculta a *Palavra Perdida*; até porque, toda Sabedoria é gerada do interior e se cristaliza nas: *Palavras – Obras – e Movimentos*.

Por exemplo, é possível perguntar: *Por que, ao ouvir um poema ou uma música, sente-se desejo de compor algo igual?* É porque *as obras-primas comunicam as vibrações dos átomos mentais de seus criadores*; assim, também a estada ou passagem de um ser humano por um lugar impregna, com suas próprias vibrações, as mentes daqueles que o cercam.

2º Vigilante

Os átomos do Homem são seus arquivos, e suas vibrações são a sua linguagem; e, se o ser humano soubesse consultar seus Mestres Interiores, não erraria em nenhuma escolha ou vocação; portanto, o alento é o melhor condutor até a *Divindade Interna*.

Ao aspirar átomos superiores essa *Divindade* comunica sua *vontade* a ser realizada no *Céu* e na *Terra*; que significa voltar a estudar nos centros interiores, e sentir a *Vontade do Supremo*; essa aspiração promove beleza, saúde, iluminação e compreensão das *Leis Universais*; e ainda, outorga o conhecimento do seu futuro, ciente que ao ser escravo das paixões deve também ser de seus semelhantes, e concluir que só quem é livre das debilidades pode adquirir a *Energia Cósmica*.

Essa *Energia* contida no ar aspirado se trata de uma *oração ao Eu Sou*, e que visa revelar a vocação individual, se for enviada ao Mestre especial do respectivo centro; e, sabedor de que pela aspiração torna-se possível poder revisar as vidas passadas, por isso deve-se atender a voz interna e praticar, conscientemente, sua inspiração para inalar os átomos conscientes do *Reino Interior*.

E cumpre apresentar os *Quatro (4) Passos* para inspirar e expirar de acordo, ou seja:

1) *Sentado ou de pé, com o corpo e cabeça erguidos;*
2) *Lento, aspirar pelo nariz o 'ar – alento da vida', e assim, os átomos afins ao mundo interior;*
3) *Reter o 'alento da vida (ar)' nos pulmões o mais possível, dentro do razoável;*
4) *Lento, expelir sentindo a energia no corpo, pelos átomos que operam no sistema nervoso.*

e, cientes que: *A repetição de um ato forma o caráter, e o caráter forma o Homem.*

Cada órgão que compõe o corpo tem suas próprias leis distintas; e ainda, cada órgão tem sua própria consciência, mas obedece a superconsciência do mundo interior; contudo, consciente que com o pensamento e a aspiração é possível avivar órgãos, e até curá-los de enfermidades.

Quando é aspirado o *'grande alento'*, é possível estar ante o *Eu Sou – Suprema Presença – ou a Divindade*, porque o *'alento da vida'* elimina o limite que o separa do mundo interior; e é sabido que o sistema nervoso central pertence ao mundo físico, e que daí deriva o sistema simpático que pertence ao mundo psíquico, então por seu intermédio o comunica com o *psiquismo*.

Orador

Inalando o *'grande alento'* pelo sistema nervoso, esse atinge ao sistema simpático, e isso o pode colocar em comunicação com os centros interiores, as *Fontes do Saber – Poder – e Energia*; e, os Integrantes da Ordem que estudam a *Grande Lei* devem comprová-la com fatos irrefutáveis.

Na atualidade há necessidade de provas científicas, e os Adeptos as têm demonstrado menos aos cientistas, que querem medir e pesar o *Absoluto* com balanças e aparelhos fabricados por suas mentes; e ainda, há muitos que perguntam: *Que pode ser feito para ajudar a Humanidade?* E como resposta: *Ser bom, porque sendo assim, é uma bênção à Humanidade.*

E esse ser com sua presença carrega o ambiente com suas vibrações bondosas, e com seus átomos de *Luz* impregna as mentes sensíveis, inspirando a realização da *Grande Obra*; cientes de que as: *Bondade – Amor – e Saber* se manifestam no mundo objetivo pelo sistema nervoso, ciente de que só pelo sistema simpático é contatado o mundo interno, e pelo sistema nervoso central o externo.

Ao ser inalado o *'grande alento'*, abre-se a *porta* da comunicação entre o sistema nervoso cérebro-espinhal e o simpático, e essa *porta* é a *Porta do Éden* guardada pelo *Anjo da Espada Flamígera*; ao ser dito: *"Batei e abrir-se-vos-á."*

Com sua aspiração o Homem *bate* naquela *porta*, e o *Anjo da Espada Flamígera* abre e o conduz a um centro no seu coração, onde deve achar o que buscava; esse é o significado da alegoria do *Gênesis*, quando o ser foi arrojado fora do *Éden – do Reino Interno*, e proibida sua entrada.

O *Anjo da Espada de Fogo* aniquila todo átomo denso que entra por aquela *porta*; entretanto, com aspiração e *Amor*, é possível atrair ao corpo físico vibrações do mundo interior, o que possibilita poder voltar ao *Éden* e ali morar.

O primeiro *Mestre de Sabedoria*, a quem todos devem ir para aprender e praticar seus ensinamentos, é o *Átomo Nous* – ou o *Grande Arquiteto do seu Próprio Universo*; e esse *Mestre Arquiteto* reside no ventríloquo esquerdo do coração, sendo que o construtor do corpo físico utilizou como material de construção os átomos aspirados desde o instante do nascimento.

Secretário

Com aspiração pura, são fornecidos materiais puros ao *Grande Arquiteto do seu Próprio Universo*, e se é colocado em contato consigo mesmo; o objetivo da aspiração do *'grande alento'* é purificar o sangue, veículo do *Eu Sou*, pois *'Nous'* não habita senão o sangue puro do coração; tanto quanto, se *'Nous'* fabrica seu universo por meio do sangue, então *'Nous'* é esse *Arquiteto*.

Todo interessado em servi-*Lo* necessita de grandes aspirações plenas de *Energia*, para reanimar os átomos construtores, infelizmente, debilitados pela vida errada e sem harmonia.

Todavia, a *Ciência* ignora muitas funções dos órgãos do corpo físico; por exemplo, o fígado é o laboratório de átomos construtores da vida corporal, enquanto os pulmões são provedores e construtores psíquicos, e sendo o fígado o centro da imaginação.

Para ter uma imaginação sã em corpo são, tem-se que vitalizar os centros que estão na área do fígado, assim deve-se:

- *Inalar pelo nariz – reter o 'alento (ar) – apalpar a zona do fígado – enviar pensamentos de Energia – e por fim – dirigir aos átomos algumas frases ou palavras de agradecimento';*

ciente que apenas o Homem correto e justo, obtém ajuda desses átomos trabalhadores por *aspiração pura*; entretanto, sabedor que pensamentos de ódio aniquilam a força dos bons átomos trabalhadores, deixando enfermo o corpo psíquico, para logo refletir-se no físico.

O *Arquiteto do próprio Universo* sempre solicita material puro e adequado para a evolução; e cada ser é o forjador de seu destino, podendo eleger seu caminho na vida sem nenhuma intervenção; porque, se o ser consegue observar o mundo interior, compreende o sofrimento de seus *Anjos Internos*, lutando para conservar a harmonia desse corpo com o infinito.

E assim, quando os Homens conseguirem desenvolver todos os seus *Centros Angélicos*, a Humanidade será uma só família, sem fronteiras nem limitações.

Guarda (ou Cobridor)

O corpo é formado por átomos bons e maus, robustos e débeis; e a *inspiração pura* elimina os maus e fortifica os débeis, para converter o Homem num ser são e robusto; até porque, sem saúde não é possível chegar ao interior, tampouco os *Anjos-Guias* não ajudam nessa tarefa.

E desde que o sangue é o condutor da *Energia*, sendo puro é o veículo perfeito do *Eu Sou*; a aspiração retida atua sobre o centro nervoso, que se comunica com os diversos centros do corpo.

Os pensamentos bons revelam os: *superiores – malignos – e inferiores*; e por isso, vale afirmar que: *"No coração há uma válvula, que se abre ou fecha, segundo a vontade interior, não permitindo passar átomos do sangue, impregnados pela malignidade de pensamento sujo."*

O cérebro alimenta-se da *Energia* dos pulmões, impregnada de pensamentos na aspiração; e, no mundo interior se enfrentam seres bons e maus, como no mundo externo; além disso, no plexo sacro há uma força latente, que pode despertar com a *Energia* aspirada.

E, essa força, dirigida para cima via coluna vertebral, abre os *centros ou selos apocalípticos*, verdadeiros arquivos do universo do ser, podendo então alcançar a consciência da *Verdade*.

Com isso o ser aprende a sair do próprio corpo, para obter conhecimentos secretos e ocultos.

E por último, mencionar que para despertar a força desse centro, basta exercitar os *Quatro (4) Passos* expostos anteriormente, porém, ao expelir o ar, sentir que a *Energia* ascende pela medula espinhal até o final.

Respeitável Mestre

Finalmente, nesse texto tem-se afirmado que os Homens bondosos – *os Guias*, que emanam suas vibrações e átomos pelo Mundo, que são captados pelos demais seres; o que é devido porque no sistema nervoso operam as vibrações do *Mestre da Sabedoria*, sendo que essas vibrações iluminam, intuitivamente, e despertam recordações do passado, que conduzem ao autojuízo ou a julgar as eventuais más obras; e ainda, com isso separa-se o bom do mau, e se lança os *átomos rebeldes à região inferior do corpo*, denominada *inferno*, para que sejam *queimados*.

A FILOSOFIA DA PRÁTICA DO MESTRE (PARTE II)

Respeitabilíssimo Mestre ____________

E retomando, o Mestre deve utilizar o pensamento para induzir a reforma na mente humana; e esse reformador deve ter forte poder para as grandes reformas, pela utilização da imaginação cujo centro é o fígado.

E ainda, a aspiração distribui a *Energia Cósmica* aos centros interiores, convertendo-os em *luminosos*, com emissão de alguns raios que são visíveis ao olho físico, em certas condições.

Por conta disso, a *Energia* aspirada sempre é repartida interiormente a todos os centros do corpo, e o mandatário de cada um desses centros passa a dividir o que foi recebido com os átomos dos tecidos, destruindo os nocivos.

1º Vigilante ____________

O Homem deve estar alerta a receber a ordem do *Arquiteto de seu Universo – do Princípio do Bem que é o Átomo 'Nous'*; e ao começar a ouvir a voz silente, silenciosa, poderá remediar os males do passado, corrigir os erros e ser recebido no *Primeiro Grau do Colégio da Sabedoria.*

Sabedores de que interagem no Homem dois princípios dos mais importantes, isto é, o *Bem e o Mal*, então, os:

Princípio do Bem é = Arquiteto – Construtor – e Átomo 'Nous', residente no coração; e

Princípio do Mal é = Inarmonia – Destruidor – e Átomo do Inimigo Secreto, chamado demônio pelas Religiões, residente no sacro;

e, a complementar que ambos têm, sob suas ordens, legiões de átomos ou entidades; assim, as de:

'Nous' são: Construtivas – Harmônicas – e Executoras da Lei, e, sendo 'Nous' é o Rei do Mundo Psíquico; e

'Inimigo Secreto' são: Destruidoras – Inarmônicas – Desobedientes – e Rebeldes ao Supremo, e sendo esse seu Inimigo Interior o Rei do Mundo Físico impeditivo do desenvolvimento espiritual do Homem.

O *Inimi*go Secreto aprisiona a mente nesse Mundo, impedindo elevar-se pelo pensamento a algo sublime, durante a aspiração; e tanto esse Rei do Inferior (Inferno) como suas legiões foram criadas pelos erros do passado, e detêm poderio sobre o ser; contudo, os pensamentos estão sempre trabalhando com essas influências, e facilmente pode-se enveredar pelo caminho da perdição, como disse o Nazareno, enquanto o caminho do Céu Interior for estreito, deve ser penetrado à força.

O Céu e o Inferno se encontram internamente ao Homem; e o Reino do Céu está nas elevadas esferas do próprio ser, enquanto o Inferno se localiza nas inferiores; e o Mestre é o quem pode livrar-se da atração do Céu e Inferno; porque já não há Bem nem Mal, mas sim a Lei.

2º Vigilante

Ser a Lei é como desprender-se da própria criação denominada o Terror do Umbral; que foi criado pelas próprias ações durante as idades, e ainda, é o guardião do Portal; mas, caso não seja desintegrado pela aspiração até a superação, não permitirá o adiantamento, pois o único ser que pode dominar o Terror do Umbral é aquele que perdeu o medo.

O Terror do Umbral é o Eu Inferior, que reúne todas as más obras e pensamentos das vidas anteriores, e está num centro próximo do umbigo, denominado no Apocalipse de Selo de Satanás.

O seu oposto e contendor do Morador do Umbral é o átomo chamado Anjo Defensor; e mais, composto pelo bem e elevados pensamentos chama-se Eu Superior; residindo na base do cerebelo e tem como vanguarda atômica o Anjo da Espada.

Mas, na atualidade os conhecimentos da Ciência, em sua maioria, estão guiados pelo Átomo Inimigo, pois somente trata de manejar a densidade da matéria, e não se ocupa das forças sutis da Natureza; e a mente dos sábios atuais capta com facilidade a sabedoria do Inimigo Secreto, que os utiliza para obtenção de seus fins.

Com a aspiração dos *Átomos Positivos e Solares*, pode-se purificar a atmosfera mental; para tanto, basta que de manhã, ao sair do Sol, se pratique o que segue:

1) *De pé, com o corpo erguido;*
2) *Aspirar pela narina direita, tapando a esquerda;*
3) *Reter o 'alento da vida' o maior tempo possível;*
4) *Expelir pela narina esquerda, tapando a direita, e pensar que a Energia Solar invade o corpo.*

Orador

Os seres: *negativos – odiosos – e ambiciosos* preferem a vida em atmosferas densas, congestionadas por átomos mentais sujos, mas que não suportam o Sol da manhã; por isso, quem aspira à superação tem que se acercar e interagir mais com a Natureza.

O ser superior tem emanações e aura diferentes das dos outros, perdendo afinidade até com os seres mais próximos, porque se torna diferente no pensar e sentir.

O mundo atual se divide em dois grupos: O primeiro guiado por *'Nous'* – e o segundo pelo *'Inimigo Interno'*; e os seguidores de ambos lutam entre si, mesmo que aparentemente, o *Inimigo Secreto* detenha maior poder e mais seguidores; mas, cedo ou tarde triunfará o princípio do *Bem*, porque é a *Lei*.

E mesmo os artistas não estão livres da influência desse *Inimigo*, e por esse motivo, chegam a profanar a beleza com seus pensamentos e obras; entretanto, deve sempre valer a máxima: *'Não julgueis para não ser julgados!'*

O juízo e a crítica acerca das mentes tenebrosas perturbam a atmosfera mental; por conta disso, os pessimistas e desditosos ou infelizes enfrentam os demais seres, destruindo e esgotando suas *Energias*; e mais, convertem-se em fardos pesados para a Humanidade.

O Aspirante ou Candidato, pela aspiração e pensamento positivo, deve atrair átomos protetores e saudáveis para se defender desses seres malignos inconscientes; pois, as: *cólera – depressão – e inveja'* são os três condutores mais comuns das enfermidades, seguindo logo a má alimentação e a má aspiração; consciente de que os Homens devem ser felizes, para serem sãos.

O *Átomo 'Nous'* não promete bens terrenos, só outorga *Sabedoria*, pela confiança em si próprio; enquanto o *Inimigo Secreto* pode dar até bens materiais a seus associados; entretanto, ao princípio do *Bem* cabe salvar seus seguidores de tudo.

E há certos centros no corpo do Homem, pelos quais pode contemplar o Mundo, e a luta das forças de *Luz* com as tenebrosas; contudo, onde existam açambarcadores, atravessadores ou monopolizadores domina o *Inimigo Secreto*; assim, na monopolização existe *força destruidora.*

Secretário

Enquanto o Homem não aprende a pensar por si, não pode libertar-se de si próprio, e será arrastado a eleger o governante designado pela *força tenebrosa*; e hoje se vota pelo candidato que pode satisfazer seu próprio desejo, sem pensar no destino da Nação; porque o *Inimigo* oculto obscurece a inteligência, para converter o ser em um autômato, guiado pelos atos do governante.

O *corpo de desejo* atrai átomos afins aos desejos sentidos, que se apoderam da mente e do caráter; contudo, o plano inferior do mundo dos desejos, ou astral, está repleto de mortos astrais inferiores sem nenhuma inteligência; e são como vampiros que vivem da matéria putrefata.

Os átomos que integram esses corpos são destrutivos e estimulantes de ferocidade, e herdados da *Lemúria*, época de lutas entre os animais, uns com os outros.

Muitos chegam ao poder e à fama sob a direção do *Átomo Inimigo*, que forma parte importante em seus ensinamentos.

O *Eu Superior* que está na presença do *Eu Sou* intercede e obtém o perdão dos pecados daqueles fiéis seguidores da *Luz*, que entram no sistema simpático, é como seu segundo nascimento.

Assim, por exemplo, no caso do *Catolicismo*, através dos séculos a melhor *oração* é a *oração dominical*, podendo ser o *Pai-Nosso* que, se forem bem meditados e compreendidos seus versos, pode atuar como ponte entre o *Homem e o Eu Sou*; e essa *oração* detém *Sete Chaves* para abrir os *Sete Centros* do corpo que conduzem o *Aspirante* à presença do *Íntimo*.

Esse *Aspirante* deve percorrer todos seus centros, de cima para baixo, aplicando para cada centro uma *petição da oração*, e essa *petição* deve ser de filho ao pai, não de escravo ao senhor, pois o *Reino do Céu Interno* se obtém, conquista, não se outorga.

Guarda (ou Cobridor)

O primeiro desenvolvimento do *Aspirante* se manifesta no plexo sacro, e a intuição é o mensageiro do *Eu Sou*; por isso, deve-se compreender que o *Eu Superior*, pelo qual se formula *petições ao Íntimo*, até chegar a sentir que se une à esse, que tem seu assento num átomo na base do cerebelo; assim, seu reino está no fígado – centro da imaginação e da emoção.

O *Eu Superior* está sempre em presença do *Eu Sou*, e para os crédulos o próprio *Jesus* declarou essa verdade no *Sermão da Montanha*, quando, depois de ensinar a *oração* indagou: *"Porque, se perdoardes aos Homens seus pecados, o Pai Celestial vos perdoará os vossos?"*; e *Jesus* não disse *Deus*, porque sabia que *Deus* sempre se reflete em *Amor e Perdão*.

E, na obra *As Chaves do Reino Interno ou o Conhecimento de Si Mesmo* consta que:

- *"O Íntimo, o Eu Sou, o Absoluto, tem na cabeça três pontos, cada um dos quais é base de um dos aspectos da Trindade."*

e, sendo:

- *"O primeiro aspecto é o Pai, que domina exclusivamente a cabeça; o segundo o Filho rege o coração, enquanto que o terceiro o Espírito Santo domina o sexo."*;

e ainda:

- *"A realidade é uma; não há mais que um só Íntimo, porém, visto do mundo físico, reflete-se em três aspectos."*

O *Aspirante* deve evocar sempre a *Miguel* ou o *Eu Superior* nos exercícios de aspiração, que deve interceder por si ante o *Eu Sou*; e, além disso, muitos dizem sobre a união com o *Íntimo*, como se estivessem separados, ou como se pudessem ter existência, estando separados; mas sendo certo que a união com o *Íntimo* significa a identificação com o *Pai*, para realizar, conscientemente, o *Impulso Divino* do *Eu Sou*.

Quando o coração se converte, primeiro num órgão completamente dócil ao *Eu Sou*, e em segundo em seu veículo voluntário, a circulação do sangue estará sob o domínio da *Divindade*; e que impedirá a entrada dos átomos egoístas, que devem se distanciar do Homem aos poucos.

Respeitável Mestre

Com o tempo o *Eu Sou* aumentará no sangue os *Átomos: Altruístas – Aspirados – e Inalados*, e com esses trará mais vigor ao sangue, seu veículo, e assim, dominará perfeitamente o coração com seu *Amor Divino*; e então, é conquistada a natureza passional, a mente é liberta de desejos, e o Homem se converte em *Lei*, e ficando *Uno com o Pai.*

O *Pai* envia seu poder para dar vigor ao pensamento no coração; enquanto o *Átomo Inimigo Interno* envia a dúvida; então, trava-se a luta no plexo solar, ou na região do umbigo, onde surge a fortaleza do Homem; e ainda, nesse centro trava-se uma luta entre: *A dúvida e a certeza – entre o temor e o valor – e entre o negativo e o positivo.*

Finalmente, se o *Bem* triunfa sobre o *Mal*, por isso diz-se que o arcanjo *Miguel* derrotou *Sanatás*, lançando-o nas profundezas do *Inferno* do próprio corpo, porém, se o *Mal* prevalece o arrasta para esse *Inferno*.

QUANDO O MESTRE SE DECEPCIONA

A Maçonaria não pede para ser aceita cegamente; mas apela para a discussão e a Luz.

Respeitabilíssimo Mestre

Concordante com excelente artigo do *Maçom* C. Assis, reeditado por outro, V. Sansão, a declarar que o principal objetivo dessa *Instrução* não é refutar, em absoluto, nenhuma das falsas alegações dirigidas *contra* a Maçonaria; e muito menos pretender desenvolvê-la ou provar todos seus *Princípios*, até porque, seria descabido tentar promover essa pretensão, mesmo pelos parcos conhecimentos e autoridade suficientes para tão desgastante tarefa.

E novamente, não tentar converter às próprias ideias, todos aqueles que professam opiniões contrárias, que devem ser respeitadas, mas dizer em modestas palavras, na simplista visão própria da Instituição: *'o que é, e não é – o que admite, e não – e o que aprova e desaprova.'*

1º Vigilante

A constatação que em nenhum país a Ordem nasceu na camada baixa da sociedade, que é um fato constante e relevante; além disso, onde está instalada, sempre se propagou do alto para baixo na escala social, estando mais enraizada nas classes esclarecidas, onde é quase, exclusivamente, difundida; e ainda, que os indivíduos com menor aculturamento, ou também quase iletrados, constituem uma ínfima minoria nos Quadros de Obreiros da Sublime Instituição.

A Maçonaria se trata de uma *Doutrina Filosófica*, onde o indivíduo se torna um Integrante ou Adepto por exclusiva e livre opção, que dentre suas demais características, no mínimo poderia ser apenas porque simpatiza e se agrada com seus *Princípios*; e, se bem professá-los no Mundo Maçônico e no Profano, poderá fazê-lo como se adotasse qualquer imperiosa seita ou religião, ou seja, como qualquer: *judeu – católico – protestante – budista – islâmico – espírita – e outros.*

A Maçonaria tem por *Preceito de Conduta* tomar as seguintes atitudes:

- *Proclamar a Liberdade de Consciência como um Direito Natural,*
- *Reclamar esse Direito para seus Adeptos e para os demais indivíduos da Humanidade;*
- *Respeitar sempre todas as convicções sinceras, e propõe a reciprocidade;*
- *Jamais se impor a absolutamente ninguém;*
- *Desejar, em qualquer situação, apenas ser aceita livremente e por convicção;*
- *Expor, detalhadamente, sua magnífica e exemplar doutrina;*
- *Receber todos aqueles que vêm à Instituição voluntariamente; e*
- *Jamais procurar desviar ninguém das próprias convicções religiosas.*

Nunca a Ordem se posiciona como alternativa a quem detém sua *Fé*, sempre entendendo que sua *Fé* basta; mas, como entendem alguns, pode preencher, de certo modo, a lacuna que há naqueles que, estando insatisfeitos, buscam algo a mais e complementar que considerem melhor.

Podendo até ser entendida a vida e os acontecimentos geradores como cíclicos, com altos e baixos, surgem tempos difíceis que exigem atenção; então, estará pronta a Ordem e os Adeptos.

2º Vigilante

Por isso, certas situações comprometedoras podem representar uma espécie de prova, que as demais devem ser enfrentadas corajosamente, testando os Adeptos no modo de ser e agir.

Se os que clamam injustamente contra a Maçonaria se aprofundassem nas mensagens propaladas nos seus *Princípios Fundamentas e Postulados*, reconheceriam que a Ordem se fundamenta, quase exclusivamente, no *Amor* que afasta os erros da ignorância; ao mesmo tempo em que remete as ilusões e fatos à realidade, além de mostrar o *limite entre possível e impossível.*

Pelo exposto, pode-se relembrar que o *Direito de Exame e Crítica* é imprescritível, não prescreve; por isso a Ordem nunca pretendeu subtrair-se a esses aspectos, como jamais supôs que poderia satisfazer a todos, sem exceção.

Portanto, cada um em todo tempo ou situação esteve, está ou estará livre para aprovar ou rejeitar a Instituição e seus desígnios; contudo, para a melhoria e aprimoramento de sua continuidade, seria conveniente poder discuti-la, mas apenas com pleno conhecimento de causa.

Fato é que a crítica, frequentemente, tem dado provas de ignorar os *Princípios* mais elementares da *Fraternidade*, quase sempre a se mostrando criticável quanto à temática ao contrário exatamente daquilo que prega a Ordem; e ainda, atribuindo à Instituição tudo o que se propõe a negar, desse modo, passando a confundir o que a Maçonaria aprova e o que condena.

Contudo, tudo é mostrado tão mais fácil, que nada há de secreto; e seus *Ensinamentos* são públicos na totalidade, por isso, qualquer um pode conhecê-los, além de entender e controlar.

Entretanto, é sabido que existem os que pretendem adquirir, apenas em algumas horas, toda a *Ciência do Infinito*; e que ninguém se iluda com tal possibilidade, pois é quase inexistente!

Assim, o estudo da Maçonaria deve ser entendido como gigantesco, imenso, pois é um novo mundo aberto àquele que pesquisa, sendo óbvio que isso demandará muito tempo.

Orador

Assim, todo Integrante é um aluno permanente, e que apesar da discordância de alguns renomados autores maçônicos, intrinsecamente à Ordem, é comum os Adeptos referirem-se a esse fato denominando-se como *Eternos Aprendizes*; assim, tudo o que se vê, ouve ou lê, sempre pode vir a ser muito útil a qualquer Maçom atento; e mais, todo dia, a cada fato inusitado, pode mudar a maneira de entender a Maçonaria e a própria vida do Integrante.

Nesse sentido, passa a ser simples entender que um indivíduo mais cuidadoso, lúcido e pleno em conhecimentos, possa encontrar facilidade em analisar e assimilar o Ritual do Grau em que esteja colado; para tanto, basta estar aberto e dadivoso, que os motivadores o alcançam!

Colado no Grau de Mestre, não o habilita a se arvorar pleno e completo *conhecedor* da Maçonaria; até porque, por exemplo, quando no primeiro Grau de Aprendiz o Adepto se encontra numa espécie de escola inicial ou jardim de infância no que se refere ao conhecimento da Arte Real.

Então, em resumo, poder-se-ia dizer que: *O Integrante que não estuda não é Maçom, é simplesmente um simpatizante.*

Assim, todos que se *retiram* da Ordem, por a confundirem e chegarem à errônea conclusão de que, tanto se trata de mero passatempo ou simples comprometimento para certas noites quando não houver nada melhor a fazer, quanto aos que prezam em demasia a materialidade em relação à própria vida, e por isso, sua presença nas hostes da Ordem torna-se inoportuna e incômoda.

E devem ser tidos como *desertores* da Ordem os que se *retiram*, porque a Maçonaria:

- *Apenas reconhece como Maçons os praticantes de seus Ensinamentos e Instruções dos Graus, pois, se todas as Associações têm detratores, a Maçonaria não deixaria também de tê-los;*
- *Sem paciência, os apressados e/ou impacientes comprometem as melhores causas; e não se pode exigir do Aprendiz, como uma criança, o que se pode esperar do Mestre ou adulto; e ainda, esperar de uma árvore recém-plantada o que produzirá quando estiver com toda força;*
- *Sua maneira de ver não corresponde aos seus sonhos imaginados, nem aos seus interesses pessoais não compreendidos; até porque, seus valores são monetários e seus desejos, físicos;*
- *Levianos e negligentes ingressam na Ordem pela curiosidade, na esperança de se beneficiarem, mas com a condição de nada custar;*
- *Não descobriram na Instituição coisas ocultas que ajudasse a fazer fortuna, ou suprir sua ignorância, nem como serem dispensados do trabalho material e intelectual;*
- *Suas ambições e interesses pessoais foram confundidos, assim como as pretensões iludidas; e*
- *Desapontaram-se com o comportamento apropriado da maioria dos Maçons.*

Secretário

Aos desertores não cabe lamentação, pois todo frívolo é descartáveis, e mesmo sendo certo número, não se pode contar em nenhuma situação; e mais, podem até enaltecer a Ordem, mas sempre com a expectativa de proveito próprio; e como parte de sua característica entende ser:

- *Solidariedade palavra vã – Fraternidade teoria sem raíz – e Abnegação a outros um logro,*

e, tendo o *egoísmo* como sua máxima, prega o dever de cada um por si, e ainda o entende como *Direito Natural*; compreende a *vingança* como ato da *Razão*, e ademais, infere que *Felicidade* somente é cabível e plausível aos mais fortes e espertos; e, tendo esses pensamentos como *doutrina*, cessam as relações sociais, e *Solidariedade e Fraternidade* não são nada antes, nada serão depois.

Mas infelizmente são numerosos esses *desertores*; contudo, com consciência não se pode, nem deve, concebê-los e qualificá-los como sido Maçons, alguma vez; porque são verdadeiros egoístas que não assimilaram na Iniciação o *Fogo Sagrado do Devotamento e Abnegação.*

E aos que ficam pela própria essência, a Maçonaria é imperecível, porque repousa sobre as *Leis da Natureza*, responde às legítimas aspirações do Homem e toca todo *Conhecimento físico – metafísico – e de Moral*; assim, suas questões abarcadas são inúmeras.

A todos que passaram pela Iniciação e se desviaram, pode-se perguntar: *Quais os Sinais pelos quais seriam reconhecidos os que se encontram no bom caminho?* Os reconheceria pelos *Princípios das: Caridade – Amor – Abnegação – Desprendimento – e Triunfo dos Princípios que Ensinarão e Praticarão*, pois são só Maçons, e só merecem tal denominação os Adeptos que:

Guarda (ou Cobridor)

- *Aceitam por si próprios, todas as consequências do 'Juramento' prestado;*
- *São reconhecidos pelos esforços feitos para o próprio melhoramento;*
- *Negligenciam interesses materiais que passam a ser acessório e não principal;*

- *A convicção é calma, refletida, motivada e revelada por coragem, firmeza e perseverança; e*
- *Nunca se desgastam por obstáculos, vicissitudes e decepções, jamais se desencorajam;*

assim é explicada a facilidade com que alguns assimilam as ideias maçônicas, que não fazem senão despertar as que já possuíam; esses são Maçons natos; então, compreendem desde a palavra inicial, e não precisam de fatos materiais a se convencer, o que é incontestavelmente um sinal de *Adiantamento Moral e Espiritual*; e por isso não há entre esses deserções ou desfalecimentos.

E, como tudo, certo é que a Ordem não pode escapar à *Lei da Criação*; porque, figurativamente, se implantada em solo ingrato, precisa que haja más ervas e frutos, para também a cada dia ser esse solo roçado, quando são arrancados ou cortados os maus ramos; assim, é descabido imputar à Maçonaria abusos que condena, bem como os erros desses maus Maçons.

Pelo exposto, a concluir que o maior erro das críticas é confundir *bom e mau*, que por vezes sucede por má fé de alguns e ignorância de maior número, contudo, a distinção que uma crítica não faz, outros a fazem; assim, aos desencorajados e desfalecidos Integrantes a Maçonaria pleiteia que tenham coragem; e a demonstrar esperança, permite-se suportar até mesmo aos mais ingratos.

Respeitável Mestre

Finalmente, seria permitido e cauteloso serem ouvidos esses *dissidentes*, bem como os *inconsoláveis* por não serem os primeiros a falar; entretanto, todo esse ruído não impedirá que a Sublime Ordem venha a percorrer sua longa trajetória, ou seja, um extenso caminho evolutivo, tradicionalista e milenar!

MAÇONARIA – UNIVERSIDADE DEMOCRÁTICA, JUSTA E PERFEITA

Respeitabilíssimo Mestre

Das atividades antigas, evidentemente a que remonta aos primórdios da capacidade abstrativa é a: *adoção – construção – e composição*, de *Símbolos e/ ou Signos* a representar: *coisas – eventos – ideias – filosofias – e outros.*

Nas Associações que os adotam, há Sinais estranhos à interpretação dos não pertencentes às Instituições, mas útil na história de seus idealizadores desde a Antiguidade, como as pinturas encontradas em pedras, paredes e cavernas.

Outros Sinais, contudo, embora passado por séculos no obscurantismo, recebem novas *Luzes*, podendo ser estudados e compreendidos pelos que se dedicam com afinco.

1º Vigilante

Porém, muitos *Símbolos*, por *descreverem* eventos ou ideias, chegam a patamares superiores interpretativos, mais ricos em significado, figurando como arautos de mensagens profundas e rompendo com anterior significado mais imediato.

E, ao se capacitarem em: *arregimentar no seu entorno – animar discursos pobres em eloquência – fomentar princípios ideológicos – e exultar a prática da Caridade*, é que o *Signo* se transforma em *Símbolo*; e, não obstante, os *Símbolos* também são mensagens de aceitação de compromisso com os demais que se enquadram sob sua representação.

Além disso, cientifica-se que o *Símbolo* é um *Signo* e *Sinal* que representa e identifica certa ideia, que é feita como imagem relacionada direta ou indiretamente ao objeto; mas, havendo experiência com o objeto, de novo se conscientizará da ideia associada ao *Símbolo*; entretanto, caso contrário, se nunca teve contato, ainda assim haverá identidade e significado se estiver diretamente associado com a lembrança daquilo que, de algum modo, tenha visto ou experimentado antes.

Porém, há abusos de interpretações no *Simbolismo* que vão além da sua razão, já que antes de interpretarem o que tem a revelar possui latente e intrinsecamente sua própria natureza.

Os *Símbolos* que fizeram, e cada vez mais faz parte da vida, devendo-se compreender que os *Símbolos* compõem a imaginação, como matéria-prima do inconsciente, sendo as *chaves* do *Espírito* que levam ao desconhecido e ao infinito; então, podem sintetizar as manifestações do inconsciente e do consciente, assim como as forças intuitivas e espirituais que habitam o interior de cada ser.

Assim, lembrar que a Maçonaria se baseia no *Simbolismo*, e por isso, seus: *Cerimoniais – Leis – Regulamentos – Princípios – e tudo que compõem a Ordem*, devem, quase obrigatoriamente, considerar sua predisposição aos *Símbolos – principal e mais importante dispositivo da Ordem*.

Então, as disposições que seguem, referidas a aspectos e atos que integram essa Ordem, também se propõem a ser uma real e verdadeira parcela da *Simbologia da Maçonaria*; e, por tudo isso, torna-se demais sabido por seus Adeptos, que antes do Profano ser admitido na *Fraternidade Maçônica*, deve ser objeto de *rigorosas indagações* pela *Comissão de Sindicâncias* da Loja.

2º Vigilante

E, se tudo isso correr bem, ainda sua Iniciação depende da aprovação por votação dos componentes do *Quadro da Oficina* reunidos para *aprovarem ou não em escrutínio secreto*; desse modo, é absolutamente louvável esse *Sistema de Seleção*, pois é resguardada a *inviolabilidade da origem* dos votos, ainda mais se impeditivos, o que se constitui numa *consagrada homenagem* à dignidade de caráter dos seres; aí está o verdadeiro *segredo* funcional da nobre Instituição.

Dessa maneira, bastam poucos *voto(s) contrário(s)* para impedir a aprovação, quando então, o Presidente da *Sessão Eleitoral* repete o procedimento ou solenidade de votação; e, se persistirem quaisquer *votos contrários*, está caracterizado o *veto*, e por isso, o Candidato estará recusado.

Nenhum Integrante tem direito de tentar descobrir de onde partiu esse embargo, a menos que o eleitor resolva, espontaneamente, se revelar, podendo ainda justificar a atitude, até porque a *Moral* do votante é sua intensa e plena garantia de que agiu com *honradez e espírito de Justiça*.

Sendo todos Adeptos considerados absolutamente iguais na Oficina, no transcorrer do *sistema de votação*, e, de modo inquestionável, sempre deve prevalecer a confiança ilimitada na própria individualidade, agregada ao *procedimento liberto de reservas mentais* de cada Adepto.

Referido ao Candidato, não há responsabilidade ao Adepto em declarar o *voto condenatório*, sem estar em plena *harmonia com sua consciência*; entretanto, se isso ocorrer, moralmente depõe contra o Mestre que o realizar, exclusivamente, motivado por *vingança ou conduta degradante*.

Mas, isso pode ocorrer na Ordem, ou seja, poderia um Mestre por: *ódio – inimizade – ou rivalidade*, vetar o ingresso de um desafeto simplesmente pelo fato de não desejar vê-lo como Integrante da Oficina, onde todos devem se nivelar por *Sentimentos de Fraternidade*.

Orador

Consta dos Evangelhos, que: *'Em determinada ocasião, Jesus foi censurado por aceitar que uma mulher transviada untasse seus pés com óleo perfumado; e respondeu com aquela mansuetude que O caracterizou por toda a vida: "O médico deve estar entre os enfermos".'*

É possível que um *enfermo*, nesse caso um *Profano Candidato* a renascer na *Luz* da Ordem, conte entre os que o iriam aprovar, um ou mais desafetos, e que, em tais circunstâncias, seja barrado na tentativa da aceitação em ser recebido Maçom.

Então, comparativamente, e aplicando a imagem acima descrita de *Jesus*, ter-se-á que o *enfermo* deva estar entre os *médicos*; nesse caso, o *enfermo* não seria o *Profano* proposto, mas sim o Mestre que impediu seu ingresso na Instituição.

Embora se saiba que os *Processos de Seleção e Julgamento* sejam entendidos como certos e lógicos, é dever de cada Loja atuar em busca de proporcionar todas as chances cabíveis aos Candidatos que são julgados por antecipação.

Muitas vezes, as informações *apressadas*, chegando a *levianas*, se observadas com a devida *tolerância*, de fato, podem não se constituir em empecilho para a aceitação do *Profano*.

Quando é mostrado aos Adeptos um *balanço operativo*, tanto referente a *aplicação doutrinária* quanto ao *ensinamento generalizado*, a Maçonaria torna-se real, palpável, e por isso cumpre integralmente sua nobre finalidade junto à sociedade em que deve atuar.

E o clássico e representativo enunciado maçônico de *Desbastar a Pedra Bruta* somente encontra analogia e significado real com o trabalho primitivo dos *Pedreiros Livres*; assim, nas próprias Oficinas se procura anular essas *arestas* dos Integrantes, pouco importando quaisquer que sejam suas: *posições – cargos – e/ou títulos iniciáticos,* junto da Corporação Maçônica.

Secretário

E, se: *O médico deve estar entre os enfermos, para que os cure ou aconselhe*, certamente essa é a melhor alternativa de luta contra os males físicos, e caberá à Maçonaria, quanto a auxiliar a Humanidade, tornar-se: *A grande nutriz da alma – o aperfeiçoamento Moral do ser humano – e A Universidade de Doutrinas Filosóficas capazes de iluminar os espíritos ainda cheios de impurezas*; mas, se um *Profano* for impedido de adentrar e aperfeiçoar-se, logicamente não estará tão bem compreendida e praticada a verdadeira *Doutrina Maçônica*.

Então, sempre se faz necessário que seja reconhecida a Instituição como uma grande *Obra de Assistência Moral*, àqueles que conduzem na alma as *manchas* dos múltiplos defeitos adquiridos no transcurso de sua vida profana, sem ter tido a menor possibilidade de se regenerar.

A Maçonaria não pretende ser considerada como *Clube de Perfeição*, mas busca com afinco sempre ser entendida como apenas um *Colégio de Aperfeiçoamento*, ou seja, que sempre busca sem interrupção aperfeiçoar todos que estão, tanto do lado de fora quanto de dentro, até porque todo ser humano porta muitos defeitos, além de que: *ninguém é perfeito em nada!*

A *Doutrina Maçônica* busca aperfeiçoar o Homem no *Sentido Moral*; e, se ao ser admitido já for considerado uma pessoa de *Moral* perfeita, então, definitivamente, a Ordem não poderá fazer muito mais por esse Candidato, pois mais se parece com um quase milagre humano.

Entretanto, caso um *enfermo* que esteja precisado de *assistência e cura*, passe a pertencer aos *Quadros da Ordem*, então a Maçonaria e seus Mestres estarão, providencialmente, cumprindo sua *Sagrada Missão* quanto às necessidades da Humanidade; e, como consequência, isso poderia levar a redenção os Homens considerados *maus*, e os *recuperando* para as fileiras do *Bem*.

Assim, não deve causar estranheza ou incompreensão indivíduos não tão bem qualificados e/ou preparados conseguir adentrar à Ordem; até porque, só depois de participar dos *Eventos e Cerimônias Maçônicas* é que infelizmente alguns Adeptos se revelam não adequados a pertencer à Maçonaria; contudo, o que realmente parece condizir ao espanto é o fato de a Instituição não ter conseguido transformá-lo em um Homem de bem, uma pessoa digna de louvores.

Guarda (ou Cobridor)

Então, é possível concluir que esse seria, incontestavelmente, o principal trabalho de toda Comunidade Maçônica, ou seja, aquele labor que transmite aos seus Integrantes todo seu verdadeiro *aperfeiçoamento Moral*.

E, como já foi dito, sendo todos os Integrantes considerados absolutamente *iguais* na Maçonaria, em Loja não deve ser permitido: *reservas mentais – desvios – e/ou recuos*, no cumprimento do dever saneador de cada um, quando se faz necessária aplicação dos *Regulamentos e do Código Maçônico*.

Importante ressaltar que é: *falsa – falha – e indesculpável*, a alegação de que a Maçonaria não teria *nada* a ver com a vida particular e/ou privada de seus filiados; fato é que, tanto nos seus *Templos*, e principalmente fora desses, o *Código de Conduta* do Mestre Maçom deve ser o mais possível respeitado, tanto quanto sua postura deve se mostrar sempre ilibada.

Portanto, próximo da razoabilidade, e concordante com a responsabilidade, a Instituição deve influir em todos os *Atos* de seus Integrantes, desde que tais *Atos* possam ser conhecidos antes da efetivação; até pelo simples fato do Adepto, na maioria das vezes, já ter longa vida no *Mundo Profano*, que, dentro da normalidade, sempre independe do pouco tempo dedicado à Oficina.

O Mestre assíduo nas *Reuniões da Loja*, e contribuinte dos *auxílios* aos que ampara, não é digno de ser chamado Mestre Maçom, ou pertencer aos *Quadros da Ordem*, se caracterizado por:

- *Atentar contra a Moral;*
- *Ser dado a extravagâncias;*
- *Praticar atos que comprometem seu nome e deslustra a família;*
- *Descumprir deveres e obrigações, até na vida profana;*

- *Ser leviano e perdulário;*
- *Não ser um bom pai;*
- *Não ser bom marido; e*
- *Levar uma vida desregrada;*

assim, é um *enfermo* a ser curado de *moléstia Moral*; mas, essa é incurável, e por isso deve ser *desligado*, para que a Ordem não seja onerada pelos pecados de mais um desses Adeptos.

Respeitável Mestre ___

Finalmente, a Maçonaria pode *não* conseguir triunfar, toda vez, sobre um Integrante que tenha se desviado da trilha do bem, porém, deve demonstrar que muito se esforçou e lutou para isso, como recomendam suas *tradições seculares*.

Instruções Com Teor Prático

COMENTÁRIOS SOBRE A EXALTAÇÃO

Respeitabilíssimo Mestre

Referente à *Cerimônia de Exaltação* ao terceiro (3º) Grau de Mestre, quando inteiramente compreendida a *Lenda do Grau*, estará bem esclarecida a iniciação ao terceiro (3º) Grau do *Simbolismo*; e consta ainda que, como Companheiro Maçom a primeira acolhida na Câmara-do-Meio dos Mestres, para alguns Candidatos pode mesmo se mostrar brusca e suspeita.

Isso se deve porque podem ser encaminhados ao *Cerimonial* com asperezas ainda não removidas; e, sob a acusação de um crime misterioso, que acabaria de ser cometido, e que os *Aspirantes* não podem bem compreender no que se refere à natureza e motivação.

1º Vigilante

Os Adeptos pertencentes ao segundo (2º) Grau, no *Cerimonial de Exaltação,* são submetidos a severo interrogatório, porque os demais Mestres suspeitam desses Candidatos; porquanto nem a brancura de suas mãos e/ou Aventais devem testemunhar inocências incompreendidas; contudo, as suspeitas desses Mestres podem ter razão de ser, motivadas porque qualquer Homem pode efetivamente ser o assassino de seu próprio *Eu Superior*.

A seguir, fazem-nos transpor sobre o mesmo cadáver, símbolo do corpo assassinado do *encarregado pelos serviços* do *Templo de Salomão*, porém, como seus pés jamais devem vacilar, então obtém a indiscutível prova de suas inocências.

Como uma pequena parte de uma representação dramática parecida teatral, esse tópico da *Cerimônia* faz com que os Candidatos convertam-se em efetivos protagonistas daquela tragédia, e simbolicamente, sucumbem aos golpes dos assassinos incorporados pelos outros Mestres.

Então, cada Aspirante como ator toma o lugar do cadáver anterior, com o qual precisam os Candidatos plenamente se identificar, tal como os antigos *Iniciados* nos *Mistérios de Osíris*.

À primeira vista significa que o mal triunfou sobre o bem, entretanto, cedo ou tarde, o bem tem sempre que prevalecer, renascendo novamente e sendo exaltado na consciência do real; e, por semelhança, se o *grão de trigo* não morrer não germinará; então, não se chega ao *Magistério* sem passar em vida pela morte das tendências, paixões e baixos desejos, que escravizam os Homens.

No Cerimonial os Companheiros são acusados do crime, e levados à *Terceira (3ª) Câmara*; mas, apesar disso, o assassinato é inteiramente desconhecido, e mesmo assim, os demais Mestres os recebem como juízes inexoráveis de suas condutas, bem como de suas verdadeiras intenções.

Por essas condições, os Aventais dos Aspirantes devem estar sem nenhuma mancha ou mácula, conforme o minucioso exame feito pelos demais Mestres, bem como pelas próprias mãos, o verdadeiro símbolo de suas obras, que, com efeito, também se encontram limpas e puras.

2º Vigilante

E, ignorância, fanatismo e ambição desaparecem de seus pensamentos, palavras e obras, por meio do constante e abnegado trabalho que foram muito bem executados nos Graus anteriores.

A seguir, depois do tal exame, os Candidatos são introduzidos na *Câmara dos Mestres*; e, dependendo do Rito adotado pela Loja, essa complicada *Cerimônia* da retro-gradação, com:

- *As Viagens ao revés, que significam a Prova do Fogo;*
- *O despojo de seu Avental de Companheiro, que significa a Prova da Água;*
- *A realização das três (3) primeiras Viagens, que significa a Prova do Ar; e*
- *As práticas de reconhecimento que simbolizam a retrospecção, que o ser agonizante deve rememorar, vendo as imagens da vida que passou, e marcadas no corpo vital.*

A considerar que essas imagens passam ante a visão do seu espírito, de forma lenta e ordenada, mas em sentido inverso, ou seja, desde a morte até o nascimento.

O espectro, ou resumo, de sua vida passada é impresso sobre o *corpo dos desejos*, ou seja, no veículo que o poderá fazer sofrer naquilo que também é denominado como *Purgatório*; e que ainda é imposto por todo Homem que julga a si próprio com toda equidade e justiça.

Nessa hipótese, também esse *corpo dos desejos ou astral* tem que acompanhar o ser até o *Primeiro-Céu*, onde se recolhe todo bem ou mal semeado, pelos *Atos* realizados na vida terrena.

E, ainda na dependência do Rito adotado pela Loja, terminadas as *provas e retro-gradação*, o Aspirante é sentado defronte ao símbolo da morte – a caveira, e se concentra no que viu e vê!

Na denominada Câmara-do-Meio do terceiro (3º) Grau, não há nenhuma *Luz*, só essa caveira que simboliza a *imagem das sombras de ultra-tumba*, projetando uma claridade tênue em direção à representação do macabro corpo inerte, resultado do crime referido, ocupando lugar na *Ara*.

Orador

Essa é a *Câmara-do-Meio*, à qual não é possível alcançar senão passando pela morte, e enfrentando o tenebroso umbral com suas fantasmagóricas referências.

A *Câmara* também é o lugar secreto do coração, onde o Companheiro deve se isolar antes da administração das provas; é ainda o símbolo da morte em vida que deve sofrer o *Iniciado*, que desce e vai ao *Inferno*, para depois poder ressuscitar.

Dessa maneira, reconhece a vida eterna e imortal do ser individual, na morte aparente de sua personalidade; assim, essa é a *Luz Interior*, bem observada pela *visão interior*, ou o denominado *Sexto Sentido*.

Essa *Luz* tem origem no centro do próprio crânio, detendo a forma de uma estrela microcósmica, tal como a representação daquele crânio ou caveira, que se transforma no importante emblema do Terceiro (3º) Grau.

Integrando o *Cerimonial de Exaltação*, são feitas perguntas dirigidas aos Candidatos que se referem aos problemas relacionados com *vida e morte*.

Assim como, nos *Mistérios* da antiguidade os Recipiendários deviam padecer da morte em vida, e por isso ficavam três dias e meio confinados num sarcófago rodeado de Mestres, e depois providenciavam algo como ressuscitar, ou como diziam, eram efetivamente *Exaltados*.

Então, somente assim, e usando como ferramenta esse enigma, é que pode o Recipiendário decifrar o *mistério da morte*, e seguindo poder responder às perguntas, sempre depois de passar pela simbólica *morte e ressurreição*.

Assim, nesse momento caberiam as indagações: *O que é a Vida?* – e – *O que é a Morte?*

Por isso, somente aos verdadeiros *Iniciados* seria permitido deter a capacidade de resposta a tais perguntas, porque rasgaram o *véu da morte*; sendo para essa atitude utilizados os meios que nenhuma outra Escola ou Religião pode ensinar.

Porque a vida é eterna, e se manifesta de dentro para fora, complementada com toda inteligência permitida no exterior e interior, e expressando a *Realidade Suprema*, a que constrói incessantemente as formas e substâncias; assim sendo, passa a ser possível concluir que:

- *A morte simplesmente não existe, não sendo mais do que uma simplória manifestação da vida eterna, indestrutível e imortal.*

Secretário

Essas explicações passam ao conhecimento como uma verdade, e o Homem se liberta do que tende a acompanhá-lo por sua existência, o *temor da morte*, e assim responde à pergunta:

- *Para onde se vai? Cuja resposta seria: Passa-se a prover, conscientemente, a conquista da imortalidade e, por consequência, a sentir-se muito mais próximo de Deus!*

E até por obrigação, ainda mais se *Iniciado*, o ser sempre deve saber discernir entre o *Eu* e o *Não Eu*, ou seja, tanto a *personalidade* quanto a *individualidade*, pois são:

Personalidade = *originário do latim 'persona' significa máscara ou parte exterior, isto é, o Não Eu que cobre, recobre ou envolve o verdadeiro Eu do Homem imortal; certo é que essa casca ou envoltura nasce, morre e regenera; e*

Individualidade = *sendo Eu o verdadeiro ser ou princípio da vida universal, seria permanente, eterno e imortal em cada Homem persistindo nas mudanças exteriores da personalidade; e, ao morrer o Não Eu com suas particulares ilusões, renasce a compreensão e consciência íntima com sua realidade, para então formar o verdadeiro Mestre, que resolve o 'mistério da vida e da morte'.*

e, assim, a indagação:

- *O que todo Homem deve para a vida? Teria como resposta: Como a vida é eterna o Iniciado sabe que não tem direito de matar, pois a vida é una com o corpo do ser; se acaso morrer uma das expressões exteriores desse ser, em realidade, estará matando a si mesmo, por isso será nivelado a Caim que matou seu irmão Abel.*

Guarda (ou Cobridor)

Como um tipo de *cláusula pétrea irrefutável*, no referente à própria conduta de vida, o *Iniciado* nunca deve ter o direito de *matar*, porque se considera qualquer delinquente em qualquer condição, um enfermo que deve ser curado; por isso, somente a ignorância, o fanatismo e ambição podem tanto condenar como *matar*, entretanto, todos devem sempre considerar que:

- *Quem ama verdadeiramente a vida, ama seu próximo como a si mesmo.*

e, ciente que o poder ingente é do *Amor*, e o *Amor* se caracteriza pela capacidade de doar sem aguardar recompensa; e é pela doação que seria possível distinguir o verdadeiro Mestre.

Assim, os Maçons se dirigem aos seus respectivos responsáveis do seguinte modo: *A Palavra dita pelo Aprendiz ao Segundo (2º) Vigilante = Fé; pelo Companheiro ao Primeiro (1º) Vigilante = Esperança; e a do Mestre = Amor.*

Entrementes, no Cerimônial ao Mestrado, conforme o Rito, o Companheiro realiza sete (7) viagens, sendo a terceira misteriosa porque *passa sobre a morte*; e o obriga a viver a morte em si, em vez de se tornar simples testemunha dos fatos seguintes; e, com efeito, essa terceira (3ª) viagem mostra como a mente deve praticar a *retrospecção*, para poder *atravessar o negro tártaro dos mistérios*; e ainda, a terceira (3ª) viagem objetiva que seja vencida a ignorância, as paixões do fanatismo e efeitos da ambição e egoísmo, assim, renasceria numa nova vida de regeneração.

A *Marcha Misteriosa* dos Mestres que vai do Ocidente ao Oriente, e alcança o *Santo-do-Santos* no ser, e assim adentra na *Câmara-do--Meio* e em seu coração, onde se confunde a unidade com o íntimo; e, chegando ao *Santuário*, seu coração se liberta da ignorância, do fanatismo e ambição, vindos do pecado original ou ilusão, e se deixa a inocência para se tornar consciente e sábio.

Respeitabilíssimo Mestre

Finalmente, de frente ao *Ara*, o Integrante promete e jura cumprir, dentre outras, as mais importantes *Sete (7) Obrigações*:

1) *Guardar segredo do simbolismo do Grau de Mestre;*
2) *Obedecer às Leis da Instituição Maçônica;*
3) *Amar seus pares, e nunca comprometer, delatar ou prejudicar um Irmão;*
4) *Não atentar contra a honra da família; socorrer viúvas e órfãos dos Irmãos;*
5) *Ante o chamamento de Sinal de Socorro, deve acudir prontamente;*
6) *Esforçar-se em superação, dominando a si, e trabalhando pelo bem em geral;*
7) *Ser Adepto fiel e trabalhar pelo progresso da Ordem, engrandecendo-a e a dignificando.*

CONSIDERAÇÕES SOBRE O GRAU (PARTE I)

Respeitabilíssimo Mestre ____________

1. Introdução

Como visto, o Mestre pertence à *Câmara-do--Meio*, onde é honrada a memória do *Respeitável Mestre Hiram/Adonhiram*, e que só é alcançada por meio de uma *Escada em forma de Espiral ou Caracol,* que contém *três (3), cinco (5) e sete (7) degraus*; e, além disso, esses números indicam serem necessários *três (3) anos para formar o Aprendiz, cinco (5) o Companheiro e sete (7) o Mestre.*

E, conforme o Rito, o Candidato pode ser recebido na *Câmara--do-Meio* com o simbolismo de um *ramo de acácia*, numa Loja justa e perfeita, e composta por no mínimo *sete (7) Mestres.*

1º Vigilante ____________________________

O *Cerimonial de Exaltação à Câmara-do-Meio* é realizado pela *Passagem do Esquadro ao Compasso* ao redor do túmulo de *Hiram/Adonhiram*; e a representação simbólica de onde estariam sepultados os restos mortais do *Encarregado* pela construção do *Templo do Rei Salomão.*

Porém, não deve ser visto pelo Candidato, ou seja, será conduzido a não poder olhar a cena, somente ouvir gemidos e lamentações vindos dos outros; e apenas notar a grande *Luz* emanada pela *Letra G* no centro da *Estrela Flamígera*, que significa grandeza e glória, ou tudo que o simples mortal deve conhecer e que se encontra acima; contudo, desse modo caberia a indagação:

- *O que poderia estar acima do Maçom livre, e Mestre de uma Loja justa e perfeita?*

a resposta só poderia ser *Deus*, designado pela *Letra G*, porque é a inicial da palavra que em diversas línguas significa o *Ente Supremo.*

Ao ser recebido Mestre é esclarecido que os segredos do Maçom e da Ordem estarão escondidos no coração, cuja *chave de marfim* é guardada num cofre; essa *chave* nada mais é do que o conhecimento dos: *Sinais – Palavras – e Toque*, dos *três (3) Graus do Simbolismo*, que devem ser bem conhecidos, porque caracterizam os verdadeiros Integrantes; assim, caberia a pergunta:

- *De onde é retirada essa chave? E a resposta: É retirada dos próprios estudos,*

a ser conservada como algo precioso, porque faz conhecer a verdadeira *Luz*, e quando mostrada permite assistir aos trabalhos nos três (3) primeiros Graus simbólicos.

A *chave* é trazida do lado esquerdo, o do coração, acompanhando sua posição no corpo, onde se encerram os segredos da Ordem; e essa posição recorda como foi encontrado o cadáver de *Hiram/Adonhiram*, que tinha o braço esquerdo estendido e o direito em esquadria; e, além disso, acrescentar que essa *chave* não é confeccionada em metal, pois procura ser uma espécie de língua submissa à razão, que só sabe se referir ao bem, na ausência ou presença de quem se fala.

O Integrante sempre é um Aprendiz ou Companheiro antes de se tornar Mestre; assim, as Colunas J e B lhes são conhecidas, o que permite acesso às Lojas espalhadas pelo Mundo.

2º Vigilante

O Candidato a *Exaltação* vem à *Câmara-do-Meio* procurar a *Palavra* de Mestre perdida, a indagada ao Respeitável Mestre quando do assassinado no *Templo* em obras, pelos três celerados Companheiros que queriam arrancar a *Palavra ou a vida*; depois souberam que eram Companheiros os criminosos, pois, na chamada geral rotineira feita aos Obreiros, faltaram três Companheiros.

Então, *Perdida a Palavra* e os Mestres suspeitando que *Hiram/Adonhiram* teria sido assassinado, e temendo que a força dos tormentos tivessem arrancado essa *Palavra*, combinaram entre si que a *Primeira Palavra* proferida quando o encontrassem serviria no futuro como *senha*; e o mesmo foi também determinado sobre os *Sinal e Toque*.

O *Rei Salomão* designou nove (9) Mestres para procurar o *Respeitável Mestre Hiram/Adonhiram*, sendo seu cadáver encontrado num monte de escombros, ou numa cova rasa; essa contava com cerca de nove (9) pés cúbicos, sobre a qual fincaram um *ramo de acácia* para reconhecerem o local, com intenção de depois mudá-lo para outro lugar mais afastado.

O *Rei Salomão* mandou sepultar o corpo no *Santuário do Templo*, e sobre o túmulo instalar uma medalha triangular esculpida em ouro, com a gravação do nome *Jehova*, antiga *Palavra* de Mestre significando o *Supremo*; o túmulo media cerca de sete (7) pés de comprimento, cinco (5) de largura e três (3) de profundidade, aproximados 2,00 x 1,40 x 0,90 m.

2. Considerações

Os Mestres se distinguem por: *Sinal – Toque – e Cinco Pontos de Perfeição*, característicos do Mestrado; e conforme o Rito adotado é possível definir que o *Sinal* é denominado *Sinal de Horror*, aludindo ao horror dos Mestres ao encontrarem o corpo do Grande Mestre; por isso, as:

- *Palavra sagrada é HANEB-KAM, significando que: 'A carne se desprende dos ossos';*
- *Palavra de passe é EMILBUS, o cognome dado ao Grande Mestre; e*
- *Cinco Pontos de Perfeição, explicitados na Instrução de nº 3 deste trabalho, e são em resumo:*

- Pedestre = p:. junto ao p:., significa o dever de estar pronto ao socorro dos Adeptos;
- Inflexão do j:. = justaposto ao outro j:., o dever de se humilhar Àquele que deu a vida;
- Junção das mm:. = dando as mm:.dd:., o dever de assistir aos Adeptos em necessidade;
- M:.e:. = apoia o o:.d:., o dever de se aconselhar pelo que dita a sabedoria e a caridade;
- Três (3) abraços fraternais e três (3) ósculos da paz = a doçura da união inalterável em que se baseia a Ordem.

Orador

A Loja de Mestre, última da Maçonaria Simbólica ou do Simbolismo, sustentada por três grandes pilares denominados: *Sabedoria – Força – e Beleza*; referidas respectivamente ao *Rei Salomão – Rei Hiram de Tiro – e o Grande Mestre Encarregado*, cujos significados seguem:

- *Sabedoria: Atribuída ao Rei Salomão, pois, conforme a Bíblia, recebeu esse dom de Deus, e que, efetivamente, foi o mais sábio rei de sua época;*
- *Força: Ao Rei Hiram de Tiro, amigo do pai de Salomão – o Rei David, que forneceu as madeiras e materiais para a construção do Templo; e*
- *Beleza: Ao Grande Mestre – Grande Supervisor e Encarregado pela construção do Templo.*

além disso, as denominações desses três pilares podem encerar outras significações, como por exemplo, o pré-suposto de que representem a *Divindade – Deus em todo Seu Esplendor*, então:

- *Sabedoria: simboliza Sua essência;*
- *Força: Sua Onipotência; e*
- *Beleza: O quanto Suas obras são perfeitas e sublimes.*

E as qualidades do Mestre também são: *Sabedoria – Força – e Beleza,* e assim, a indagar se: *Pode um Mestre reunir qualidades tão raras?* Com a resposta: *Sim, deve tê-las: Sabedoria nos costumes – Força na união com os demais – e Beleza de caráter.*

Existem diversas alfaias para decorar a Loja de Mestre, e dentre essas, cabe destacar os: *Livro da Lei = Designação da verdade – Compasso = Justiça – e Malhete = a manutenção da ordem e o dever de ser dócil com relação às Lições da Sabedoria.*

Secretário

Tal como nos Graus precedentes, também nesse terceiro (3°) Grau, as *Três Luzes* da Loja portam malhetes; e, entendido que, como a matéria produz som quando se lhe bate, com mais razão, também o Homem, a quem Deus deu um coração e a faculdade de conhecer e julgar, deve ser sensível às vozes da virtude e prestar sincera homenagem ao Criador.

O Mestre pode ainda ser chamado *Gabaon*, local onde os israelitas guardavam a *Arca* ao tempo de perturbações, significando que seu coração deve ser puro para servir de *Templo* a Deus.

Os Mestres trabalham na *Prancha de Traçar*, recebem os *Salários* na *Câmara-do-Meio*, e devem viajar pela *Terra* para difundir a *Luz*; e, se perderem um par, o reencontrarão *Entre o Esquadro e o Compasso – Símbolos de Sabedoria e Justiça*, que o Mestre jamais deve se afastar.

O Mestre estando em situação de perigo, executa o *Sinal de Socorro* e brada: *A M∴ os FF∴ da V∴*; deve bradar porque desde a morte do *Grande Mestre*, os Mestres protegeram sua *mãe viúva*, e simbolicamente, consideraram-se seus *filhos*, pois o *Grande Mestre* os tratava como Irmãos.

Os Mestres têm *Idade Maçônica de sete (7) anos*, tempo que praticamente o *Rei Salomão* empregou na construção do *Templo*; e no *Avental* é usual constar uma caveira no verso preto – *Símbolo da morte*, muito usada nos lugares sagrados da última morada; tanto assim que também compõem o centro do Painel do Grau.

Entretanto, a caveira como símbolo foi muito vilipendiada, como também foram tantos outros, pelos que ignoram seus importantes sentidos; por isso, o símbolo da caveira deveria ser tão importante aos Mestres quanto é a venda na *Iniciação*; e se tidos seus valores como equivalentes, poder-se-ia indagar se teria alguma validade: *A Cerimônia de Iniciação sem a venda?* – e – *Não exercitar a Lenda do Terceiro (3°) Grau?* As respostas seriam: *'Não'*; e a concluir que a caveira só assusta quem não renasceu, e seu valor simbólico no verso do *Avental* dignifica essa alfaia.

O Adepto além de exaltar Deus como: *Onipresente – Onisciente – e Onipotente*, deve combater seus vícios e preconceitos, e procurar exaltar Sua presença em si, porque, além de Deus estar no coração dos seres, todos os Homens são células do *Organismo Divino*!

Guarda (ou Cobridor)

3. Escada de Jacó

A origem do simbolismo da *Escada de Jacó* na Maçonaria Especulativa deve-se à visão de *Jacó* constante no Velho Testamento em *Gênesis 28 vers. 10, 11, 12, 17 e 18;* assim segue *(adaptado)*:

- *Vers.10: Jacó seguiu o caminho desde Bersba e dirigiu-se a Harã;*
- *Vers.11: ... atingiu certo lugar e se preparou para ali pernoitar, visto que o Sol já se tinha posto. Tomou ... uma das pedras ... e a pôs como apoio para a cabeça, e deitou-se no lugar;*

- *Vers.12: ... começou a sonhar, ... havia uma escada na Terra e o topo ... no Céu; e ... anjos de Deus subiam e desciam ... por ela;*
- *Vers.17: Jacó acordou do sono e disse, verdadeiramente: Jeová está neste lugar e eu mesmo não o sabia;*
- *Vers.18: ... ficou temeroso e acrescentou: Quão aterrorizante é este lugar. É a casa de Deus e este seu portão de entrada.*

Como alegoria maçônica o uso da bíblica *Escada de Jacó* refere-se à colação dos diversos Graus que compõem a *Escalada do Adepto*, na Maçonaria Simbólica e Filosófica; como se cada *Degrau da Escada* correspondesse a um Grau Maçônico; assim, subir ou galgar a *Escada* corresponderia a colar os diversos Graus da Ordem.

Respeitabilíssimo Mestre

Finalmente, como filho de *Isaac* e neto de *Abraão*, *Jacó* sofreu muito antes de continuar a tarefa de seus antepassados, de implantar entre os Homens a ideia do *monoteísmo – Deus único*; e tendo sido quase um escravo do sogro, longe do lar paterno, duvidou da existência daquele Deus único; mas, foi a *Jacó* que Deus mostrou a comunicação entre *o Céu e a Terra*, pela célebre *Escada de Jacó*, que como foi dito, teve um sonho no qual viu uma *Escada* que se perdia no *Céu*, onde subiam e desciam *Anjos*!

CONSIDERAÇÕES SOBRE O GRAU (PARTE II)

Respeitabilíssimo Mestre

E dando continuidade, diz-se que a descrença levou Jacó a: *Lutar com um Anjo ou emissário do Pai (Gê.28:12/13)*; e por essa *Luta* foi chamado *Israel*, que em hebraico significa: *O que resistiu a um Anjo*.

A *Escada Mística* vista por *Jacó* simboliza o ciclo involutivo e evolutivo da vida, em seu perpétuo fluxo e refluxo, entre o nascimento e a morte, a desdobrar-se na hierarquia dos: *Seres – Mundos – e Reinos de vidas e raças.*

O início da subida na *Escada* começa na *Iniciação* quando o *Profano ou não Iniciado* recebe a *Luz*, e assim, torna-se um Aprendiz; e ainda, consta do Painel da Loja de Aprendiz a representação da *Escada de Jacó*, que simbolicamente representa a *Ligação entre a Terra e o Céu.*

1º Vigilante

Esse primeiro (1º) Grau ensina Moral, explica símbolos e indica a passagem da barbárie para a civilização; e, historicamente, é a primeira parte da Iniciação que encaminha o Candidato ou Neófito a: *Reconhecer o GADU – estudar a si – e os deveres com os semelhantes.*

Tudo o leva à introspecção, o trabalho do Aprendiz no Setentrião, que esquadreja e desbasta a *Pedra Bruta*; ademais, é dado a conhecer da Ordem seus: *Princípios Fundamentais – Costumes – e Leis*, e dispõe o Neófito, ou nascido de novo, às: *Filantropia – Virtude – e Estudo.*

4. Simbolismo da Escada

E a *Escada,* erguendo-se desde o *Altar dos Juramentos*, e sustentada pelo Livro da Lei, posta-se na direção da *abóbada celeste* representada no teto da Loja; e ainda, nessa *Escada* na base, centro e topo encontram-se três símbolos:

- *A Cruz = representando a Fé;*
- *A Âncora = representando a Esperança; e*
- *O Braço estendido em direção a um Cálice = representando a Caridade;*

e ainda, uma *Estrela* de sete pontas em seu ápice – no seu topo.

Assim, no dicionário há também outros significados para *Estrela*, que seria: *destino – sorte – fado – e fadário*; e como foi dito, consta do Painel do Primeiro Grau, no lado direito, a representação da *Lua* rodeada por *sete (7) Estrelas*, e no da esquerda o *Sol*.

O número sete (7) na simbologia mística esclarece porque há uma Estrela incomum de sete (7) pontas no ápice da *Escada*.

No *Ritual de Exaltação* é mostrado, não só ao Companheiro, mas de acordo com o texto bíblico em *João, Cap.I*: *"Mas a todo Homem que vem a este Mundo para dar testemunho da Luz";* assim, o Adepto deve galgar postos mais elevados na *Escada de Jacó*, sem imposição ou desrespeito à sequência natural das coisas, mais pelo trabalho incessante em aprimorar os: *Eu Interior – Caridade – Lei – e Razão*; e, finalmente, a simplicidade que trará às Almas o reflexo da imagem do *GADU*, como tradução livre da *'Prece de Caritas'*.

2º Vigilante

Os antigos Iniciados acreditavam ainda que a evolução da alma processava-se por uma série de *sete (7) globos*, e citavam: *Saturno – Mercúrio – Vênus – Júpiter – Marte – Lua – e Sol.*

E pelas tradições maçônicas, a *Escada* detinha significado místico, tanto que era muito importante nos *mistérios persas*, pois em seus *Templos* erguiam uma *Escada com sete (7) degraus*, que correspondiam às *sete (7) cavernas iniciáticas*; e o número de *degraus* é igual ao das virtudes necessárias ao aperfeiçoamento, sendo os *três (3) principais: Fé, Esperança e Caridade*, a saber:

Fé *= Representada pela Cruz na forma tradicional, mas inclinada – não deitada nem em pé, dizendo que se está indeciso, indefinido, e sem o propósito de seguir os caminhos indicados pela Escada de Jacó; os braços da Cruz se tornam a linha divisória entre o inferior e o superior, onde as mãos estão cravadas; mãos que agarram, sustentam e buscam se elevar ao Mundo Superior representado pelos três (3) pontos superiores do alto da Cruz.*

Esperança *= Representada pela Âncora, que do Iniciado indeciso no início da escalada possui agora uma visão maior e alarga seu horizonte, pois percebe que a verdade espiritual se revela; e a Âncora é, portanto, a Esperança em alcançar o Templo da Sabedoria Divina, da qual teve só pálidos reflexos, mas suficiente para que sua vontade seja realmente uma, ou que a Âncora seja pesada e forte, e ligue a seu futuro destino.*

Caridade *= Representada pelo Cálice, e o Iniciado ao chegar nesse estágio se obriga a encher cada vez mais seu Cálice, até transbordar a seus pares que ainda estão no caminho ao longo da Escada; por isso, deve fazê-lo com humildade e o sério propósito de: auxiliar, ensinar e contribuir para a evolução espiritual dos Mestres; e ainda, informar que São Paulo Apóstolo, em Coríntios 13, diz que o Cálice representa o vinho, ou seja, o sangue redentor do Filho de Deus, Jesus – O Cristo, derramado por amor à Humanidade; porém, quem vence a segunda etapa de ascensão deverá beber como se estando na mesa eucarística, e para colocar os lábios no Cálice, o Adepto deverá estar em estado de graça, ou liberto do peso que o mundo profano impõe, o fardo dos Evangelhos.*

Orador

E lembrar que a *Escada de Jacó* não deve tornar-se para os Mestres uma *Lista de Regras*, mas sim um modo de viver, com méritos infinitos no estudo de cada passo.

5. Chega a Mestre Maçom

O Aprendiz, trabalhando com ardor e constância, passa da Coluna J para a B; depois de realizar as cinco (5) viagens e subido os cinco (5) degraus do *Templo*, torna-se Companheiro.

E, na condição de Companheiro, trabalha na Pedra Polida ou de Amolar afiando as ferramentas, ciente de que a Pedra Bruta é a imagem do Homem grosseiro, que só o estudo profundo de si pode polir e aperfeiçoar a Pedra Cúbica; o símbolo dos esforços do Homem virtuoso no domínio das paixões, que todos se sujeitam, e apagar os vestígios que o vício tenha deixado.

É o lutar constante a que o Companheiro se submete, e por isso, aprende o antagonismo que envolve seu Grau; antagonismo esse que se reflete na Criação, onde: O bem se opõe ao mal, o certo ao errado, e a virtude à paixão; e leva-o a procurar as causas e origens das coisas, para:

- *Conhecer a si; explicar símbolos; fazer conhecer os Homens úteis e a Humanidade; enfim, conceber o que a felicidade parece extrair da Maçonaria, pelo trabalho, Ciência e virtude.*

e depois, já preenchidas as condições prescritas, torna-se Mestre Maçom, que é o coroamento da Iniciação, e fazem-no conhecer a história e tradição da Ordem.

O terceiro (3º) Grau admite estudos filosóficos e teológicos mais elevados, sobretudo os das Ciências físicas e ocultas sobre a transformação dos corpos; e fornece a chave dos símbolos e dos mitos poéticos religiosos da antiguidade e da modernidade, enfim, completa sua Iniciação.

Secretário

6. Cobertura ou Chapéu

Quanto à cobertura ou chapéu, deve ser lembrado que os Mestres sempre o usaram, e não há nenhuma razão para seu abandono, porque o chapéu detém simbolismo de relevante importância; e ainda, de acordo com o estudioso J. D. Silva no livro Aspectos da Arte Real, os Mestres deveriam usar chapéu em todas as Sessões; por isso, o chapéu, tanto quanto a Espada, segundo seus aspectos exteriores são benéficas heranças de sua origem escocesa.

À época, o dito sistema escocês quando se estabeleceu na França, era praticado quase só pela aristocracia, por quem possuía o direito ao uso do chapéu e da Espada; já ao Homem comum, os objetos/adereços não permitiam portar, sobretudo a Espada – símbolo de condição social elevada.

Dos classificados como *Ritos Escoceses* somente o Adonhiramita conservou a utilização do *chapéu e da Espada* pelos Mestres, inclusive nas Lojas de Aprendiz e Companheiro.

Na *Câmara-do-Meio*, local da Loja onde o Mestre recebe o *Salário* e exerce os deveres, deve conservar seu *chapéu* porque é proibido estar descoberto; a obrigação ainda representa um dos sinais de sua prerrogativa e superioridade.

O Mestre prestando o *Juramento* passa a se descobrir pelo sinal convencional; para tanto, a cabeça deve estar livre e descoberta, e a mente estando fluidificada pode unir-se às mentes dos demais, formando uma única mente harmoniosa.

O autor D. Maitre diz que o interesse pelo *chapéu* está em que poderia substituir a *coroa*; assim, como emblema de soberania o *chapéu* faria com que, mesmo quem o porte, entenda que só por isso não se considere *chefe*, com poder de comandar apenas por apreciações pessoais; então, o Mestre não deve dirigir a Loja pelas próprias ideias, mas pela aspiração elevada da coletividade.

O idealismo coletivo forma o diadema luminoso, ou o coroamento da árvore da *Sefhiroth*, que outrora lembrava o *Tricomeo do Mestre*; e, apesar de existir desde o século XVII, o *Tricomeo* foi invenção dos soldados, por serem obrigados a dobrar a aba direita do *chapéu* para facilitar quando atiravam; e a aba esquerda foi dobrada por simetria, e isso facilitava o tiro *deitado*.

Guarda (ou Cobridor)

Esse *chapéu* tinha uma ponta na frente, retirada depois, e mesmo ficando com só duas pontas laterais conservou o nome de *Tricomeo*; e, quando usado com uma ponta na frente e outra atrás, estava em *'colunas'*; e com as pontas uma à direita e outra à esquerda estava em *'batalha'*; e pode-se notar em gravuras da época, que soldados usavam esse *chapéu* ainda de modo oblíquo.

Já o Mestre da Maçonaria Anglo-Saxã não usava *chapéu*; e também nas Lojas francesas esse costume não era visto como elemento de força ou respeito, mas entendido como incontestável; era quando representava o *Símbolo do Chefe Coberto*, condição inerente e intrínseca ao próprio *Chefe*; mas, de acordo com outros autores, seria mais conveniente e ritualístico que a Ordem adotasse um *chapéu ritual*, em vez de um modelo de *chapéu profano*.

Alguns estudiosos dizem que a Ordem poderia ver o *chapéu* até como lembrança de uma *coroa*, que os Iniciados receberiam dos Mistérios da Antiguidade; e, outros autores, ilusória e erroneamente, tentam até compará-lo com a mitra dos bispos católicos; certo é que não deve caber tal comparação, pois é infundada, pois cada associação deve cuidar de seus interesses, mesmo podendo buscar analogias em seus *Princípios e Conceitos*, e legislando por si sobre o *Simbolismo*.

E, mesmo onde o *chapéu* declina de uso, há ainda finalidade, destacando-se a de preservar a fonte do saber traduzida pelas cabeças privilegiadas, como por exemplo, os sacerdotes em todas as épocas cobriram a cabeça, e essa cobertura reforça a natural – os cabelos, como manto protetor; e, a mencionar autores afirmando mostrar a receptividade da mente, que não deve ser obstaculizada.

Esclarecendo tal entendimento, o Dr. H. Allaix no livro *Introduction it L' Etude De La Magie (1936)*, diz que no Homem os pelos grossos e curtos como cílios, barba e bigode são órgãos emissores, e os finos e longos como cabelos são receptores; por isso, o Mestre ao cobrir a cabeça mostra nada mais ter a receber, que chegou ao final dos *Ensinamentos* começados na Iniciação.

Respeitabilíssimo Mestre

Finalmente, nota-se que a cobertura do Mestre – o *chapéu*, o protege contra emissões influenciáveis, que o desvia das obrigações e responsabilidade com as: *fidelidade – obediência – sigilo – e sinceridade*, virtudes morais que o Mestre deve ter em mente na busca da verdade; pois precisa transmitir os *Conhecimentos*, e sabiamente esclarecer aos que trabalham sob sua direção.

O TERCEIRO GRAU DE MESTRE (PARTE I)

Respeitabilíssimo Mestre ____________

1. Introdução

O Grau de Mestre é consagrado a indivíduos honrados e cumpridores de seus deveres, sendo Adeptos reconhecidos como quem cultua a sabedoria, e dedicados a amar os iguais, e cultuar o Grande Arquiteto do Universo; contudo, apesar de alguns divergirem, há certos autores afirmando que o Ritual do Grau de Mestre teria sido elaborado por *Elias Ashmole* em fins de 1648.

Os trabalhos desse terceiro (3º) Grau devem se realizar em Loja especificamente preparada para tanto, ou seja, conforme o Rito adotado pela Oficina, apresentar a decoração:

- *Paredes recobertas de preto (pintadas ou revestidas), semeadas de lágrimas preateadas ou brancas agrupadas em três – cinco – e sete elementos, e por crânios e tíbias cruzadas; sobre cada Coluna pode surgir um féretro de onde sai um ramo de acácia – símbolo da imortalidade; nove Luzes agrupadas em três, uma a Leste, outra a Sul e a terceira a Oeste; as Luzes cobertas por véu preto, bem como o Sol, pois é comemorada a morte do Candidato, sob a denominação de Hiram/Adonhiram; o Quadro da Loja sobre o Pavimento Mosaico, que tem ao centro um féretro, apresentando na cabeceira um Compasso e na outra extremidade um Esquadro; sobre o caixão ou representação em tecido, deposita-se um ramo de acácia.*

1º Vigilante

2. Condicinantes para as Sessões

Dependendo do Rito adotado, para realização das Sessões do Grau será necessário que:

- *O Mestre porte chapéu preto com abas abaixadas por tristeza, e Espada com ponta ao piso;*
- *O Respeitável (ou Venerável) pode sentar diante dos degraus do Altar (trono), tendo à frente uma pequena mesa, e sobre a mesma uma lâmpada recoberta por véu preto;*
- *Os malhetes são recobertos, ou como laço no cabo, um pano preto para abafar os golpes.*
- *O preto caracteriza o Grau, entendido não como cor, mas a ausência das cores;*
- *Os trabalhos transcorrem na penumbra, e quando o Vigilante sai para reconhecer se os presentes são Maçons e Mestres, deve encará-los de perto, quando cada Adepto ergue a aba do chapéu; e ainda, os trabalhos abrem-se ao meio-dia se encerram à meia-noite.*
- *As Colunas podem ficar sem assentos estando todos de pé; apenas o Respeitável Mestre e Venerabilíssimos Vigilantes têm assentos;*
- *A Loja chama-se Câmara-do-Meio ou dos Mestres, e o estado fúnebre representa a Câmara da Morte; e, na visão maçônica, a morte está na metade entre a vida e a imortalidade; e pode o presidente ter título de Respeitável; os Vigilantes, de Venerabilíssimos e os demais, de Veneráveis;*
- *Os Adeptos portam Aventais do Grau, indumentária preta, faixa da direita para a esquerda em que pende a joia de Mestre, luvas brancas e chapéu;*
- *O Grau se caracteriza por Palavra de Passe e Sagrada, com seguintes significados:*

- Sagrada = a raiz hebraica é 'Moab', que significa 'Do Pai'; indica que se reconhecem Filhos do Encarregado pelos serviços de construção, e imitando-o como ser virtuoso;
- Passe = O nome de outra montanha de onde extraíam pedras para a obra do Templo; recordando aos Maçons que devem trabalhar sem tréguas, para edificar no coração um Templo ao GADU; e que a elevação espiritual está na perfeição do edifício moral;

e estando à Ordem, o Adepto deve assumir como postura o Sinal Convencional;

2º Vigilante

- *O Mestre trabalha e recebe o Salário na Câmara-do-Meio, relembrando as três classes de operários que trabalharam no Templo e habitaram a casa de três pavimentos ocupadando o Térreo = Aprendizes; 1º Pavimento = Mestres e 2º Pavimento = Companheiros; 'Câmara' alcançada subindo a simbólica Escada em Caracol composta por três, cinco e sete degraus;*
- *A Idade do Mestre é de sete (7) anos e mais, pois conhece o valor alegórico dos números, não apenas até o número sete (7) que é do Grau, mas muito além;*
- *O Toque significa: a conjunção dos pés voarem em socorro aos Adeptos; flexão dos joelhos a adorar o GADU; aproximação de cabeças e pensamentos a único objetivo; mãos sobre os ombros nos conselhos aos iguais; união das mãos em assistência aos Maçons necessitados; e o Toque é o ato mais completo da amizade fraterna que deve unir os Adeptos da Ordem;*
- *O Abraço e a Aclamação do Mestre são iguais aos dos Graus precedentes, mantidos os significados;*
- *A Marcha é feita em três tempos, o primeiro com os passos de Aprendiz, o segundo com os de Companheiro, e o terceiro com os convencionais desse Grau;*
- *A Bateria é coposta por nove golpes por três-vezes-três; afirma Fé na imortalidade da alma; e a bateria de luto mostra a tristeza pela perda dos Adeptos que deixaram o Oriente da vida;*
- *Os Sinais dos Mestres são:*

– De Ordem = reproduz o Esquadro, símbolo da igualdade, a reinar entre os Maçons;

– De Horror = o temor inconsciente da morte, que a Ordem preocupa-se de mitigar; e

– De Socorro = apelo à Fraternidade; usado em urgência, necessidade ou perigo, quando se suplica aos Filhos da Viúva seu auxilio, recebendo o socorro de quem esteja ao alcance e dos demais passados ao Oriente Eterno, e essa necessidade será dirimida.

Orador

O auxílio pelo Sinal de Socorro não é muito usado, porque em necessidade deve exercitar a Fé; mas, precisando o Adepto deve exercitar o Sinal; e, há exemplos que justificam a credibilidade do Sinal, pois a experiência atesta o esoterismo dessa benesse que é propiciada aos Adeptos; ademias, o terceiro (3º) Grau de Mestre encerra a denominada Maçonaria Azul.

3. Quanto ao Ritual

Os primeiros dois (2) Graus representam, respectivamente, o nascimento e a vida física e moral, e o terceiro o ideal dos semelhantes, redimindo-os e libertando – a felicidade.

O autor S. Farina diz que a decoração da Loja tem significado esotérico; assim, em sentido geral, trabalha no mesmo *Templo* os Aprendiz e Companheiro; raras são as Oficinas que montam a *Câmara-do-Meio*, e dependendo do Rito adotado, pode a Loja apresentar-se quadrada, ficando o Oriente oculto por uma cortina preta, equivalendo a dizer que em Loja de Mestre não há Oriente; esse espaço quadrado denomina-se *Hekal – significa o Santo*, que nos *Templos hebraicos* é o local onde o rabino oficia; e o espaço menor chama-se *Dehbir* ou *Sanctum Sanctorum*.

O *Hekal* é decorado por cortinas pretas semeadas com emblemas fúnebres, iluminado por única lâmpada chamada sepulcral – emblema da Divindade, e no centro pode estar um ataúde coberto com pano preto representando a morte; e o *Dehbir* é iluminado por nove estrelas e por um pendente triângulo luminoso, que o Candidato somente verá ao final de sua *Exaltação*.

O Candidato na *Câmara de Reflexão* está cercado dos mesmos símbolos mortuários, assim a morte está sempre presente, e decorre da valorização da vida, e há uma máxima latina que diz: *'Vive tanquam moriturus - ou seja - Viva como se estivesse próximo da morte'*.

Secretário

Em complemento, cabe mencionar as características humanas que:

- *O orgulhoso como ser especial despresa os demais; o esqueleto lembra ser igual a todos.*
- *O avarento acumula riqueza e despresa os outros; o ataúde mostra que tesouros nada servirão.*
- *O ambicioso almeja honrarias; no sepulcro não caberão todos os seus títulos.*
- *Pensar na morte sugere como bem-viver e bem-morrer, com resignação e esperança.*

4. Quanto aos Degraus

Dos sete (7) degraus do *Templo*, o Companheiro percorre cinco (5), e os dois (2) restantes serão vencidos pelo Recipiendário a Mestre; esses dois (2) degraus têm tríplice significado:

- *Sexto (6º) degrau, nos sentidos:*

– ***Físico*** *= Enfermidade que humilha os poderosos, enfraquece os fortes e impele à morte;*
– ***Intelectual*** *= Música ou harmonia de sons que exerce nos espíritos maravilhosa influência;*
– ***Moral*** *= Tolerância que respeita as convenções, e que os erros recebam indulgência;*

- *Sétimo (7º) degrau, nos sentidos:*

– ***Físico*** *= A morte que destrói as partes do corpo, e as preserva com novas formas;*

– ***Intelectual*** *= A Astronomia que eleva além da Terra, e coloca em contato o Soberano;*
– ***Moral*** *= Triunfo da Ordem que apaga dissensões, e a união pela amizade fraterna.*

5. Quanto à Consagração

A *Consagração* no Grau é igual à dos anteriores e dedicada ao GADU; e o Candidato promete aos Mestres considerar qualquer sentimento de ódio e vingança como indigno do Maçom, que deve odiar somente o vício, e se vingar elevando-se sobre todos os ataques injustos.

Guarda (ou Cobridor)

Dependendo do Rito, pode o Respeitável dirigir-se ao Recipiendário dizendo *(adaptado)*: *Que o GADU te ajude, que teus Votos sejam puros e que teus Juramentos sejam Sagrados*; ou seja, que persista como *Hiram/ Adonhiram*, mesmo com o perigo da vida em cumprir seus deveres.

E, ao conferir o derradeiro *Grau da Maçonaria Simbólica*, a Ordem clama o auxílio do Ser Supremo, sem a assistência do qual nenhuma obra humana pode ser conduzida a termo.

6. Quanto às Instruções

Finalmente, claro que a Instrução do Mestre complementa a dos Graus precedentes; assim, seguem alguns conceitos e/ou condições desses Graus, com enfoque na sedimentação da Ordem:

- *A Maçonaria denomina-se Arte Real, pois oferece aos Adeptos o domínio sobre si, dominar suas paixões e seguir com perseverança o caminho da virtude;*
- *Os Maçons também denominados Filhos da Viúva, merecendo o título pelo ardente amor à verdade e esforço para fazer triunfar a virtude, porque na verdade se encontra a Luz;*
- *Filhos de Hiram/Adonhiram, pois se esforçam em imitar o modelo do virtuoso, que o personagem simbólico representa;*
- *Gabaon – local onde estava a Arca da Aliança a representar o Templo do Eterno; o coração aberto como a Arca à união, concórdia e conciliação; palavra simbólica com a inicial Letra G;*
- *Na joia que decorou o esquife de Hiram/Adonhiram constava a inscrição Hagg-Sein-Agg – traduzida como – Eu sou o filho da Verdade;*

Respeitabilíssimo Mestre

- *O Mestre trabalha na prancheta, uma das três joias imóveis, construída pelos bons exemplos que oferece ao Aprendiz e Companheiro; o Mestre viaja do Oriente para o Ocidente, por sobre toda a Terra, iluminando a si e espargindo a Luz da Maçonaria; o Mestre trabalha na Câmara-do-Meio simbolizando a Medida Justa, porque a moderação é o tesouro do sábio;*

- *O Mestre ao comprovar seu Grau afirma que a acácia é conhecida, significando que: Conhece a Instituição em geral e em particular, pois a acácia simboliza a Maçonaria e o Mestrado; a acácia distingue-se de outras espécies porque sua madeira é incorruptível, a casca afasta insetos nocivos, e possui folhas que se reclinam durante a noite e elevam-se perante o Sol.*

O TERCEIRO GRAU DE MESTRE (PARTE II)

Respeitabilíssimo Mestre ___________

7. Quanto aos Números

Com relação à Numerologia, tem-se:

- ***Um (1) – Unid**ade = Símbolo de ordem e harmonia; a única Luz no Hekal;*
- *Dois (2) – Dua**lidade** = Emblema de união; as partes da Câmara-do-Meio inseparáveis;*
- ***Três (3) – Trindade:** Mal = representado pelos três maus Companheiros que golpearam o Encarregado com três golpes nas três portas – e Bem = Simbolizado na aclamação tríplice; três buscaram o corpo encontrado em cova de três pés de largura;*
- ***Quatro (4) – Quaternário** = Emblema de ciência maçônica; recorda os Quatro Princípios Fundamentais: Silêncio – Meditação – Inteligência – e Verdade;*
- ***Cinco (5) – Quinário** = Imagem da Natureza e da Humanidade; representado pelos cinco pés de profundidade da tumba do Encarregado;*
- ***Seis (6) – Senário** = Elo entre a Terra e o Céu; está nos autores da morte do Grande Mestre, no vapor aquoso saído do túmulo, no ramo de acácia, e no delta brilhante, na joia;*
- ***Sete (7) – Setenário** = A Perfeição; representado pela Marcha do Grau e pelos sete pés de comprimento da cova, origem dos elevados Ensinamentos esotéricos maçônicos;*
- ***Oito (8) – Octonário** = Está nos cinco pés de profundidade da tumba, unidos aos três lados do triângulo colocado sobre a mesma;*

- ***Nove (9) – Novenário*** *= Símbolo da reprodução e da imortalidade; representado pela Bateria e as Luzes iluminando o Dehbir, e os Mestres que acharam o túmulo do Encarregado.*

1º Vigilante

E esses nove Mestres representam nos sentidos:

- ***Astronômico*** *= Meses de primavera e verão, quando o Sol, morto nos três meses de inverno, renasce, cresce e conquista a plenitude de sua carreira;*

– ***Humanitário*** = Físico simboliza os sete preceitos de higiene, além da sobriedade e da temperança, segundo o aforismo de Hipócrates: 1) Comer pouco no verão e outono; mais na primavera e no inverno; muito mais no crescimento que na velhice; 2) Não exceder limites da natureza quanto a: sono – dieta – excesso de alimentação; 3) Zelar quanto à fraqueza prolongada ou breve; 4) Restabelecer as forças, preferir alimentos líquidos; o vinho acalma a fome; 5) Durante a dieta, evitar o trabalho; 6) Os males advindos da fadiga reparam-se pelo repouso; e 7) Os medicamentos são nocivos aos sadios;

- ***Intelectual*** *= Sete Ciências Liberais: Gramática – Retórica – Lógica – Aritmética – Geometria – Música – e Astronomia devem ser cultuadas;*
- ***Moral*** *= Sete principais virtudes maçônicas: Fé – Esperança – Caridade – Vigilância – Devoção – Tolerância – e Conciliação; e Moderação e Sabedoria a serem observadas.*

Examinando as três dimensões da tumba de Hiram/Adonhiram, com três pés de largura, cinco de profundidade e sete de comprimento, verifica-se que representam a Maçonaria simbólica, ou seja, os três degraus de Aprendiz, os cinco de Companheiro e os sete de Mestre; e esclarecer que a frase: *'Sete Fazem a Loja Perfeita'*, o número de Adeptos indispensáveis a compor uma Oficina.

Simbolicamente, o número sete (7) representa a *perfeição*, em particular, a da *Humanidade*; e composto pela soma dos números quatro e três, ou a fusão das *duas Naturezas – terrestre e Divina*; e mais, a Loja será perfeita se houver o necessário equilíbrio entre seus Componentes.

2º Vigilante

8. Quanto à Imortalidade

É muito importante ao Mestre sua postura de Maçom diante de morte alheia, como da sua própria; porque a trajetória para a imortalidade mostra haver santidade, liturgia e mística na verdade, que é, ao mesmo tempo, a pura realidade à qual ninguém poderá escapar.

Os *arrebatamentos* descritos na *Bíblia* não são comprovados, para serem aceitos em comprovação realística, como: *Elias trasladado em carro de fogo ao Céu – Ascensão de Jesus depois da ressurreição – Promessa nos Evangelhos de ir à vida eterna sem passar pela morte.*

Ainda assim, a Maçonaria crê, sendo dos *princípios básicos da Filosofia*, em *vida futura além-túmulo*; mas faz da morte uma *passagem obrigatória* pela inexorável Lei da Natureza, e não se atém a *dogmas* que prometem transições simples, sem dor ou sem sacrifício; e o sacrifício é a via natural/mística que culmina na morte, pois deixar de viver é o cumprimento duma Lei Natural; mas, morrer por sacrifício, como desde muito tempo, é um real caminho precursor aos demais.

O valor de Hiram/Adonhiram, em realidade, não foi dirigir os trabalhos do *Templo*, ou a perfeita organização dos operários, artífices e mestres; mas sim, sua *sacrificada* morte defendendo um *Juramento*, porque jurou diante dos *Reis de Tiro e Salomão* jamais revelar as *Palavras de Passe* escolhidas a garantir a ordem na obra, que foi à época seu evento mais brilhante.

Ademais, dependendo do Rito adotado, pode haver ao pé do *esquife*, entrelaçados, os instrumentos de trabalho: Maço, Nível e Prumo; embaixo, correspondendo aos pés do cadáver, fica o Esquadro com o vértice para cima, comprovando que a posição última, como a primeira, é de *esquadria*; e assim, representativamente, segue a descrição destes Instrumentos:

- ***Maço*** *= Símbolo do trabalho preparador na Pedra Bruta, atuando longe da obra para que o ruído produzido não perturbe a delicadeza da edificação e a santidade do local; com o Maço o Aprendiz enceta seu primeiro trabalho, tosco e pesado, com batidas desordenadas, violentas e destrutivas; e, ao estar sublimado depois da educação nos movimentos, torna-se o Malhete;*
- ***Nível*** *= Instrumento estático que define a horizontalidade; amplia conhecimentos e se delimita no plano da Natureza; proporciona atividade finita dirigida com equilíbrio e sabedoria; e*

- ***Prumo*** *= Instrumento de precisão; dá à verticalidade o equilíbrio, senso e segurança para subir ao infinito; sobre base sólida ergue parede firme; delinia a solidez da melhor horizontalidade.*

Orador

Seriam essas as *Lições* do Painel do Grau, que em síntese, e parodiando o poeta, seria: *Fim é Princípio de Tudo,* pois: *O profano vê a morte como fim*, e foge desesperado, tenta dilatar o tempo, enganando-se com subterfúgios; porque ignora que esse final é a oportunidade de construção de uma nova fase, e é o *Princípio de Tudo*, ou seja, do que realmente existe de glorioso.

9. Quanto à Morte

É certo afirmar que o Ensinamento importante e marcante do Simbolismo da Exaltação são as questões referentes à *morte*; mesmo ciente que é fato inexorável que o ser vivo enfrentará!

E ainda, desde tempos imemoriais, a *morte* é vista como sem significado ainda não bem decifrado, e nem bem resolvida pela Humanidade; é um mistério intrigante que apavora o ser, ainda que possua característica que o torne ateu e incrédulo quanto ao que possa existir na *Terra*.

O temor faz com que os seres busquem *Conhecimento*, que os auxilie no próprio aculturamento desse tema; entretanto, esse sentimento pode estar resolvido, dentro do possível, no íntimo de alguns Iniciados na *Escola Milenar de Sabedoria*, ou que puderam se instruir pelos *Conceitos da Instituição*; o que é devido, pois aprenderam que é o início para se instruirem mais.

E, conforme o Rito adotado, no Cerimonial de Iniciação ao Grau de Aprendiz, no capítulo relativo à *Câmara-de-Reflexões*, observam-se vários símbolos que levam o Candidato, efetivamente, a *meditar sobre a morte*; e repensar sobre sua iminente transformação do próprio comportamento, motivados pela decoração da *Câmara* que será: *cor preta; emblemas fúnebres – ossos e crânios; recipientes com água, sal, enxofre; imagem de um galo; e outros*; além de inscrições que o fazem muito pensar, que dentre outras, a mencionar: *Se queres empregar bem tua vida, pensa na morte.*

Secretário

Noutra parte dessa Cerimônia, é observado que o Iniciado deve (adaptado): *Vencer as paixões, submeter a vontade e fazer progressos na Maçonaria*; preceitos que, dentre tantas interpretações, podem ser entendidos como sendo:

- ***Vencer as paixões*** = *Das primeiras afirmações ao Iniciante que ingressa na Ordem, e que será bem compreendida com o tempo, e então, passa a controlar com eficácia suas paixões, que podem levar a hábitos negativos a serem eliminados ininterruptamente;*
- ***Submeter a vontade*** = *Obediência às Regras da Instituição e controle da ansiedade natural do Iniciante, ainda repleto de impurezas que deve sufocar pelo amadurecimento natural, em que: A semente precisa morrer, para que no futuro possa germinar com todo vigor;*
- ***Fazer progressos na Maçonaria*** = *Como consequência desses progressos, o Iniciado buscará seu progresso espiritual; e conforme o Rito, por exemplo, na Consagração ao ser dito: E para que de profano nem o nome reste, batizo com o nome histórico de ... ; que, do ponto de vista da busca espiritual, é quando são sepultadas antigas posturas e se renasce para a nova consciência.*

Em complemento, mas ainda dependendo do Rito, na Elevação ao Grau de Companheiro, no *Interrogatório* confirma-se a necessidade *(adaptado)* de: *Fazer morrer, mudar e transformar as próprias imperfeições;* e, quanto aos *três planos* que conferem *Sabedoria, Força e Beleza*, é perguntado *(adaptado)*: *Como poderá desenvolver-se neles?* Obtida resposta que, como já dito *(adaptado)*, deverá: *Vencer as paixões, submeter a vontade e fazer progressos na Maçonaria.*

Então, ainda dependendo do Rito, na Exaltação ao Grau de Mestre, no pronunciamento da *Oração*, em certa parte diz-se: *" ... que tudo em que nossas mãos tocarem, tudo que nossos olhos avistarem, seja transmutado em luz, amor, força, saúde e harmonia. Que a paz seja feita em todos os seres. Assim Seja."*; e, segundo o Dicionário Aurélio – *transmutar significa: alterar-se, modificar-se e transformar-se.*

Guarda (ou Cobridor)

Além disso, referente à *morte*: *Para muitas Religiões, principalmente as reencarnacionistas, a morte significa transformação ou mudança – no tarot a carta da morte significa mudança – e certas linhas de psicologia que analisam sonhos, também dão essa interpretação*; e, nesses casos, a visão da *morte* é tão marcante quanto a dificuldade em executar a reforma íntima, pois se convive com vícios e defeitos por tanto tempo que fica difícil extirpá-los, e quando se consegue mudar as bases dessa estrutura, é necessário reconstruir com o que ficou de melbor, mas, por vezes, o mal-estar ou o sacrifício se torna inevitável, pois não há reformas sem a destruição do que atrapalha.

Assim, a Exaltação leva o Mestre a concluir que atingiu o ápice da *Sabedoria*, sendo essencial que a acomode e carregue no coração, em qualquer Grau que esteja colado; pois, enquanto nos Graus de Aprendiz e Companheiro aprendeu a desejar que: *Deus habite seu Templo interior*, precisa: *Desbastar sua Pedra Bruta e polir a Cúbica*; porque conforme cita a *Bíblia* em *I Coríntios III,16*: *"Não sabeis vós que sois santíssimo de Deus, e que o espírito de Deus habita em vós?"*; então, como Mestre o pensamento anterior se completa, pois agora entende que o Deus que *habita seu Templo interior* é representado por si próprio, pois é por sucessivas transformações que alcançará a Luz; e assim, compreende tudo melhor e colabora com a magnífica obra do GADU.

Respeitabilíssimo Mestre

Finalmente, caberia então mencionar a *Bíblia em Mateus V*:

- *"Sede vós pais perfeitos, como é perfeito o vosso Pai Celestial."*

QUESTIONAMENTO NA CERIMÔNIA DA EXALTAÇÃO (PARTE I)

Respeitabilíssimo Mestre

Dependendo do Rito adotado, no Cerimonial de Exaltação ao Grau, o Respeitabilíssimo/Venerável Mestre faz diversas perguntas que, indistintamente, são dirigidas aos Venerabilíssimos ou 1º e 2º Vigilantes; assim, são feitas aos Candidatos até 37 (trinta e sete) perguntas referidas à *Filosofia do Grau*; e nessa Cerimônia, como nos Graus precedentes, as perguntas são feitas aos Vigilantes como se fossem aos Candidatos à Exaltação.

Trata-se de um tipo de sabatina, que tenta aquilatar a memória e o conhecimento segundo o rigor do Ritual; assim, é adotado esse questionário como uma nova técnica, limitada a perguntas e respostas, em vez da preocupação com: *Quem pergunta e quem responde*; mas, esse texto contará a metodologia como dissertação, facilitando o assimilar dos *Preceitos Maçônicos* do Cerimonial:

1º Vigilante

1. Onde foste recebido? A pergunta feita no *Templo* se refere a local interno, a lugar físico; contudo, além disso, a indagação é referida ao *'ato de recepção'*; assim, sem qualquer rejeição. **Resposta (R):** *No Ocidente; num dos quatro pontos cardeais onde se encontra o 1º Vigilante.*

2. Para onde ides? A questão traduz movimento; está presente um destino; quem vai irá a algum lugar. **R:** *Para o Oriente; e é dada a direção exata com convicção.*

3. Por que deixais o Ocidente para ir ao Oriente? Ir de um ponto cardeal a outro deve-se à razão ou motivação, pois no Ocidente estão as Vigilâncias; mas, considerando que a tradição não permite passar de uma Coluna a outra quando a Loja está em funcionamento, então a pergunta sugere que o Ocidente será abandonado sem retorno. **R:** *Por-*

que a Luz Evangélica primeiro raiou no Oriente; é a justificativa, mas o Mestre, após longo período no Ocidente, conhece o Oriente onde surge a *Luz Evangélica ou Luminar*; então, a crer apenas na tradição, pois a *Filosofia Maçônica* contempla qualquer Religião, tendo por base sua crença em Deus e na vida futura.

4. O que ides jazer no Oriente? Ao estar no Ocidente que fará no Oriente, onde surge a *Luz Evangélica*. **R:** *Procurar uma Loja de Mestres*; supondo que a Loja participe da *Luz Evangélica*; mas, não basta ir ao Oriente, é preciso buscar para encontrar a Loja; é necessária uma jornada, executar trabalhos e vencer obstáculos até a encontrar, como prêmio à perseverança.

5. Sois Mestre? Retorno à misteriosa pergunta do 1º Grau, quando não é possível responder direta e afirmativamente; e, se o *Eu Sou* bíblico de *Moisés* era o nome de Deus, mas sendo vedado usá-lo. **R:** *Como tal sou reconhecido*; e alguns o denominam inefável, embora a frase tenha o sujeito oculto, quem responde não incorre em falta; reconhecer ser Mestre importa merecer, porque é *'livre e de bons costumes'*; também ser Mestre significa ser *Iniciado*, não por passar pelo Cerimonial, mas pela conquista da *nova vida*; então, jamais *confundir Iniciado* com *Profano de Avental.*

2º Vigilante

6. Onde foste recebido? Feita pela segunda vez, e também referente a local; e essa pergunta, pela insistência, exige mais ampla **R:** *Numa Loja de Mestre*; ingressar nessa Loja não significa mera visita, mas *Recepção Iniciática* denominada *Exaltação*; mas a Loja de Mestre não tem especificação que a identifique, por isso, diz-se ser recebido numa sem mencionar lugar e nome.

7. Como estava preparado ao ser recebido Mestre? É definida a busca de uma Loja de Mestre a ser *Exaltado* e, consequentemente, *Filiado*. **R:** *A preparação tem duplo sentido: exterior e interior*; e, *descalço, bb:.e p:.nus, esquadro no b:.d:. e sem metais*, foi conduzido à Porta da Loja, assim:

- ***Descalço*** = Na Elevação fica só com um p:. descalço; mas no Mestrado os pp:. devem sentir a rudeza do caminho, e selecionar onde pisa evitando ferimentos, e a atenção está concentrada nos pp:., sustentáculos do corpo que representam o livre ir e vir, para a conquista suprema.

- ***BB:.e p:.nus*** = Criam movimentos desimpedidos; plexo solar a mostra significa franqueza e personalidade, e braços leves e livres abraçam Conhecimentos.
- ***Esquadro no b:.d:.*** = Preso por cordão, simboliza que como Companheiro seu tempo foi cumprido, bem como mantida a retidão.
- ***Supressão dos metais*** = Significa estar a mente receptiva e que nada possui de valor, aspirando a riqueza a ser recebida.

e os Mestres elaborando a Cerimônia, aceitam o novo Adepto e mostram a simbologia do Grau; é a preparação exterior, e mais, preparam sua mente e a ornamentação do seu *Templo Interior*.

8. Como foste admitido? Preparado, antes de adentrar pelo Pórtico a Loja, querem saber como o Candidato foi admitido ou conseguiu entrar. **R:** *As Pancadas são constantes nas Cerimônias*; são *batidas* na Porta que dão entrada a comitiva, e há respostra de que as *pancadas são diferentes ou distintas*; então, a deduzir que foram *Três Pancadas Diferentes* entre si, ou foi o modo de batê-las de forma diversa das observadas pelo Candidato; assim, causa espécie o número das pancadas, pois devem correspondentes ao Grau de Companheiro, que *'não'* são três; e a crer que houve um equívoco, ou a resposta gera a confusão percebida pelo Candidato, que pode acreditar que as pancadas fossem iguais à Cerimônia anterior, achou-as *distintas por não serem três.*

Orador

9. O que perguntaram? Sempre há uma Vigilância a perguntar, pois a entrada não é livre e é preciso cautela; nem todos estão preparados para a *Exaltação*, pois o Candidato é Companheiro. **R:** *Quem vem lá?* A pergunta clássica do Guarda ou Cobridor.

10. O que respondestes? A pergunta do Guarda ou Cobridor exige resposta, que nem sempre representa a *'senha'*, mas deve haver resposta, caso contrário há reação defensiva. **R:** ***Disse ser Maçom, e completado o tempo de Aprendiz e Companheiro, desejando ser recebido Mestre***; o que implica esclarecimento, pois nenhum Adepto responde *'ser Maçom'*; e, por ser diferente a fala, o Candidato dá a entender ser Maçom de outra forma, como *'passagem do nível ao prumo'*, e que seu tempo de Aprendiz e Companheiro foi cumprido, sendo justa aspiração ao Mestrado.

11. Como alcançastes vosso desejo? O desejo está longe e precisa ser alcançado, e a tarefa implica trabalho e conhecimento. **R:** ***A Palavra 'desejo' equivale a uma 'senha'***; só que senha é uma identificação, enquanto a *Palavra de Passe* é uma *'chave'*; e em cada Grau a *Palavra* é transmitida discretamente, e identifica o nome do *Forjador de Metais*; em si sem maior significado, mas o som produzido na pronúncia penetra a espiritualidade, predispondo sua recepção emotiva.

12. O que vos disseram? Dada a *Palavra*, e como a *chave* abre a porta, é um comando. **R:** ***Disseram: entrai T...***; o Guarda identifica o Adepto como uma *chave* encarnada no Recipiendário; e, assim, assume aquela personalidade, convicto da tarefa importante que deve realizar.

13. O que fizeram de vós? O Candidato entrega-se e fica à mercê de quem o recebe; essa pergunta gera conclusão de que houve pressão, e está na contingência de obedecer. **R:** ***Obrigaram a fazer o Giro da Loja***; imposição compreendida como prova; e essa trajetória na Loja proporciona o conhecimento de: *esquadrias – joias – instrumentos – e Adeptos*; e o *Giro* equivale ao percurso em círculo do Universo, com a certeza de que, partindo de um ponto, girará e retornará ao mesmo.

14. Encontrastes algum obstáculo? Não é esclarecido quais os obstáculos ou seu número; significa que a rota do Mestrado demanda trabalho e vitórias; a resposta sugere diminuição por enfrentar inúmeros obstáculos, devendo localizá-los, para no futuro evitá-los, tornando suave a jornada. **R:** ***Por trás do Venerabilíssimo 2º Vigilante***; esse *'por trás'* não significa *'pelas costas'*, mas que o Adepto, para ali chegar, o fez por trás; o obstáculo não é referido porque é o interior do Candidato; os obstáculos são diferentes, e é até possível que nem se note sua existência.

Secretário

15. O que vos perguntou? Defronte ao 2º Vigilante, o Candidato aguarda a pergunta; é a mesma indagação feita na Porta do Templo: *Quem vem lá?* R: ***O Candidato, apesar de ainda ser Companheiro, não detém uma estrutura visível que possa ser facilmente identificada***; e o 2º Vigilante percebe sua presença, mas não a identifica, e por esse motivo faz a pergunta.

16. O que fez então de vós? Dadas *'ordens'* aos Candidatos que obedessem submissos. **R:** ***O Candidato foi conduzido ao Ocidente para que o Venerabilíssimo 1º Vigilante o instruísse***; são *instruções* referidas ao Cerimonial e de valor esotérico; e, conduzido pelo guia ao Ocidente, do lado oposto onde estava, e chegando defronta-se com o 1º Vigilante que iniciou as *instruções.*

17. E que instrução deram? Uma única *instrução* foi ministrada; notando que a Exaltação dispensa provas de coragem e persistência, só distribui *Conhecimento.* R: ***O Candidato, ao chegar ao Ocidente, ensinam-no a subir ao Oriente como Mestre***; quando faz: ***1º)*** o *Sinal* de Aprendiz e *Marcha* no *ângulo reto do quadrilongo*; ensina dar *dois passos* do 2º Grau no mesmo *quadrado*, formando uma esquadria com os pés. ***2º)*** o Sinal de Companheiro, e dá os *passos* de Mestre no mesmo *quadrilongo.* ***3º)*** chega ao Altar e ajoelha, põe a mão destra sobre o Livro Sagrado aberto, duas pontas de um Compasso no peito, pois ao premer o peito mostra a evolução no conhecimento e capacidade de traçar o círculo, ou que o pensamento está liberto de reservas na amplitude do Universo. ***4º)*** presta o *Solene Juramento*, pois vencendo a trajetória o Candidato subiu ao Oriente, mas para isso teve que ser ensinado, pois isolado não conseguiria e, a *subida* foi executada pela *Marcha Ordinária*, ou apenas caminhando *sem* o Sinal do Mestrado; e, galgados os degraus, recordam as Iniciações passadas com a repetição de *Sinais e Marchas.*

18. Podeis repetir o Juramento? Necessário repetir para que as palavras místicas produzam seu efeito na memória do Candidato e em seus cinco e mais cinco sentidos. **R:** ***Sim, Respeitabilíssimo, se ajudardes***; por ser ato solene, para evitar que a memória traia, invoca-se a ajuda do VM; e, ajoelhado, levanta-se mantendo a mão destra sobre o Livro Sagrado, e contra si o Compasso; e repete o *Juramento*, constata a memória, deixa o Altar e fica em pé defronte o Oriente.

Guarda (ou Cobridor)

19. O 'Sinal de Mestre'. Último *Sinal* da Maçonaria Simbólica; pode parecer contrassenso haver um sinal de identificação entre os Mestres, mas, em realidade, demonstra uma reminiscência do sacrifício do Grande Mestre, como a *Lenda*; assim, não basta só se referir ao *Sinal*, cumpre concretizá-lo, pois ao executar desperta importante *chakra*. **R:** ***Ei-lo (faz o Sinal).***

20. O que vos fizeram depois? Serão feitas outras exigências do guia. **R:** ***O Respeitabilíssimo toma-o pela mão e dá o 'Toque'***; além do *Sinal* há um *Toque* do Grau que é mostrado.

21. Esse Toque tem nome? Em cada um dos Graus os atos têm nome para identificação; o questionário é rápido e resumido, mas as respostas são parciais; esse diálogo gera vibrações e sons necessários a atingir a espiritualidade; a vibração da voz que rompe as moléculas do espaço, aliada ao *Toque*, completa o círculo esotérico, porque a palavra se expande em círculos sem fim, cobrindo os presentes na Loja, e se expande pela *Terra* em ondas sucessivas; e só uma onda é considerada de frágil sonoridade, mas somada às muitas emitidas tornam-se relevantes; o som da vibração da voz gera nova matéria, assim, pronunciado o nome de Deus cria matéria nova e especifica; quando é pronunciado um nome, logo depois se materializa por um gesto, formando um conjunto, a ainda, o *Toque* desprende energia; então, o ato transforma-se em energia; e o pronunciamento do nome inserido nas duas *Colunas* do Pórtico cria vibrações que em ondas atingem o Cosmos; e quando a Criação disse: *"Faça-se a Luz"*, e a *Luz* foi feita, da vibração do pronunciar sonoro do vocábulo surgiu um elemento novo e permanente, e a repetição desses elementos de força e beleza, a ação; assim, o Adepto em Loja é criador; porém, a revelação dos mistérios é feita por etapas, pois: *'A Natureza não dá saltos'*; e ***Há permissão para prosseguir: Sim, continuai e vos seguirei***; o Respeitabilíssimo executa o *Toque de Passe*, e o Candidato diz: ***'Sch...'***; então, há uma demonstração prática do *Toque* que se une à *Palavra*; o Candidato espera que o Respeitabilíssimo tome a iniciativa, ciente de que o *Toque* é um conjunto de atos sucessivos a dois, sendo que o *Toque* dispõe as mãos em posição que tem força esotérica; ademais, há de notar que o *Toque* vem acompanhado da *Palavra de Passe*; a união de mãos desprende energia pelo calor do contato, que é complementado pela vibração da voz ao pronunciar ***'Sch...'***, que forma o que envolve misticamente Respeitabilíssimo e Candidato; porque nada na Ordem é em vão, supérfluo ou passível de crítica.

22. O que vos fez depois? Fazer significa ação positiva, e tudo é feito em programação sucessiva; então foi dado o *Toque* de Companheiro e perguntado: ***O que é isso?*** Executa-se o *segundo e novo Toque* para ser identificado como Companheiro; e ***tem-se um primeiro Toque de Aprendiz e um segundo de Companheiro***; e a sucessão de *Toques* vale como Instrução; materializam-se os sentimentos que envolvem as duas almas; mas falta o *terceiro Toque*, ou a conquista final; é a letra na *Coluna* significando um nome em hebraico, como o nome do *Toque* de Companheiro.

23. O que então vos disseram? Tudo a ser dito deveria ser precedido pelo *Toque*, assegurando ser o Adepto um Companheiro, apesar de que essa expectativa é recompensada, pois chegou o momento da revelação, a saber: *Representaria um dos maiores Homens da Maçonaria, o Grande Mestre Construtor, assassinado quando o Templo estava quase completo*; sendo certo que representar a mensagem significa assumir a personagem, seu drama e glória; é a encenação do assassinato de Hiram/Adonhiram como na *Lenda*; mas, ***a Humanidade não tolera que alguém se destaque e venha a ser Glorificado, pois a maldade sufoca o líder natural, o artífice que desenvolve a Arte, é o pensador que perscruta a alma***; e não há perdão aos que sobressaem e se agigantam, enquanto em vida são perseguidos, depois da morte são honrados e lembrados; sempre foi assim e continuará sendo; e o Grande Mestre foi assassinado pelos três maus Companheiros no Templo, quando não estava concluído, mas faltava pouco ao surgir o mal; filosoficamente, pode-se concluir que: ***Tenta-se sempre embelezar o Templo Interior, mas a obra fica inacabada.***

Finalmente, que nessa *Parte I da Instrução* foram mostradas apenas as primeiras 23 (vinte e três) perguntas e respostas, restando, consequentemente, as demais 14 (catorze), que somam as 37 (trinta e sete) referidas no início do texto, a serem apresentadas na *Parte II* da mesma *Instrução*.

QUESTIONAMENTO NA CERIMÔNIA DA EXALTAÇÃO (PARTE II)

Respeitabilíssimo Mestre

24. Depois da exposição feita, o que aconteceu? Dissertado sobre a vida do *Grande Mestre*, o Adepto prepara-se para a encenação da história; e, conduzido ao *Respeitabilíssimo* e 1º e 2º Vigilantes, fizeram as mesmas *perguntas* que os Companheiros assassinos, que para o REAA eram: *Jubelas – Jubelos – e Jubelum*, além de como espancaram o *Grande Mestre*; e dependendo do Rito, simbolicamente a Cerimônia é realizada igualmente com os Instrumentos de trabalho: *Régua – Esquadro – e Maço*, ou podem ser *dois rolos e um malho*.

E dos três (3) Companheiros, dois são autores da morte como coparticipantes, mas todos são igualmente culpados pela mesma morte, apesar de ter sido o último golpe considerado fatal.

25. Que mais fizeram? Simbolicamente, o Candidato recebe a agressão, que por fim *é dada uma pancada de malho na cabeça, e o deitam num Esquife ou Cena Mortuária*; a pancada com o *Malho* resume as três fases do espancamento; o Adepto, representando o *Grande Mestre*, recebe a *pancada simbólica na testa*, e estando atordoado cai amparado, sendo deitado no *Esquife ou Cena*.

1º Vigilante

26. O que então disseram? Mesmo simbolicamente morto o Adepto ouve tudo, e por isso sua resposta fica confusa; e, com a pancada de *Malho* na testa ou na cabeça do Candidato, cessa sua manifestação e fica imóvel no Esquife ou Cena. **R: *Nada mais disseram***; e o Respeitabilíssimo continua narrando a história do *Grande Mestre*, e segue o drama como narrativa sem encenação.

27. Como os enviados de Salomão levantaram o corpo do Grande Mestre? Jazia numa cova rasa coberta por terra, que depois de removida deviam resgatar o corpo e dar-lhe sepultamento digno. **R:** ***Nada mais disseram***; e um dos Mestres representado pelo Vigilante, dependendo do Rito, inicia por pegar em seu *dedo indicador*, mas pela putrefação do corpo sua pele e carne separaram-se dos ossos; então, um segundo Mestre, outro Vigilante, pega no *segundo dedo* e igualmente sua pele e carne desprenderam-se dos ossos; e um terceiro Mestre, o Respeitabilíssimo ou VM, pega em forma de *garra* a mão do corpo, com os *quatro dedos* no pulso, e encora outras partes daquele corpo, seus: *p:.d:. no p:.d:., j:.d:. no j:.d:., l:.d:. do p:. no p:.d:., e m:.e:. nas costas*, assim, ergue o Candidato dizendo *MACBENAH*, palavra que significa: ***Está quase podre até os ossos*** *– ou –* ***A carne se desprende dos ossos***, que passou a ser a *Palavra Sagrada* do Mestrado; é também um *Sigilo Maçônico* pela própria complexidade, que só compreendem os Adeptos da Ordem.

28. Já que foi levantado pelos Cinco (5) Pontos da Maçonaria, explicai? A explicação em si nada revela, só é solicitada para complementar a história. **R:** ***Farei Respeitabilíssimo ou VM***; assim:

- ***m:.d:. na m:.d:.*** *= que significa o dever em estar pronto a socorrer seus pares;*
- ***p:.d:. com p:.d:.*** *= que sempre se deve correr em defesa e amparo dos pares;*
- ***j:.d:. com j:.d:.*** *= que ao estar prostrado perante o Supremo, nunca deve se esquecer disso;*
- ***Peit:.d:. com p:.d:.*** *= que os Segredos não devem ser revelados, mas guardados no peito;*
- ***m:.e:. com o:.d:.*** *= que se envidem esforços na defesa dos pares, sejam quais forem as ameaças;*

e os *Cinco (5) Pontos* mostrados ao Candidato constitui um *Código de Ética* a respeitar e cumprir.

29. Qual a razão por que o privaram dos metais? A razão de retirar os metais do Adepto *não* significa despojá-lo dos bens. **R:** ***Porque na construção do Templo não era permitido ruído de instrumento composto de metal***; porque, apesar do esclarecimento histórico, não é possível deixar o misticismo; e, para construir o *Templo Espiritual,* não são precisos instrumentos de metal, mas sim os apropriados, sendo que a proibição não diz respeito ao metal, mas ao ruído, que é uma vibração pesada e inconveniente, além dos sons gerarem poluição sonora; a poluição surgida na industrialização por: *fábricas – veículos – aeronaves – e outros*, que atentam contra a Natureza.

2º Vigilante

30. Por quê? Porque a Humanidade se preserva ao evitar a calamidade sonora, lembrando que a construção do *Templo de Salomão* foi erigida sem ruídos. **R: *Por que, então, tanta perversidade para com o Homem?*** Não só o Homem sofre consequências, mas os animais também são atingidos; por exemplo, em *Porto Alegre*, no *Parque da Redenção* há um mini-zoológico com quase 50 anos, mas ao lado tem aberta uma rua, em que transita grande número ônibus provocando ruído ensurdecedor; a partir disso, os macacos alteraram o comportamento irritadando-se, chegando a morrerem em poucos meses; e mais, o ruído excessivo afronta também o reino vegetal, pois as vibrações ferem a *fotossíntese*, e as árvores envelhecem precocemente terminando por morrer.

31. Por quê, ao adentrar qualquer Templo, todos se sentem muito bem, e no silêncio confortante, como uma ilha num mar proceloso (tempestade ou borrasca)? A poluição sonora atinge os órgãos físicos e a sensibilidade espiritual; e, para ordenar a mente, o ser precisa retirar-se a lugar ermo, campo ou mata, mas sempre retornando à Natureza, como desde o princípio da Criação. **R: *Para que o Templo não fosse manchado***; e *manchado* significando *maculado*; e mais, sim, a poluição sonora é uma verdadeira doença do século XX que deixa manchas repulsivas.

32. Como foi possível construir esse edifício sem o emprego de instrumento metálico? As dificuldades que *Salomão* encontrou na grande obra, maior e única daquele tempo, foram aos poucos vencidas, porque não em vão foi considerado *sábio*; ademais havia superior direção espiritual, que por meio dos sacerdotes esclarecia suas dúvidas; então, na atualidade a voz superior tem outra origem – a *Tecnologia*, que com *Ciência, Recursos e Construções* contemplam muito ruído; e ainda, milhares de operários por muito tempo realizaram os serviços, pois a obra concluída parece tudo justificar; contudo, o ser vem destruindo a Natureza e a si próprio, e não só destrói a parte física, mas abala a espiritual, e que a cada nova geração se encontra menor espiritualidade.

Orador

33. E a Maçonaria? Pela incapacidade dos *Adeptos Dirigentes*, apenas acompanham a catástrofe. **R:** ***Porque os materiais foram preparados nas florestas do Monte Líbano, depois conduzidos em carros, erguidos e colocados com malhos de madeira feitos para a finalidade***; e as: *Pedras Angulares (alicerce) – Colunas – e Pedras mais simples (paredes e escadarias)*foram preparadas longe do local de uso; além disso, no *Monte Líbano*, distante quilômetros de *Jerusalém*, onde havia *cedros, acácias e ciprestes*, as árvores maiores utilizadas para o madeirame; e existiam também as pedreiras onde os *granitos, mármores e pedras nobres* eram desbastados, burilados e polidos no mesmo local; já os metais eram forjados vindo das fundições afastadas da obra; e ainda, desde os *ferro, bronze, ouro e a prata* tudo era preparado longe, e o ruído formado, evidentemente necessário, era absorvido pela floresta.

O Homem sentia as consequências das vibrações nocivas, mas os grupos de trabalhadores eram revezados, enquanto uns descansavam longe do ruído, outros já recuperados ingressavam no turbilhão das oficinas; e sem esquecer que só lenhadores eram 30.000, e todos os operários somavam mais de 150.000; cada pedra vinda à construção era ajustada ao lado e/ou sobre as outras, sem necessidade do uso de argamassa para a união; e como exemplo pode ser citado que, quem visita o Muro das Lamentações em Israel, nota três camadas superpostas, com pedras preparadas de modo diferente; o Muro foi construído onde existiram antigos Templos, sendo que cada camada corresponde à de um dos Templos; e mais, para ajustar as pedras usavam malhos de madeira dura, bem como as cunhas e outros apetrechos; ainda, a lição a ser extraída da obra é que os Maçons devem preparar as bases e materiais para erigir o próprio Templo Interior, com prudência para não manchar a construção.

A poluição sonora tem origem em vibrações excessivas, e mantém no espaço da construção uma vibração negativa a impedir as positivas e benéficas; o bloco de ar que deve ser receptível transforma-se em impenetrável, e o Adepto na construção do próprio *Templo* só para na morte, mas não se deve ser insensato em cercar a importante obra com os inconvenientes apontados.

34. Por que estavam descalços? E, notando que o Adepto está descalço, querem saber a razão. **R:** ***Porque o lugar onde foi recebido era tido como Terra Sagrada, na qual Deus disse a Moisés: "Descalça-te porque esta Terra é Sagrada"***; e estar descalço em *Templos e Locais Sagrados* é observado com rigor entre: *muçulmanos – hindus – hebreus – japoneses – tibetanos – e outros povos*; e sem haver razão específica é possível crer tratar-se de *tradição religiosa*; e ainda, observar que há mesquitas em que o devoto entra e deixa o calçado fora da porta, mas podem usar meias, de modo que, a rigor, não estariam descalços; e mais, *Moisés – Legislador do Povo Hebreu*, certamente tinha razões para determinar que em solo sagrado os pés pousem livres de embaraço, e que cobrissem a cabeça; até a atualidade, a *'quippa'* dos hebreus e o *'solidéu'* dos católicos cobrem a parte posterior e central da cabeça; é permitido pisar a *Terra Sagrada descalço*, demonstrando integração ao solo e igualdade, pois *pés descalços* são também sagrados, sendo sagrado o Homem porque é Criação de Deus; a *Terra Sagrada* não precisa de lugar selecionado, mas se torna *Sagrada* se ali é construído um: *Altar – Templo – ou houve ocorrência que torne sacra*; por exemplo, nas:

Secretário

- *Arábia Saudita, onde se encontra a Pedra Negra do Profeta;*
- *Jerusalém, na Mesquita de Omar ou Domo da Rocha há a Pedra de onde o Profeta foi ao Céu;*
- *Horto do Getsemani, onde Jesus chorou;*
- *enfim, a tradição conserva um Local Sagrado, tanto que há lugares como:*
- *Roma = possui dezenas de locais assim privilegiados;*
- *França = em Lourdes, onde as romarias são constantes;*

e, para os Maçons, seus *Templos* são *Terra Sagrada*, e se não se descalçam para entrar, obedecem à tradição descalçando os Candidatos nas Iniciações; na atualidade, época de materialidade, a tradição quase desaparece, mas ficando claro quão benéfico é venerar e respeitar os *Lugares Sagrados.*

35. ***Quem sustenta vossa Loja?*** A Loja é o espaço destinado a Reunião de Maçons. R: ***A Loja não subsiste por si só, mas é sustentada***; não é a sustentação de um teto, ou de quem a mantenha, mas de um sustentáculo esotérico; esses sustentáculos são: *simbólicos – místicos – e esotéricos*; é a *trilogia* em função, porque não são meras *Colunas*, mas *Grandes Colunas*.

36. ***Quais são seus nomes?*** Ao se admirar uma construção importante, há de se notar seus sustentáculos arquitetônicos, geralmente *Colunas*, que podem não obedecer qualquer ordem arquitetônica; são *Colunas de Sustentação* revestidas de materiais nobres e distribuídas harmoniosamente; e de modo geral, ***ao adentrar um grande banco, o saguão contempla belas Colunas que dão à construção equilíbrio, beleza e segurança***; mas, não deram nomes às *Colunas*; contudo, a mais célebre *Colunata* é do *Pátio do Vaticano,* chamada *Colunata de Bernini*, que abrange o conjunto; e na *Piazza San Pietro 'Il Colonnato'*, composto por *284 Colunas* agrupadas de 4 em 4; e por sobre há *140 Estátuas de Santos* esculpidas por alunos do genial escultor G. L. Bernini; as *Colunas* não receberam nomes, pois sua importância não está na individualidade, mas na função. R: ***Sabedoria – Força – e Beleza***; nomes de identificação, que não especificam *Colunas de Sustentação*; assim:

- ***Sabedoria*** *= A mentalização do que é Perfeito;*
- ***Força*** *= A expressão da realização; e*
- ***Beleza*** *= Tudo que atrai.*

Guarda (ou Cobridor)

37. ***O que representam?*** As *Colunas* não são simbólicas, mas representativas; estando no lugar de alguém podem até materializar essa pessoa, como os *Três Grandes Mestres = Salomão – Rei de Israel, Hiram = Rei de Tiro, e o Grande Mestre Arquiteto*; e porque os Maçons apreciam repetições, podem a todo instante evocar as *três (3) personagens*; e o fato vivido é único e não se repete; assim:

- ***Rei Salomão – Grande Rei*** *= Tem história conhecida; raramente surge novidade para enriquecê-la, e quanto a interpretações, essas se multiplicam a cada momento;*
- ***Hiram ou Hirão – Rei de Tiro*** *= Também é um personagem fascinante, mas pouco conhecido; seus biógrafos não encontram subsídios a evocar seus feitos, e de sua personalidade; e*

- ***Hiram – Artífice / Adonhiram – Provedor de Impostos de Salomão*** = *Suas histórias mesclam-se na Lenda do Mestrado; e pouco sobre esses se tem a apresentar;*

contudo, estando o Integrante no *Templo* pode assumir essas personalidades; então, ***poderia um Mestre pensar em poder ser: Salomão – Hiram/Hirão – ou Hiram/Adonhiram, mas qual seu papel na incursão à alma individual; toda vez que o Maçom demonstrar em atitude um momento de Sabedoria, não será simples Iniciado, mas terá a mente do sábio***; e estando imerso em esoterismo se conscientiza de que sua vida será: *Sabedoria – Força – e Beleza*; e o que é evidente não cai no ostracismo, então: ***Os Três Grandes Mestres se empregaram na Construção do Templo?***; e, no texto *empregar* significa se: *Efetivamente participaram da Obra do Templo?* Sim, pois:

- ***Salomão*** = *Traçou o Plano por ordem de Deus, e deu dinheiro e mantimentos aos operários;*
- ***Hiram*** = *Forneceu materiais preparados nas Florestas do Monte Líbano; e*
- ***Hiram/Adonhiram*** = *Coordenou a execução da Grande Obra sob sua direção;*

e o *Templo*, não mais existindo em *Pedra*, mas apenas no plano espiritual, teve sua *edificação* dividida em *três partes*, e entregue à excepcionais realizadores; na Bíblia, encontra-se em *I Crônicas (C.22) e II Crônicas (C.2a4)*, a descrição de como foi erigido; cada Mestre representa os *três personagens* e se orgulha disso, pois trará à atualidade a evocação de feitos memoráveis, que são o sustentáculo da *Ordem Maçônica.*

Respeitabilíssimo Mestre

Finalmente, como foi dito no início da Instrução, dependendo do Rito adotado pela Oficina, as perguntas e respostas compõem o *Cerimonial de Exaltação ao Mestrado*, enquanto o Respeitabilíssimo ou Venerável Mestre faz os diversos *questionamentos* dirigidos aos Venerabilíssimos ou 1º e 2º Vigilantes, como se fossem os verdadeiros Candidatos à *Exaltação*; e que provem as respectivas respostas esclarecedoras referentes à *Filosofia do Grau*; e mais, esse procedimento é um tipo de *prova* para aquilatar a memória e o conhecimento pelo rigor do Ritual.

A VAIDADE E O MESTRE

Respeitabilíssimo Mestre

A Instrução pode ser entendida como uma espécie de *alerta* às Lojas do Simbolismo, porque nas do Filosofismo o entendimento é diferenciado; e a explanação não causaria o impacto requerido, se tratrada superficialmente, mas tudo deve ser bem compreendido, pois será tratado com a devida rudeza; assim, das recorrentes interferências que assolam a Ordem e seus Adeptos, que deve ser combatida e extirpada, trata-se da *Vaidade pessoal e/ou colegiada*, então:

- ***Vaidade:*** *palavra curta, pequena, de fácil pronúncia e tom suave, mas em muitas ocasiões pode encerrar uma situação grave de comportamento, com consequência desastrosa; e, literalmente, é: Qualidade do que é: vão – vanglória – ostentação – presunção malformada de si – futilidade – e outros; e, dessas características e aspectos descritivos, tem-se que:*

– *A vanglória é perniciosa, objetiva o: ostentador – presunçoso – arrogante – e frívolo; e*

– *A presunção malformada de si implica em embaraços; se na Ordem os pares tratando-se por Irmãos, presume-se o império da verdade, e a má fundamentação de si levanta suspeita da idoneidade de tudo o que foi dito.*

1º Vigilante

Mas, infelizmente, há os que se locupletam pela *vaidade*, somente por deterem *Altos Graus Filosóficos*; e, nessa condição especial, em que devem saber mais do que outros, deveriam se portar, no mínimo, sem modos inadequados.

A diferença entre a *vaidade* masculina e a feminina é que a última não implica maiores consequências, atendo-se quase só à estética; mas a masculina preocupa caso atente à futilidades, pois pode culminar em disputas desnecessárias, resultando em problemas interiores, principalmente quando essa *vaidade* passa também a incluir o fator *Poder*.

Contudo, sabe-se que o fator *Poder* é, absolutamente, inerente ao Homem; e na Maçonaria, pelo preceito de *Desbastar a Pedra Bruta – o Burilar individual*, cada Adepto se incumbe de *dar acabamento ou burilar a si próprio*, bem como todos à sua volta.

Mesmo assim, todo Integrante que, erroneamente, se arvora em deter: *dever cumprido – títulos – ou extensa bagagem maçônica*, deve estar ciente de que leva tempo para se aperceber que só isso nada contribui ao destino e engrandecimento da Ordem; e mais, que efetivamente a Maçonaria deve sempre ser *praticada no dia a dia,* na busca permanente de *Novos Adeptos*, e ao mesmo tempo investir na melhoria constante da Humanidade; mas, o Integrante pode passar pela vida, profana e maçônica, sem entender que se tornou só mais um ser pleno de *vaidade*; contudo, aos Adeptos cabe ininterrupta busca da *verdade*; característica que contribui para que a Ordem seja uma organização virtuosa, e, com efeito, poder ser preceituada como não tendo similar.

Ao longo do tempo, para a Maçonaria permanecer reconhecida como uma efetiva Instituição digna de respeito, como em realidade o é, na atualidade como antigamente, necessita contar com a objetiva renúncia da possível *vaidade* dos Adeptos, sempre com vistas ao *Bem-Comum*; contudo, sendo assíduo aos trabalhos em Loja, com frequência verifica as atitudes de Integrantes que, com respeito ao mencionado, são desentendidos, ou se fazem; mas querem manter de qualquer forma sua influência e seu círculo de *Poder*; entretanto, apesar da humana *inerência ao Poder*, felizmente, todo Maçom, por seus *Ensinamentos*, nunca deve se ater a essa inadequada condição.

Em conclusão, o perpetuar de qualquer Instituição passa pelo não duvidoso entendimento dos Integrantes, e a renovação sistemática dos *líderes*; e, sendo condição os Integrantes renunciarem às *vaidades*, e a consequência que é o *Poder*, e sempre dirigindo suas ações e atitudes ao *Bem*.

2º Vigilante

Por exemplo, há Adeptos que se vangloriam em descumprir a legislação, e a consequência desses atos torna a si e aos que anuem intransigentes; e mais, essas atitudes no tempo se desvirtuam em pura *vaidade*, e em arrogância por se tornar não cumpridor do *Poder* que não possui, e muito menos detentor de apoio pela Maçonaria.

No Mundo Profano é difícil alguém viver em igualdade com os demais, e não ser imposta alguma subordinação; mas, na Ordem essa condição de vida é imperiosa necessidade, assim, não é suficiente que o Adepto seja respeitado como Homem, mas deve, obrigatoriamente, ser *muito respeitado* como Mestre Maçom; e não importa qual seja seu Grau ou Rito, mas o importante é ser respeitado pela Iniciação, e a Instituição a que pertença e esteja agregado; por isso, além de dever estar arraigado aos Adeptos da Maçonaria, a esse respeito ainda cabe aos Integrantes fazê-lo crescer em benefício da Organização, jamais permitindo que se transforme em condicionantes de: *orgulho – egoísmo – e principalmente vaidade*; porque o Adepto envaidecido em ser Maçom é uma condição boa e proveitosa, mas caso seja *vaidoso* e refém do *Poder*, não trará nenhum benefício à Maçonaria, nem a qualquer de seus Integrantes.

Por tais causas e efeitos, as: *Liberdade – Igualdade – e Fraternidade*, que compõe o *tríplice sustentáculo* da Maçonaria, devem ser o motivo da luta dos Adeptos para que jamais seja distorcida sua real finalidade; dessa maneira, os *Ensinamentos* propalados em seus vários *Graus – simbólicos e/ou filosóficos* jamais devem ser: *viciados – distorcidos – e motivo de perjúrio*; portanto, sem nenhuma restrição os Integrantes devem ter plena consciência disso.

Competentemente, a Ordem estipula que sejam realizadas nas Lojas, *Sessões ou Reuniões – costumeiras e obrigatórias*, e que devem servir, dentre outras características, até como uma espécie de *bálsamo* às dificuldades e angústias do dia a dia de todos os seus Integrantes; mas, infelizmente, nem sempre é isso o que ocorre, pois amiúde é possível presenciar entre seus Adeptos um tipo de *guerra surda* pela manutenção de posições tidas como de destaque perante os demais, ou seja, o que é incompatível com os ditames e princípios da Ordem; e mais, por ser uma verdade inconteste, e um dito maçônico muitas vezes repetido, assim:

- *Entre um Homem Iniciado simplesmente portando seu Avental, e um verdadeiro Mestre Maçom, existem diferenças absolutamente significativas!*

por isso, a condição financeira do Adepto jamais deve *se prestar, prover ou referenciar* ao nivelamento dos Integrantes pela capacidade monetária possuída, ficando definido que tal atitude não se caracteriza ao reconhecimento e vinculação solicitada pela Ordem pois essa disponibilidade, realizada e orientada pelo *G:.A:.D:.U:.*, não deve ser usada para demonstrar *Poder*, nem tampouco como ferramenta que viabilize as individuais ações e atitudes.

Orador

E cada contribuição monetária realizada, destinada a um Adepto, pessoa ou instituição externa, instituída em nome e graça do *G:.A:.D:.U:.*, deve ser entendida como uma *feliz obrigação*, e nunca como realçar o *Bem* ou *Mal*; porém, em realidade, deve-se estar certo que ninguém é dono de nada, significando que é apenas o guardião dos metais possuídos; assim, todos os Maçons devem a todo instante se recordar desses preceitos.

A cada valor monetário confiado a um Adepto da Loja, obrigatoriamente, deve seguir a competente prestação de contas; e, deixando claro que não há dono desses recursos, sendo apenas seu portador, devendo isso sempre ser relembrado.

Reza a Instituição que cada Adepto deve ser *aceito e compreendido* de modo invdependente, condição significativa e válida à Ordem, principalmente quanto aos fatores intrínsecos; ou seja, as premissas orientadoras da Organização, seus apregoados e irradiados valores humanitários, disponibilizados pelos Adeptos dentro e fora da Loja.

Tanto assim que a Ordem também pode ser vista como uma *Escola de Humanismo*, e disso ninguém pode duvidar, porque a Ordem ao estudar: *Filosofia – Filologia – e aspectos do Campo Social* procura incutir nos Integrantes a capacidade de modificarem a: *Si próprios – à Sociedade – e aos de sua convivência*, no que tange a comportamentos, em que deve sempre ser demonstrada a *Conduta Exemplar de Moral e Ética*, e, obrigatoriamente, tentar transferi-la aos demais; portanto, em conclusão, na Ordem não há espaço, nem são cabíveis as *vaidades*; por isso, os Adeptos devem preservar a Maçonaria, e mantê-la longe de situações comprometedoras quanto ao futuro.

Por outro lado, como afirma o autor A. Queiroz em *Os Símbolos Maçônicos*, no que se refere à *Egrégora*, é comum no *Mundo Profano* serem encontrados ambientes em que as pessoas sintam que o local possa transmitir negatividade; e, de modo análogo, pode ocorrer também nas Lojas, pois havendo Integrantes movidos pela *vaidade* e desejosos de *Poder*, podem produzir um ambiente nocivo formando *Egrégora* negativa, que domina as mentes dos participantes.

Como consequência da repetição contínua dessa prática por inadequados Adeptos, no extremo, pode acarretar o fechamento da Loja, ou como estipula o vocabulário maçônico, no *Abatimento das Colunas* da Oficina; ademais, nenhum Maçom tem direito de atentar contra os sublimes princípios da Ordem; e assim os Adeptos devem bem refletir sobre suas atitudes.

Seretário

De outra parte, cabe verificar o estágio atual da Ordem, que nos últimos tempos tem demonstrado sua perplexidade sobre desmandos e práticas não recomendáveis, que infelizmente estão imperando nos *Quadros de Obreiros*; e que pode ser notado pelos artigos publicados por Maçons, inclusive Grão-Mestres, e em manifestações na internet.

Não generalizando, mas podendo ser atestado, os Adeptos de muitas Lojas passaram a *discutir* intensamente a respeito de pequenas *minúcias* referidas a procedimentos ritualísticos, que na maioria das vezes são atinentes a aspectos quase sem nenhuma importância, e/ou a interferir com importância nas *Cerimônias e Cerimoniais* contidas nos Rituais; mas que podem se transformar em *vaidade* daqueles que pensam deter todo conhecimento ritualístico.

Contudo, esses Adeptos poderiam perder menos do precioso tempo com tais pendengas, esquecendo-se que, definitivamente, consta dos Rituais o que deve reger os trabalhos das Oficinas; e que, para as disposições ali não contidas, sempre haverá um *decano* da Loja que, rapidamente, poderá ser consultado; entretanto, o mais difícil aos *vaidosos* é essa opinião ser acatada sem *contestação*, e os trabalhos seguirem seu curso com os Integrantes satisfeitos.

Certo é que as Oficinas *jamais* devem esquecer o *objetivo maior*, ou seja, o dever de se sedimentar como patrocinadoras e auxiliares de entidades beneficentes e clubes de ajuda; mas, trabalhando também para que nenhum Adepto possa sequer pensar em se servir dessas benesses, que são de todos, para se locupletar em pura *vaidade*; mas, infelizmente, como consequência imediata, ocorre intensa debandada das *Sessões* das Lojas, porque o princípio e conceito basilar da *Fraternidade* estão também sendo atacados pela falsidade e egoísmo de vários Adeptos; por isso, a Oficina Maçônica tem se transformado num local de muitos faltosos e pouco frequentado.

Pelo exposto, assim ocorrendo a Ordem se empobrece e as Lojas ficam quase vazias; contudo, cabe a expectativa sincera de que isso não se confirme, e por todas essas razões, procedem as seguintes indagações referentes aos destinos da Instituição:

- *Caso isso perdure, a Ordem estaria em trajetória de extinção, e dos Ensinamentos Milenares?*
- *O Adepto não mais seria partícipe efetivo da História, para viver só das glórias do passado?*
- *O Adepto seria um conduzido passivo; o mesmo que protagonizou e conduziu a Humanidade?*

nas, a verdade inconteste é que a Sociedade está debilitada e decadente, por *reflexo* das condições inerentes a si própria, e esse mal afeta as: *Instituições – Organizações – e Corporações.*

Guarda (ou Cobridor)

Noticiários, jornais, revistas e outros, cotidianamente, mostram elevado número de mortes estúpidas e/ou estapafúrdias de jovens por diversas causas, ocorridas até em ambiente escolar; e a frequência com que esses fatos acontecem mostra que a juventude está em crise; e, por infelicidade, que essa crise é parte extremamente importante que compõe a doença da *Sociedade*; e, enquanto isso, deformações morais e emocionais geradas pela desídia dos pais em educar os filhos encampou o Mundo refletindo-se nos meios de comunicação por fatos e cenas absolutamente chocantes quanto à: *violência – miséria – e desespero.*

Atualmente, no Mundo vêm ocorrendo rápidas e profundas mudanças sociais e econômicas, e mesmo assim, os mais tradicionalistas persistem em pregar suas retrógradas ideologias; e, enquanto na maioria dos países ainda impera e continua a aumentar a pobreza, cresce o número de povos que vêm sendo mais excluídos socialmente, tendendo ao acréscimo da criminalidade e da impunidade, o que provoca acentuarem-se os conflitos.

E, se no Brasil antigamente imperava uma *Sociedade* escravista, onde os ditos *coronéis* eram imunes às *Leis* e compunham uma *casta* privilegiada, na atualidade uma versão moderna dessa classe ainda existe, utiliza a tecnologia para conseguir sua finalidade, e até mesmo de meios ilícitos, consequentemente, adquirindo muito *Poder,* enquanto a imensa maioria da Sociedade sofre das mais variadas faltas; e ainda, na *Sociedade* moderna para eternizarem-se no *Poder* utilizam quaisquer meios e/ou alternativas, impactantes ou nem tanto, desde que o resultado seja sua permanência em posições de *mando.*

Mas, em verdade, a Ordem pode e deve auxiliar em encontrar um novo caminho; ou, uma nova alternativa que tanto elimine as ideias ultrapassadas que não deram resultado, quanto mostrar uma nova trajetória que permita reinventar procedimentos e propiciar a decantada felicidade.

E a Maçonaria, que sempre ergue suas Colunas em ferrenha defesa das *Leis*, não pode se sujeitar aos maus desígnios que, nesses dias, está impondo a *Sociedade*, referidos a desvios dos salutares usos e costumes, sedimentados pelos antigos, mas mal alterados pelos oportunistas.

Por isso, as Oficinas necessitam se unir pela ideologia maçônica e os princípios éticos e morais que a Ordem pleiteia sejam preservados, independendo da *Potência* a qual estejam vinculadas as Lojas; e formar fileiras pacíficas e pacifistas pela modificação estrutural da organização social, em tudo que se mostrar deturpado e passível de melhoria.

Respeitabilíssimo Mestre

Então, como sugestão a Maçonaria precisaria repensar o que aí está, e sob a égide de um plano de metas elaborado por toda a Ordem, com a efetiva colaboração e contribuição dos seus Integrantes dispostos a tanto; e começar esse pleito visando a um futuro melhor a todos; assim, a prioridade seria por uma educação rica e competente, aliada ao princípio da responsabilidade.

Pois, somente com a elevação dos padrões morais e culturais, pela meritória educação dos jovens, os futuros dirigentes dos países, é que será possível prover verdadeiramente o equilíbrio entre os *Direitos e Deveres* individuais, e assim, ensejar o surgimento do respeito ao próximo.

Finalmente, será por meio de *jovens idealistas e boas escolas* que será conseguido o reavivar da verdadeira Maçonaria; porque só por intermédio da *Ética – Justa e Perfeita* é que se alcançará uma *Sociedade* pródiga e correta, e em consequência, a tão almejada e verdadeira *Paz Social*, onde naturalmente imperem as: *Liberdade – Igualdade – Fraternidade – e Justiça.*

O MESTRE COMO PADRINHO-MAÇOM

Respeitabilíssimo Mestre

Normalmente, são observados Adeptos comentando, e até criticando, Lojas que não conseguem crescer tão rápido quanto recomendável, e por equívoco, chegam a perguntar se os Integrantes não têm amigos; entretanto, não é assim que deve suceder, pois não é qualquer amigo que deve ser convidado a engrossar as *Colunas* das Oficinas.

O que é devido porque não há interesse na quantidade de Membros, mas e principalmente, na qualidade dos Componentes do Quadro, pois só com qualidade serão perpetuados os Propósitos e Ensinamentos da Ordem, que não devem ser conhecidos por profanos ou não iniciados; assim, o Mestre sendo *Padrinho*, não deve esquecer que o afilhado no futuro, dos cargos que possa ocupar ou ser eleito, poderá ser o Venerável da Loja e até o Grão-Mestre da Obediência Maçônica.

1º Vigilante

Por isso, cabe ao Mestre ser muito exigente na escolha; assim:

- *Não deve convidar qualquer pessoa que conheça há pouco tempo;*
- *Nem pensar que por boas impressões iniciais contará com outro excelente companheiro;*
- *Não só por isso, deixar-se levar a crer que aquele tenha perfil para ser um bom Maçom;*
- *Jamais pensar em recompensa, premiando o que tenha prestado algum favor; e*
- *Nem porque faz parte de uma casta social privilegiada, de médio e/ou alto nível;*

assim, deve procurar entre os antigos conhecidos ou amigos os que se identifiquem em poder contribuir com: *cultura – estudo – e trabalho*, voltado a seus pares e à sociedade em que vive.

O perpetuar da Maçonaria depende muito do *Padrinho-Maçom*, pois dependendo de como forem suas escolhas ou indicações, infelizmente, a Ordem poderá não contar com excelentes Adeptos, mas simples Integrantes incapazes de desenvolver o trabalho proposto pela Instituição, que é oferecer todos os meios possíveis que facultem melhores dias e mais felicidade à Humanidade.

Contudo, permanecendo claro que os meios apresentados pela Instituição para que seja feliz a Humanidade, são diminutos e simples, bastando que os Adeptos os exercitem colocando em prática no Mundo Profano; assim, pelos recursos maçonicamente estabelecidos cabe ao Adepto pregar:

1º) Amor como meio primordial de resolução de qualquer problema, e união das pessoas;

2º) Pelo aperfeiçoamento dos costumes é possível viver em Sociedade sem tumulto;

3º) Exercitando a Tolerância com paciência, evitam-se atritos entre as pessoas;

4º) Por suas ideias próprias, deve ser tratado com igualdade, mas respeitando a autoridade e crença individuais, sem fronteira ou raça, sendo efetivamente iguais.

E surge a grande responsabilidade do *Padrinho-Maçom* ao indicar Candidatos, pois deve ser perspicaz em avaliar se podem desenvolver as atividades como são ensinadas, e depois exigidas.

2º Vigilante

E por essas e outras razões é que o *Padrinho / Proponente-Maçom* é tão importante quanto o Candidato, porque sempre deverá ser o responsável direto por seu afilhado; e o que é devido porque o *Padrinho-Mestre*, perante a Assembleia da Loja na apresentação, garantiu por documento assinado que o escolhido reúne as qualidades e características exigidas e auspiciadas pela Ordem, para que, honrosamente, pertença e componha o Quadro de Obreiros da Oficina.

A responsabilidade desse Mestre, que começa pela escolha do Candidato, e continua pela vida a evolução maçônica de ambos – *Proponente e Candidato*; e nunca o *Padrinho-Mestre* deve permitir que o afilhado siga por caminhos tortuosos, sempre oferecendo a melhor palavra e orientação; isso para que seu inicialmente Convidado crie reais condicionantes que qualifique a galgar os Degraus estipulados pela Ordem na *Escada Evolutiva*, somente pelo próprio merecimento.

E o Mestre deve sempre estar ciente de que *Padrinho significa Protetor e Patrono*, enquanto *Afilhado tem significado de Protegido e Patrocinado*, e *Candidato tem significação de Cândido, de alma Cândida caracterizada pela candura, e figurativamente, Ingênuo – Inocente – e Puro*; assim sendo, Candidato deve reunir qualidades que o dignifique, para juntar-se aos Adeptos da Ordem, que tem por base uma *Filosofia* milenar, e que sempre se apresenta oportuna e atualizada.

Ao Mestre, como *Padrinho-Maçom*, compete conhecer muito bem o Candidato apresentado, bem como, necessário se faz conhecer a própria família desse requerente à Ordem.

Quando o Profano inicia, deve-se compreender que também ingressa sua *esposa – filhos – e demais familiares*, razão pela qual é importante a participação efetiva dos componentes da família, que integram a realização dos diversos: *Atos – Cerimônias – e Associações*, tais como: *Solenidades Festivas – Ordem DeMolay – Filhas de Jó – Movimentos Caritativos – e outros*.

Orador

Novamente, como já foi dito, relembrar que é extremamente necessário que o *Padrinho-Maçom* tenha muita cautela na escolha do afilhado, e devendo para isso conhecer bem seus:

1. *Relacionamento Familiar,*
2. *Procedimento com colegas de trabalho,*
3. *Situação Econômica e Financeira,*
4. *Disponibilidade de tempo para acompanhar os interesses da Ordem,*
5. *Nível e grau de cultura,*
6. *Desenvoltura no uso de palavras e, principalmente,*
7. *Grau de percepção no entendimento de temas expostos.*

Então, o Profano só deve ser convidado a ingressar na Ordem, se demonstrar, sem dúvida, real interesse para tanto, e quando sua esposa, se casado for, não demonstre o mínimo sintoma de desagrado e/ou má vontade.

O *Padrinho-Maçom*, ao apresentar seu Candidato pela *Pré-Proposta*, costume não obrigatório, mas facultativo dependendo dos usos da própria Loja, podendo até ser sugerido que a Assembleia venha, de

antemão, decidir se deve ou não ser liberada a *Proposta*; e pelas *Leis e Procedimentos Ritualísticos* usuais, quando for aprovada, o *Mestre Padrinho-Maçom* terá toda autoridade delegada pelos pares de Ordem, que demonstraram total confiança, entendido que o *Padrinho-Maçom* então trará à Instituição um futuro Maçom, e que venha preservar a cultura, tradição e costumes da Instituição.

Contudo, a responsabilidade do *Padrinho-Maçom* não esgota aí, porque depende do seu o comportamento do afilhado que o tem como exemplo, e sendo responsável por manter esse costume; e além, parece ao afilhado como: *Mestre dos Mestres – Pai – grande amigo – e confidente e conselheiro*, e como foi dito, que a conquista dos Graus se faça exclusivamente por mérito.

Logo, ao *Padrinho-Maçom* compete ser exemplo ao afilhado, inclusive em cumprir com rigor as obrigações pecuniárias com a Instituição; e cabe recordar que o *Padrinho* o procure caso esteja inadimplente com a Loja ou Potência, pois ao apresentar o proposto, categoricamente, confirmou por documentação ter condições de responder por sua idoneidade moral e financeira.

Secretário

Noutras palavras, o *Padrinho-Maçom* ao apresentar à Assembleia o nome do Candidato, é certo que ninguém conhece o apresentado, contudo, os Integrantes da Assembleia acreditam nas afirmações do *Padrinho* e aprovam o envio da *Proposta Definitiva*; todavia, ao ser formalizado o processo com sindicâncias e documentação da idoneidade do Candidato, é de bom alvitre que o VM oriente os sindicantes a serem exigentes; e não só confiando nas informações do *proponente*, porque, mesmo um Maçom, não deixa de ser Homem, e por isso, falível e passível de erros.

Infelizmente, há casos em que o *Padrinho-Maçom*, depois da Iniciação do afilhado, se afasta da Maçonaria, como se dissesse: "Vou deixá-lo em meu lugar"; mas, por vezes, nota-se o afilhado cobrar do Padrinho as responsabilidades que não vem cumprindo; e ainda, como já foi dito, em verdade o *Padrinho* deve se comportar sempre como o espelho do seu Convidado; portanto, precisa ser reconhecido pelos Adeptos o estabelecido como sendo *Princípio Maçônico*, que o nome de um Candidato não surge só de vontade profana, mas se origina de *Predestinação Divina*.

Então, é o *G∴A∴D∴U∴* que passa ao Mestre, reconhecido como *Apresentador ou Padrinho*, aquele que, de fato e por direito, tem condições e merecimento suficientes de ser Iniciado nos *Augustos Mistérios da Sublime Instituição*; assim, quando o Adepto recebe a missão determinada pelo *G∴A∴D∴U∴* de propor um Candidato, deve se conscientizar dos encargos advindos com essa apresentação; por isso, jamais deve escolher por emoção, mas somente por força da razão.

E, dependendo do Rito, é possível orientar que o *Padrinho-Maçom* deva, no dia da Iniciação, conduzir o afilhado ao local da Iniciação; e, chegando ao endereço da Loja, na *Sal∴PP∴PP∴*, ou antes, o Candidato até pode ser vendado pelo *Padrinho* e, obviamente, ficando privado da visão.

E, privado do mais precioso órgão dos cinco sentidos, o Candidato não vê a materialidade e passa a enchergar com olhos do espírito, iniciando um verdadeiro processo *esotérico*, que produz efeitos misteriosos; e ainda, gerando o que criará imagens e alegorias na mente do Iniciando.

Guarda (ou Cobridor)

Ainda dependendo do Rito, já vendado o Candidato é levado a outro *Adepto (Experto)*, que no REAA toca seu ombro e diz: *"Sou vosso guia. Tende confiança em mim e nada receeis"*; então, confiante, o Candidato realiza os atos pormenorizados no Ritual sobre o Cerimonial de Iniciação; e, depois de Iniciado, ao *Padrinho-Maçom* compete dotar o novo Integrante das condições básicas, para se desenvolver e trabalhar, com satisfação e entusiasmo; e dentre essas orientá-lo:

1) *Ainda no dia da Iniciação, a não comentar o que passou, até porque prestou Juramento.*
2) *Sobre ritualística, como: entrar na Loja atrasado – circular e sentido (l∴d∴ ao Alt∴JJur∴).*
3) *Quando: Fazer Sinal – Treinar o Trolhamento – e Incentivar leitura do Grau.*

e, com tais *Ensinamentos Básicos,* as qualidades do Neófito serão adequadamente desenvolvidas.

É importante o *Padrinho-Maçom* capacitar o afilhado no uso da *Sabedoria* no exercício da *Paciência*, e a observar os procedimentos ritualísticos; e, se o afilhado for merecedor e alcançado seu objetivo com a Iniciação, que o tornou Maçom, absorverá qualquer informação mostrada.

Ainda cabe ao *Padrinho* fortalecer o entusiasmo e dinamismo do afilhado, levando-o ao deslumbramento da Iniciação, explicando de modo inteligível o processo iniciático, e explicitando que o *Simbolismo* da Iniciação está em que o *Profano* morre para renascer como Maçom.

Então o *Padrinho-Maçom* exalta a magnitude da Maçonaria como Instituição, e sendo um aglutinador e quem fortalece pensamentos, deixa o afilhado apto e vigoroso a enfrentar e ultrapassar obstáculos, contrapondo-se aos que, na maioria, são trazidos por falsos Maçons vaidosos e que passam a tentar impor ideias sempre desagregadoras.

Respeitabilíssimo Mestre

Se por ventura ocorrerem imposições desagregadoras provocando desarmonia na Loja, o afilhado deve recordar seu *Padrinho-Maçom*, que sempre foi exemplo de dedicação à Ordem.

Entretanto, na imensa maioria das vezes, o *Padrinho-Maçom* é apenas lembrado no momento da indicação do *Profano*; no entanto, o *Padrinho* deve sempre se fazer presente, e nunca permitir que o levem ao esquecimento, porque precisa ter desempenho fundamental na formação filosófica do seu afilhado, que pretende alcançar os mais elevados Graus da Instituição.

Finalmente, que o *G:.A:.D:.U:.* sempre auxilie os Mestres a cumprir essa *Sublime Missão*, isto é, de ser um importante, competente e operoso *Padrinho-Maçom*, conseguindo com sucesso trazer para as hostes da Ordem, os mais competentes Candidatos a perfeitos Maçons!

OS MISTÉRIOS DO MESTRADO

Respeitabilíssimo Mestre

1) Introdução

A palavra *Mistérios* é utilizada principalmente no plural quando referida aos cultos secretos revelados na Iniciação, e classificados como esotéricos, ou seja, ministrados aos escolhidos; e tais cultos também desenvolveram terminologia própria usando expressões como: *transmitir – consagrar – iniciar – mostrar/demonstrar – desvendar/olhar – simbolizar/significar – e outras.*

O termo *Mistérios* relaciona-se com a grega *Mystikós*, utilizada para representar os *Símbolos* do culto em suas relações com a *Divindade e seus Mistérios*; já o *sentido místico dos Mistérios* se refere a reconhecer o *sentido oculto* nos Ritos e Palavras acessíveis aos escolhidos ou *Iniciados*.

1º Vigilante

Alguns pensadores místicos chegam a dizer que: *'A vivência mística é inefável'*; e, além dessa afirmativa, complementam-na informando que: *'O místico é um alquimista espiritual'*.

E, como fenômeno religioso, a mística remonta aos povos primitivos, que buscavam uma ligação com o *Poder Superior*, o que faria por meio da: *devoção – mortificação – meditação – danças – e êxtase*, chegando até a serem provocados por embriaguez.

Os *Mistérios* e a mística possuem *Simbologia* extremamente complexa, e nada transparente, que se compõem, na sua grande maioria, por *Símbolos da Criação e da Vida.*

O termo *Mestre* tem origem no latim *Magister* que significa: *Aquele que é mais – mais sábio – e mais elevado e bom.*

E o terceiro Grau é o *Símbolo da Perfeição* da Humanidade, que só é conseguida por meio do desenvolvimento pessoal, consubstanciado pelo triunfo sobre todas as debilidades humanas.

Como crê a maioria, não é somente um Grau ou Título concedido, mas o *Mestre* é:

1) *Ser um Homem muito bem caracterizado, intelectual e espiritualmente, e*
2) *Ter a qualidade de conquistar, por próprio esforço, a Suprema Autoridade que varreu as: ignorância – egoísmo – e medo, que o mantém em estado de inferioridade e escravidão.*

O terceiro Grau de Mestre é da Exaltação pelo *merecimento*; mas, sem esse *merecimento* e muito esforço nenhum Adepto se fará Mestre, na acepção exata da palavra e/ou absolutamente completo, mesmo que pudesse passar inúmeras vezes pelo *Cerimonial de Exaltação* a esse Grau, ou que parecesse simplista serem outorgados diversos Diplomas característicos do Grau; assim, tudo isso se fará por intermédio do denominado *Programa de Realização*, que pode ser resumido a *quatro verbos* que são: *Saber – Ousar – Querer – e Calar*; então, deve-se estar cientes que:

1) *Todo aquele que 'sabe', sempre 'quer'; enquanto*
2) *Todo aquele que 'sabe – e quer', pode 'ousar', e ao final*
3) *Todo aquele que 'sabe – quer – e ousa, deve saber 'calar',*

pois, como diz o pensador *Lao Tse (adaptado)*: *O que muito fala, geralmente, quase nada sabe !*

2º Vigilante

Já se tem muito ouvido e lido que: *"A Maçonaria é um fato da Natureza"*, e por isso, seus: *Fenômenos – Ensinamentos – e Práticas*, devem repetir-se no centro do corpo humano, considerado como o *Templo vivo de Deus*.

Por intermédio das muitas obras literárias maçônicas disponíveis na atualidade, todos que desejem estudar e aprender as coisas da Ordem, devem antes compreender e sentir todo o ensinado; sabedores de que essa objetiva, principalmente, devolver o Homem ao seu *Mundo Interior*, para conseguir contemplar e estudar no interior de si, os *Mistérios* da Natureza e de Deus.

O Grau de Mestre tem duplo sentido, tidos inseparáveis: individual e coletivo, como aspectos interior e exterior da mesma coisa, ou, o que é feito no interior se torna potente no exterior; por exemplo: *É preciso metal para fabricar metal – multiplicar talentos precisa-se de talentos.*

O trabalho desenvolvido pelo Mestre deve se distinguir pelo *Amor*, entendido que sua *Remuneração ou Salário*, interior e exterior, é fruto do *Amor*, de modo que *Amor e Salário* compõem a natureza do Mestre; e não Diploma do Grau outorgado por Lojas ou Autoridades.

Então, pelo enunciado anterior, é possível adentrar profundamente no *Mundo Interior*, para descobrir, ler e aprender os *Mistérios* do Grau; mas, para alcançar com facilidade esse objetivo, é preciso relatar ao Companheiro e demais interessados, a *Lenda* do terceiro Grau de Mestre.

2) Palavra Sagrada e a Palavra Perdida

As *Palavras Sagradas* ficaram perdidas com a morte do *Encarregado* pela obra do *Templo de Jerusalém*; contudo, tendo sido determinadas pelo *Encarregado* para identificar e confirmar as benesses dos Mestres, em consequência, não era do conhecimento dos *Reis Salomão ou Hiram.*

Então, poder-se-ia afirmar que, simbólica e significativamente, as *Palavras* que sempre devem nortear e lastrear todo o tempo, as respectivas ações dos Adeptos da Ordem, relativas aos *Três (3) Graus do Simbolismo Maçônico*, seriam dos:

- *Primeiro (1º) Grau de Aprendiz = Fé;*
- *Segundo (2º) Grau de Companheiro = Esperança; e*
- *Terceiro (3º) Grau de Mestre = Caridade ou Amor.*

Buscando o corpo do *Encarregado*, os Dois Primeiros Mestres que o procuraram, simbolizando: *Fé e Esperança*, não puderam encontrar o *Cadáver do Mestre*; porém, somente o Terceiro Mestre – o *Amor*, pode achá-lo.

Orador

Mas, essas duas primeiras *Faculdades: Fé e Esperança*, não deteriam poder sem o real impulso da *Terceira – a Caridade*, tanto que sozinha até pode realizar verdadeiros *Milagres*.

Ademais, deve-se sempre vencer o *Egoísmo*, para haver a possibilidade de emprego da *Força Onipotente do Amor*, e ficando em definitivo claro que o *Amor* jamais pode conviver com o *Egoísmo*, porque esse baixo sentimento sempre mata nos Homens outros mais nobres, que seriam as: *Fé e Esperança*.

Além disso, apenas o *Amor* pode ressuscitar o Homem da morte (simbólica) da *Ignorância*, para a verdadeira vida do *Bem*; e somente essa magnífica *Faculdade* pode realmente regenerar esse Homem, assim que se livrar do *Egoísmo*, então, a *Palavra Sagrada* é a essência das: *Fé – Esperança – e Amor*.

A *Palavra Sagrada* do Grau de Mestre – *Hanebcam = A carne se desprende dos ossos*, tampouco é simples decifrar seu significado; contudo, pela *magia do verbo* significa: *A morte iniciática da matéria engendra o Filho*, equivalendo a: *Aquele que morre para as atrações materiais se converte em Filho Amado.*

Já a *Palavra Perdida* é a vivificadora, ou o *Verbo Criador*, que se perdeu desde o *Pecado Original*, quando então começou a se alimentar dos frutos indicados por sua mente objetiva; então, o Mestre deve descer ao *Inferno – ou à Tumba do Encarregado*, em busca dessa *Palavra Perdida*, porque é aquela que somente sai da *Boca de Deus*.

Então, o *Homem-Deus* que pode emitir aquela milagrosa *Palavra*, é aquele que venceu os: *'Vício com a Virtude – Erro com a Verdade – e Egoísmo com o Amor e o Sacrifício'*; e, além disso, uma vez tendo chegado o Mestre a esse *Estágio de Perfeição*, já pode começar a buscar com os Nove (9) Mestres aquela *Palavra Perdida que ocupou e ocupava a mente dos sábios!*

3) Características

- ***PALAVRA DE PASSE*** = *Até agora não há interpretação definitiva da Palavra de Passe desse Grau; e a Palavra é o nome do Quinto Filho de Jafet – Noé; porém, se analisado o nome pela Magia do Verbo e o Poder das Letras, ter-se-á o significado de: O triunfo na matéria pelo poder do sacrifício.*
- ***SINAL DE MESTRE*** = *Os Mestres Maçons têm um Sinal, assim como os Aprendizes e os Companheiros; então, esses Sinais entendidos como sendo o esforço constante do trabalho, são referidos a:*

- *Aprendiz = O Sinal se refere ao domínio da Língua ou da Palavra,*
- *Companheiro = O Sinal se refere às Paixões ou Pensamentos, e*
- *Mestre = O Sinal se refere ao esforço para os Instintos,*
- e, sem o último domínio, não há imortalidade efetiva, simbolizada pela *acácia*, cujas flores e perfumes são sempre-vivas.

Secretário

- ***TOQUE** = O Toque de Mestre significa os Cinco (5) Pontos de Perfeição, que acompanham a comunicação da Palavra, representados por: Solidariedade – Progresso – Reverência – Aspiração – e um Ideal Sublime.*
- ***FAIXA** = Ao Avental característico do Mestrado, que também é Emblema do Trabalho, o Mestre junta uma Faixa, que, dependendo do Rito adotado, também pode ter uma figura de Eclíptica Oblíqua, um ramo de Acácia, ou outro adorno.*

Na condição quanto ao Rito adotado, ainda pode representar ser uma *Faixa Zodiacal*, com seus *Doze (12) Signos e Constelações*, que marcam a trajetória dos *Astros no Sistema Solar*, em seu caminho aparente e real, sabedores de que cada ser tem seu próprio zodíaco.

4) Generalidades

No coração do Homem se encontra o *Sol Interno*, que ao derredor giram as mais importantes faculdades, e quando o Adepto adquire a *Perfeição Espiritual*, principia a desenvolver *Poderes* de amplitude enviando: *Pensamento – Aspiração – e Respiração*, aos centros ocultos do organismo.

A *Música*, isto é, o *Verbo* vocalizado com harmonia, a *Astronomia* e *Retórica* ajudam por seu apurado estudo, que é obrigatório, o Companheiro a converter-se em Mestre Maçom.

E como foi dito, quanto à *Idade Maçônica* dos representantes dos Graus, três anos tem o Aprendiz, cinco o Companheiro e sete o Mestre; sendo que a origem dessas *Idades* estaria na duração do *Aprendizado* durante a construção do *Grande Templo de Salomão*.

Chama a atenção, porém, o fato de um Mestre dever trabalhar durante sete anos para sua total formação, de onde se conclui que basta a *Exaltação* para que o Integrante passe a ser considerado Mestre completo; contudo, até então, apenas atingiu o Mestrado, onde deverá cumprir seu tempo, obviamente, para galgar *degraus superiores* ou ao menos, a ser votado *Venerável*.

Infelizmente, a esse respeito, não há literatura esclarecedora; por isso, dependerá de analisar a *Idade* do Mestre, sob o ponto de vista, exclusivamente, simbólico.

E, na construção do *Grande Templo*, a observância rígida do cumprimento dos anos de *Aprendizado* demandariam quinze (15) anos; e sabe-se que todo o processo da edificação do *Templo* demandou tempo muito maior, cerca de trinta e sete (37) anos; fato que exigiu a substituição periódica dos operários, artífices e mestres.

Como foi visto nas Instruções desse texto, a Simbologia do Número sete (7) é uma adaptação à *Idade do Mestre*; logo, perguntar-se-ia: *A Idade do Mestre é sete (7) anos em face do significado simbólico do número sete (7), ou foi à Idade que sugeriu a Simbologia do Setenário?*

Porém, a *Numerologia* é uma *Ciência* ainda não totalmente elucidada, mas que se originou em tempos primitivos, chegando até a criar teorias tidas como absurdas, que por isso serviram para toda sorte de especulações.

Guarda (ou Cobridor)

É evidente que cada *número* terá sua descrição e significado, mas no Simbolismo existe muito de coincidência e fantasia; assim, não é possível tomar um *número* como princípio exato de algum vaticínio, porque se assim for, torna-se desnecessário lançar mão de qualquer outro conhecimento, e o número revelaria o incognoscível.

Em toda *literatura sapiencial*, os *números* são valorizados, e para o sete (7) se destinam valores excepcionais, bastando verificar no *Livro do Apocalipse* para essa comprovação.

No alfabeto latino, composto de vinte e seis (26) elementos, se formados grupos de nove (9) letras, numeradas de um (1) a nove (9), e assim sucessivamente, se passaria a atribuir *valores numéricos* às vogais e consoantes.

Analisando assim o *nome* das pessoas, recebido quando do *Registro em Cartório*, colocar-se-ia *'sobre'* um traço as vogais, e *'sob'* o mesmo traço as consoantes desse *nome*; somadas as letras com os valores já conhecidos, a concluir que se as vogais somassem sete (7), ou as consoantes número igual, a vida *'mental-psíquica e vida material'* resultaria *aziaga – azarada, infausta, calamitosa ou de mau agouro*; e, sob o estudo da *Terapêutica do Destino* o número sete (7) seria fatal; mas, ao número sete (7) sempre foi atribuído valor altamente espiritual, benéfico e místico.

Assim, a *Idade do Mestre* se constitui numa *Idade de Ouro*, que atinge seu clímax dentro da Câmara-do-Meio, nessa posição muito embora seja na escuridão ou nas trevas.

Se ligada a *Idade do Mestre* aos *Símbolos Mortuários*, pode ser entendida como uma *Idade Aziaga*; porém, se ligada à *Plenitude do Conhecimento Maçônico Simbólico,* será uma *Idade Áurea*.

Portanto, o número sete (7) presta-se também a uma *dúplice* interpretação; e, além disso, é um número ímpar por excelência, que, sobretudo, se presta a múltiplas combinações aritméticas, que como resultado conduz a si os: *Mistério e Indecifrável*.

Porém, é necessário ter em mente que se está vivendo numa época de tecnologia, e com o uso do computador, poder-se-ia obter desse número sete (7) uma sequência infinita de definições, caso fosse possível se dedicar a uma programação completa.

E, como foi aludido anteriormente, no estudo da *Numerologia,* aplicado ao nome de qualquer indivíduo, se encontrará uma *Terapêutica ao Destino*, ou seja, o *arranjo* necessário para banir do nome os números quatro (4), cinco (5) e sete (7), considerados os signos das: *'Beleza – Desgraça – e Azar'*; e ainda, utilizar a *Terapêutica* no sentido de *Alterar o Destino*, desviando a pessoa de um caminho onde formou sua personalidade distorcida.

Para a criatura humana, de sete em sete anos ocorre renovação total de suas células; então, o Homem que há sete (7) anos comungava com todos, atualmente já não subsiste; e em seu lugar, surgiu outra criatura, embora essa nova criatura ainda conserve a mesma personalidade.

Respeitabilíssimo Mestre

Isso pode dar uma pequena ideia do valor do número sete (7) aplicado à *Idade Maçônica*; por isso, se sete (7) anos o indivíduo gasta para plasmar-se, significa que necessita de igual período para completar-se Mestre Maçom.

Consequentemente, Mestre Maçom é sinônimo de Sabedoria – de Orientador, de quem inicia a jornada pelo caminho conhecido, e com competência conduz o Companheiro Maçom.

O Grau de Mestre é o *clímax* da Maçonaria Azul ou Simbólica; mas contrariamente, não o é centro do Filosofismo, quando ainda tem pela frente mais trinta (30) fases complementares; quando, então, atingirá a plenitude maçônica com o recebimento do Grau 33 (trinta e três), por exemplo, nos: *'Rito Escocês Antigo e Aceito – Rito Adonhiramita – e outros'*.; e por tudo isso, ao Integrante cabe reconhecer que sua jornada é muito longa, mas nem por isso cabe esmorecer!

Finalmente, as *Leis* permitem que o Mestre Maçom, após curto período de cerca de três (3) meses da Exaltação, possa também atingir e se iniciar no Filosofismo, a partir do Grau 4 (quatro), e assim prosseguir sucessivamente; e, a rigor, mas não cabível nesse texto, os sete (7) anos, ou mais, de Mestrado seriam gastos para obtenção do Grau 33 (trinta e três)!

O MESTRE DEVE PRATICAR (PARTE I)

Respeitabilíssimo Mestre ____________

O objetivo do Mestre Maçom é ser aquele que pode contatar seu íntimo, e ainda, quem se converteu à própria Religião, quando se pode se aperceber do fracasso das demais Religiões.

Assim como o universo visível é reflexo do invisível, o Mestre pode chegar a ser o reflexo visível de uma *Divindade* invisível, quando sua mente é una com a mente cósmica, que guia e dirige todas as coisas.

E ainda, por conseguir empregar a consciência cósmica interior para o bem universal, sem pensar em si próprio; então, é desse modo que pode se converter em Mestre Maçom, até porque, na consciência cósmica, no reino interno do ser, está a *Lei da Verdade*; e mais, é somente o mago quem sabe ler, e pode obedecer, a essa *Lei*.

1º Vigilante ____________

O *corpo físico* pode se assemelhar à *história universal*, ou seja, é completa e perfeita, e representa o desenvolvimento e a evolução gradual do Homem, quem deve aprender a ler na *história escrita em seu próprio corpo*, e dessa maneira conhecerá a si mesmo; por isso, o objetivo desses *Conhecimentos* é ensinar a leitura no *Livro (ou Corpo) do Apocalipse* que está *selado*.

E, se o *Conhecimento* de si conduz, forçosamente, ao *Amor*, e esse ao *Reino Interno*, o corpo é o centro de estudo dos *Ensinamentos: Primários – Secundários – Superiores – e Especializados*; e, porquanto, é necessário sempre assistir às aulas com aspiração e pensamento atentos, para aprender a sabedoria ensinada pelos *Mestres Internos*; porque os que se dedicarem a trabalhar pela *Obra Evolutiva* receberão as lições internas e externas, colocando-se em contato com os senhores dos elementos; e, além disso, o *Amor* desenvolve e cresce a sensibilidade na compreensão da verdade, e a verdade os fará livres!

O Homem de bons sentimentos, da atmosfera aspira *Átomos Anjos* em sintonia com seu sentir; e essas inteligências superiores acodem atraídas somente pelo pensamento de *Amor no coração*, e não pela concentração.

Os Mestres da Sabedoria manejam e ocupam os *Centros Internos* do Homem; e cada Mestre ensina um ramo da Sabedoria que está escrita na consciência daqueles *Átomos*, que os acompanham desde a formação do *Mundo*.

E se o Homem moderno, atual, é o resultado de seus próprios pensamentos, para ingressar no *Colégio Interno* tem que voltar a ser criança, ou Neófito, e apresentar totalmente limpa sua mente; então, os Mestres de Sabedoria mostrarão a história de suas vidas passadas, e em consequência, o discípulo lerá as vidas futuras.

Assim, cabe a ressalva de que: *Ninguém pode salvar-se a si próprio, se não trabalha pela salvação dos demais*; então, para salvar os outros, deve-se salvar primeiro os próprios *Centros Internos dos Átomos Egoístas*, aspirados tanto durante o pensamento, quanto ao se sentir egoísta.

2º Vigilante

E, se for fornecida uma *Palavra Misteriosa de Sete (7) Vogais*, correspondentes aos *Sete (7) Centros Energéticos do Corpo*, algum dia essas vogais, com seus devidos sons, serão reveladas aos discípulos no *Templo Interior*; e não é por egoísmo que se *oculta* a *Palavra*, mas porque essa *Palavra Perdida* não pode ser dada ao Aprendiz; e mais, toda Sabedoria brota do *interior* e cristaliza-se nas: *Palavras – Obras – e Movimentos*, por exemplo, ao ouvir um poema ou música, pode-se sentir desejo de compor algo dessa natureza; e isso decorre porque as: *obras-mestras ou obras-primas* comunicam suas vibrações aos *Átomos Mentais* de seus criadores.

Os *Átomos* do Homem são seus arquivos, e suas vibrações são sua linguagem, e caso saiba consultar seus *Mestres Interiores*, não erraria na escolha ou vocação, sabedor de que o *alento* é o melhor condutor que o leva até a *Divindade Interna* residente em cada um.

Ao aspirar *Átomos Superiores,* essa *Divindade* comunica sua vontade, ou seja: *A que será feita tanto no Céu como na Terra*; e significa ser possível voltar a estudar nos seus próprios *Centros Interiores*, sentindo a vontade do *Criador*; e mais, sempre ciente de que a aspiração concede: *Beleza – Saúde – Iluminação – e Compreensão*, das *Leis Universais*; e ainda, também outorga o *Conhecimento* do próprio futuro na realização da obra, pois: *O escravo das próprias paixões é escravo de seus semelhantes*, porque só quem é livre de debilidades adquire *Energia Cósmica*.

Essa *Energia* contida no ar respirado é uma *oração* ao *Eu Sou*, para revelar a vocação individual, e então, ser enviado ao *Mestre Especial* do *Centro* correspondente; então, ciente que pela aspiração é permitida a revisão das próprias vidas passadas, e continuar a obra interrompida; por isso, deve-se sempre bem atender a *voz interior*, e conscientemente, *praticar sua inspiração*, a fim de poder: *Inalar os Átomos conscientes do Reino Íntimo*.

Orador

Ademais, apresentar os *Quatro (4) Passos* para conseguir inspirar e expirar de acordo, ou:

1) *Sentado ou de pé, com corpo e cabeça erguidos:*
2) *Lento, aspirar pelo nariz o ar (alento da vida); e assim, os Átomos afins ao Mundo Interior;*
3) *Reter o 'alento da vida' nos pulmões o mais possível, dentro do razoável;*
4) *Lento, expelir sentindo a Energia no corpo, pelos Átomos operantes no Sistema Nervoso.*

e sabedores de que: *A repetição de um ato forma o caráter, e o caráter forma o Homem.'*, cada órgão do corpo tem: *Leis distintas e diversas que os regem – e – Sua própria consciência*, mas, sempre obedientes a uma *superconsciência interior*, que quando provida de pensamento e aspiração, pode avivar órgãos e curá-los de enfermidades.

Quando aspira o *Grande Alento*, chega-se ante o: *Eu Sou – Suprema Presença – ou a Divindade*; e o *Grande Alento* desfaz os limites que separa do *Interior*; mas, o *Sistema Nervoso Central* pertencente ao *físico*; desse se origina outro chamado *Sistema Simpático*, pertencente ao *psíquico*, que permite a comunicação com o exterior; assim, a aspiração do *Grande Alento* pelo *Sistema Nervoso* conduz ao *Sistema Simpático*, mas pode pôr em comunicação com os *Centros Internos* que são fontes do: *Saber – Poder – e Energia*.

Todos os estudiosos da *Grande Lei* devem comprová-la com fatos irrefutáveis, porque o Mundo atual precisa de provas científicas, e não basta a Ordem ter demonstrado a todos, menos aos cientistas que querem medir e pesar o *Absoluto* com balanças e aparelhos fabricados por suas mentes.

Então, muitos perguntam: *Que será feito para a Maçonaria ajudar a Humanidade?*, tendo como resposta: *Ser bom, pois o Homem bom é uma bênção sobre a Humanidade*; e mais, com sua presença esse ser carrega o ambiente com as: *Próprias vibrações bondosas – Átomos de Luz – Impregna nas mentes sensíveis – e Inspira a realização da Grande Obra*.

Secretário

As: *Bondade – Amor – e Saber* se manifestam no *exterior* pelo *Sistema Nervoso*; e somente pelo *Sistema Simpático* é possível contatar o *interior*, e pelo *Sistema Nervoso Central* ocorre manifestação ao *externo*.

Pela inalação do *Grande Alento*, é possível haver comunicação do *Sistema Nervoso Cérebro-Espinhal com o Simpático*; e essa espécie de *porta* constitui a *Porta do Éden*, que é defendida pelo *Anjo da Espada Flamígera*, ao afirmar que: *Batei e abrir-se-vos-á!*

Com a aspiração, o Homem *bate* naquela *Porta*, e o *Anjo da Espada Flamígera* abre-a para conduzi-lo a um *Centro* dentro do *coração*, onde achará o que busca; e esse é o significado da alegoria do *Gênesis*, que afirma ter sido o Homem arrojado para fora do Éden, ou seja, de seu *Reino Interior*, onde ficou proibida sua entrada; e mais, o *Anjo da Espada de Fogo* aniquila todo *Átomo* denso que entra por essa *Porta*.

Com a aspiração e o *Amor*, pode-se atrair ao corpo vibrações do *interior*, que sutiliza o Homem, para então poder voltar ao *Éden* e ali morar.

O primeiro *Mestre de Sabedoria*, a quem todos devem se aproximar para aprender e praticar seus *Ensinamentos*, é o *Átomo 'Nous'*; e é o *Grande Arquiteto* do seu universo, sendo que esse *Mestre Arquiteto* está alojado no ventríloquo esquerdo do coração do Homem, além de ser o construtor de seu corpo físico; e mais, seu material de construção são os *Átomos* aspirados desde o nascimento; e ainda, com a aspiração pura se fornece materiais puros àquele *Grande Arquiteto*, e assim se coloca em contato com o mesmo.

O objeto da aspiração do *Grande Alento* é purificar o sangue, o veículo do *Eu Sou*, porque *'Nous'* não pode habitar senão no sangue mais puro do coração; e *'Nous'* fabrica seu universo por meio do sangue, por isso, é o *Arquiteto*; e o Homem interessado em servir ao *Criador* precisa de grandes aspirações cheias de *Energia*, para reanimar seus *Átomos Construtores*, debilitados pela vida errada e não harmônica.

Guarda (ou Cobridor)

Contudo, a *Ciência* ignora muitas funções dos órgãos do corpo, como por exemplo, o fígado é o laboratório de *Átomos Construtores* da vida corpórea, sendo o *Centro da Imaginação*; enquanto os pulmões são *provedores e construtores psíquicos*; e, para ter-se *imaginação sã em corpo são*, tem-se que vitalizar os *Centros* próximos ao fígado, inalando e retendo o *Alento*, apalpando a região do fígado, enviando pensamentos de *Energia*, e dirigir aos *Átomos* frases ou palavras de agradecimento; e, sendo certo que somente o Homem correto e justo, obtém ajuda desses *Átomos Trabalhadores* via aspiração pura; entretanto, sabedor que pensamentos de ódio aniquilam a força dos bons *Átomos Trabalhadores*, deixando enfermo o corpo psíquico, para logo refletir-se no físico.

O *Arquiteto* de seu próprio universo sempre solicita material puro e adequado para a evolução; e cada ser é o forjador de seu destino, podendo eleger seu caminho na vida, com ninguém intervindo em seu destino; porque, se bem observa seu mundo interior, compreende o sofrimento de seus *Anjos Internos*, lutando para conservar a harmonia do corpo com o infinito.

E assim, quando os Homens desenvolverem todos os seus *Centros Angélicos*, a Humanidade será uma só família, sem fronteiras nem limitações!

O corpo tem *Átomos* bons e maus, robustos e débeis; e a inspiração pura elimina os maus e fortifica os débeis, para converter o Homem num ser são e robusto; até porque, sem saúde não é possível chegar ao *interior*, tampouco os *Anjos-Guias* não ajudam nessa tarefa.

E desde que o sangue é o condutor da *Energia*, sendo puro é o veículo perfeito do *Eu Sou*; e a aspiração retida atua no *Centro Nervoso*, que se comunica com os demais *Centros* do corpo.

Os pensamentos bons revelam os *superiores*, e os malignos os *inferiores*; e, por isso, cabe a afirmativa de que: *No Coração há uma válvula que se abre ou fecha segundo a vontade interior, não permitindo passar Átomos do sangue impregnados pela malignidade do pensamento sujo.*

Já o cérebro alimenta-se da *Energia* dos pulmões, impregnada de pensamentos na aspiração; e, no *interior,* tem-se que enfrentar seres bons e maus, como no *exterior.*

Respeitabilíssimo Mestre

Além disso, no plexo sacro há uma força latente que pode despertar com a *Energia* aspirada; e essa força, dirigida para cima via coluna vertebral, abre os *Centros ou Selos Apocalípticos*, verdadeiros arquivos do Homem, podendo então alcançar a consciência da verdade; e mais, com isso se aprende a sair do próprio corpo, para obter *Conhecimentos secretos e ocultos*; e, por último, mencionar que para despertar a força desse *Centro*, basta exercitar os *Quatro (4) Passos* anteriormente mencionados, e ao expelir o ar, sentir que a *Energia* sobe pela medula espinhal.

O MESTRE DEVE PRATICAR (PARTE II)

Respeitabilíssimo Mestre

Retomando o que antes foi descrito, nesse texto tem-se afirmado que os Homens bondosos – Guias, emanam suas vibrações e *Átomos* pelo *Mundo*, que são captados pelos demais seres; e que é devido porque no *Sistema Nervoso* operam as vibrações do *Mestre de Sabedoria*, sendo que essas vibrações iluminam, intuitivamente, e despertam recordações do passado, que conduzem ao *autojuízo – ou a julgar as eventuais más obras.*

E ainda, com isso separa-se o bom do mau, e se lançam os *Átomos Rebeldes* à *região inferior* do corpo – denominada *Inferno*, para que sejam queimados.

1º Vigilante

E o Mestre usa o pensamento para induzir a reforma na mente humana; e esse reformador deve ter forte poder para as grandes reformas, pela utilização da imaginação, que como foi dito, tem seu *Centro* no fígado; e ainda, a aspiração distribui a *Energia Cósmica aos Centros Interiores*, convertendo-os em luminosos, com emissão de alguns raios que são visíveis ao olho físico, em certas condições; por isso, a *Energia* aspirada é repartida interiormente aos *Centros* do corpo, e o governante de cada um divide a *Energia* recebida com os *Átomos dos Tecidos*, que então passa a destruir todo o nocivo.

O Homem tem que estar sempre alerta a receber a ordem do *Arquiteto* de seu *Mundo*, do *Princípio do Bem* que é o *Átomo 'Nous'*; e quando começa a ouvir a voz silente, poderá remediar os males do passado, corrigir os erros e ser recebido no *Primeiro Grau do Colégio da Sabedoria*.

Sabedores de que há no Homem dois (2) princípios, os: *Bem e Mal*, assim, o princípio do *Bem* é o: *Arquiteto – Construtor – e Átomo 'Nous'*, que reside no coração; enquanto, o princípio do *Mal* é a: *Inarmonia –*

Destruidor – e o Átomo do Inimigo Secreto, denominado *Demônio* pelas Religiões, que reside no sacro; e, em complemento, ambos os poderes possuem, sob suas ordens, legiões de *Átomos ou Entidades*.

Assim, as de *'Nous'* são: *Construtivas – Harmônicas – e Executoras da Lei*, enquanto as do *Inimigo Secreto* são: *Destruidoras – Inarmônicas – Desobedientes – e Rebeldes contra o Supremo*, e impedem o desenvolvimento espiritual do Homem; e seu *Inimigo Interior* é o *Rei do Mundo Físico*, enquanto *'Nous'* é o *Rei do Mundo Psíquico*.

O *Inimigo Secreto* aprisiona a mente nesse *Mundo*, impedindo elevar-se pelo pensamento a algo sublime durante a aspiração; e tanto esse *Rei do Inferior (Inferno)*, como suas legiões, foram criados pelos erros de épocas passadas, e têm poderio sobre o ser; contudo, os pensamentos estão trabalhando com essas influências, e facilmente pode-se ir pelo *'Caminho da Perdição'*, como diz o *Nazareno*; contudo, o caminho do *Céu Interior* é estreito, devendo ser penetrado *pela força*.

2º Vigilante

O *Céu e o Inferno* são *internos* ao Homem; e o *Reino do Céu* se encontra nas *elevadas* esferas de seu próprio ser, enquanto o *Inferno* se localiza nas *inferiores*; e o Mestre é o ser que pode livrar-se da atração do *Céu e Inferno*; e mais, pois já não há *Bem nem Mal*, mas sim a *Lei*.

Ser a *Lei* é desprender-se da própria criação chamada: *O Terror do Umbral*; que foi criado pelas próprias ações durante as idades, e ainda, é o guardião do *Portal*; mas, caso não seja desintegrado pela aspiração até a superação não permitirá o adiantamento; pois o único ser que pode dominar o *Terror do Umbral* é aquele que perdeu o medo.

O *Terror do Umbral* é o *Eu Inferior*, que reúne todas as más obras e pensamentos das vidas anteriores; está num *Centro* próximo ao umbigo, e no *Apocalipse* é chamado *Selo de Satanás*.

Seu oposto, e contendor do *Morador do Umbral*, é o *Átomo* denominado *Anjo Defensor*; e mais, composto pelos *Bem e Elevados Pensamentos*, chama-se *Eu Superior*; residindo na base do cerebelo e tem como vanguarda atômica o *Anjo da Espada*.

Mas, na atualidade os *Conhecimentos da Ciência*, na maioria, estão guiados pelo *Átomo Inimigo*, pois só trata de manejar a densidade da matéria, e não se ocupa das forças sutis da Natureza; e a mente dos sábios atuais capta, com facilidade, a sabedoria do *Inimigo Secreto*, que os utiliza para obtenção de seus fins.

Com a aspiração dos *Átomos Positivos e Solares*, pode-se purificar a atmosfera mental; para tanto, basta que de manhã, ao sair do sol, se pratique o seguinte:

1) *De pé, com o corpo erguido;*
2) *Aspirar pela narina direita, tapando a esquerda;*
3) *Reter o 'Alento da Vida' o maior tempo possível;*
4) *Expelir pela narina esquerda, tapar a direita, e pensar que a Energia Solar invade o corpo.*

Orador

Os seres: *negativos – odiosos – e ambiciosos* preferem a vida em atmosferas densas, congestionadas por *Átomos Mentais Sujos*, mas que não suportam o sol da manhã; por isso, quem aspira visando a superação tem que se acercar e interagir mais com a Natureza.

O ser mais superior tem emanações e aura diferentes das dos outros, perdendo afinidade até com os seres mais próximos, porque se torna diferente no pensar e sentir.

O *Mundo* atual se divide em dois (2) grupos: *1º) Guiado por 'Nous', e 2º) Pelo 'Inimigo Interno'*; e os seguidores de ambos lutam entre si, mesmo que, aparentemente, o *'Inimigo Secreto'* tenha maior poder e mais seguidores; contudo, mais cedo ou mais tarde, triunfará o princípio do *Bem*, porque é a *Lei*; e mais, até os artistas não estão livres da influência desse *'Inimigo'*, e, por tal motivo, profanam a *Beleza* com seus pensamentos e obras; entretanto, vale sempre a máxima: *Não julgueis para não ser julgados!*

O juízo e a crítica acerca de mentes tenebrosas perturbam a atmosfera mental; assim, os Homens pessimistas e desditosos, ou infelizes e desventurados, enfrentam os demais seres, destruindo e esgotando suas energias; e mais, convertem-se em fardos pesados à Humanidade.

O Aspirante deve atrair, pela aspiração e pensamento positivo,

Átomos protetores e saudáveis para se defender desses seres malignos inconscientes; pois as: *Cólera – Depressão – e Inveja* são os três condutores mais comuns das enfermidades, seguidos pela má alimentação e má aspiração; cientes de que os Homens devem ser felizes, para serem sãos.

O *Átomo 'Nous'* não promete bens terrenos, só outorga *Sabedoria*, pela confiança em si próprio; enquanto o *'Inimigo Secreto'* pode dar até bens materiais a seus associados; e o princípio do *Bem* salva seus seguidores de tudo; e mais, há certos *Centros* no corpo do ser pelos quais pode contemplar o *Mundo*, e a luta das forças da *Luz* com as tenebrosas.

Contudo, onde existam açambarcadores, ou aqueles que se apropriam de gêneros ou bens, domina o *'Inimigo Secreto'*; portanto, onde há monopolização há força destruidora.

Secretário

Enquanto o ser não aprende a pensar por si, não pode libertar-se de si mesmo, e será arrastado a eleger o governante designado pela força tenebrosa; e hoje se vota no candidato que pode satisfazer seu próprio desejo, sem pensar no destino da Nação; porque o *'Inimigo'* oculto obscurece a inteligência, para converter o ser em autômato, guiado pelos atos do governante.

O *corpo de desejo* atrai *Átomos* afins aos desejos sentidos, que se apoderam da mente e do caráter; contudo, o plano inferior do mundo dos desejos, ou astral, está repleto de mortos astrais inferiores sem nenhuma inteligência.

Os *Átomos* que integram esses *corpos* são destrutivos e estimulantes de ferocidade, e herdados da *Lemúria*, época de lutas entre os animais.

Muitos chegam ao poder e à fama sob a direção do *Átomo 'Inimigo'*, que forma parte importante em seus *Ensinamentos*.

O *Eu Superior* que está em presença do *Eu Sou* intercede e obtém o perdão dos pecados daqueles fiéis seguidores da *Luz*, que adentram ao *Sistema Simpático*, é como seu segundo nascimento; e assim, a melhor oração, pelos séculos, é a *oração dominical*, que, quando bem meditada, serve de ponte entre o ser e o *Eu Sou*; e essa oração deve ter *Sete Chaves* para abrir os *Sete Centros do corpo*, que conduzem o Aspirante à presença do *'Íntimo'*.

O Aspirante deve percorrer todos os seus *Centros* de cima para baixo, aplicando, para cada *Centro,* uma petição da oração; e essa petição deve ser de *Flho ao Pai*, e não de escravo ao senhor, pois o *Reino do Céu Interno* é sempre obtido, e jamais outorgado.

O primeiro desenvolvimento do Aspirante se manifesta no *plexo sacro*; e a intuição é o mensageiro do *Eu Sou*; por isso, deve-se compreender que o *Eu Superior*, pelo qual se formula petições ao *'Íntimo'*, até chegar a sentir que é unido a esse, e que tem assento num *Àtomo na base do cerebelo*; assim, seu reino está no fígado, e como foi dito, o *Centro* da imaginação e emoção.

Guarda (ou Cobridor)

O *Eu Superior* está sempre em presença do *Eu Sou*, e para os crédulos, o próprio *Jesus* declarou essa verdade no *Sermão da Montanha*; quando, depois de ensinar a oração, indagou: *"Porque, se perdoardes aos Homens seus pecados, o Pai Celestial vos perdoará os vossos"*; e *Jesus* não disse *Deus*, porque sabia que *Deus* sempre é: *Amor e Perdão.*

E da obra *As Chaves do Reino Interno ou o Conhecimento de Si Mesmo*, transcreve-se:

- *"O 'Íntimo' – Eu Sou, têm na cabeça três pontos, cada um baseia aspectos da Trindade"; e*
- *"O Primeiro Aspecto é o Pai dominador da cabeça; o segundo o Filho rege o coração, enquanto que o terceiro o Espírito Santo domina o sexo"; e ainda*
- *"A realidade é una, só há um 'Íntimo'; e, visto do mundo físico, reflete-se em três aspectos".*

O Aspirante deve evocar sempre *Miguel – ou Eu Superior*, nos exercícios de aspiração, o qual intercederá por si ante o *Eu Sou*; além disso, muitos dizem sobre a união com o *'Íntimo'*, como se estivessem separados, ou como se pudessem ter existência estando separados; sendo certo que a união com o *'Íntimo'* significa a identificação com o Supremo para realizar, conscientemente, o *Impulso Divino do Eu Sou.*

Quando o coração se converte em órgão completamente dócil ao *Eu Sou*, em seu veículo voluntário, a circulação do sangue ficará debaixo do domínio da mesma *Divindade*, que impedirá a entrada dos *Átomos Egoístas*, resultando que esses se distanciarão do Homem aos poucos.

Com o tempo, o *Eu Sou* aumentará no sangue os *Átomos*: *Altruístas – Aspirados – e Inalados*, e com esses trará mais vigor ao sangue seu veículo; e assim, dominará perfeitamente o coração com seu *Amor*

Divino; e então, é conquistada a natureza passional, a mente é liberta de desejos, e o Homem se converte em *Lei*, e fica *uno com o Pai*.

Respeitabilíssimo Mestre

O *Pai* envia seu poder para dar vigor ao pensamento no coração; enquanto o *Átomo 'Inimigo Interno'* envia a dúvida; então, trava-se a luta no plexo solar ou na região do umbigo, onde surge a fortaleza do Homem; e ainda, nesse *Centro* trava-se uma luta entre a dúvida e a certeza, entre o temor e o valor, e entre o negativo e o positivo.

Finalmente, se o *Bem* triunfa sobre o *Mal*, diz-se que o arcanjo *Miguel* derrotou *Sanatás*, lançando-o no *Inferno* do próprio corpo, porém, se o *Mal* prevalece o arrasta para esse *Inferno*.

O MESTRE EM BUSCA DO CONHECIMENTO

Respeitabilíssimo Mestre ______________

Considerando que os: *Aprendiz necessita ser Instruído – Companheiro, sendo mais evoluído, precisa ser Ilustrado – e, finalmente, ao Mestre cumpre Refletir bem;* e que a preocupação de quem trata temas maçônicos é mostrar que: *A Maçonaria e a vida do cotidiano jamais são fenômenos apartados*; e, por isso, sempre será preciso apresentar *Instrução* em todas as Sessões.

Sendo certo que a: *História – Interpretações novas e antigas – Uso sociopsicológico do Ritual e Simbolismo – e Mitos da sociedade* são temas a intensificar a Ordem deixado-a produtiva, que contribuem ao crescimento ético (individual e grupo), o sentido da própria Instituição.

1º Vigilante ______________________________

Quando estudados profundamente os significados dos Graus do Simbolismo *'não'* são mera progressão, mas os aspectos intrínsecos se somam de forma complementar; então, com efeito: *No Primeiro (1º) Grau, o morto renasce como um novo indivíduo; no Segundo (2º) Grau, socializa-se como Companheiro que convive com seus iguais; e no Terceiro (3º) Grau de Mestre, novamente vivencia a morte, porém, transcendendo-a*; assim, esses Graus descrevem uma *espiral evolutiva*, e pelos pontos já percorridos, são analisados sob enfoque requintado e de alto nível de abstração.

Então, as Lojas devem realizar Sessões dos três Graus com igual frequência, até infrigindo a quase regra geral atual de realizarem a maior parte dos trabalhos no Primeiro (1º) Grau de Aprendiz; por isso, a considerar que os três primeiros Graus são suficientes para formação do Maçom, sendo um dos importantes vetores das modificações sociais voltadas à Humanidade.

E crer que os *Graus Superiores* atendam à hierarquização, mesmo tidas como desnecessária e contraproducente, mas que jamais prescindam de: *faixas – títulos – medalhas – e pompa.*

Os três Graus do Simbolismo, se corretamente estudados e praticados, permitem concluir que esgotam o *Conhecimento Doutrinário*; e mais, se bem dinamizados geram Sabedoria.

A denominação *Lojas do Filosofismo,* a designar Oficinas de Graus Superiores, expressa significado até inconsciente, mas, mais realista, pois, pelo *Novo Dicionário Aurélio*, *Filosofismo* significa *mania filosófica ou falsa filosofia*; contudo, etimologicamente, o correto seria tratar as *Lojas de Graus Superiores* por *Loja Filosófica*, porque é sua denominação correta; porém, ainda deve ser entendido que a *Loja Maçônica é também Filosófica*, pois deve ser amado o *Conhecimento* necessário ao estudo da Natureza das coisas e da conduta do *Homem.*

Portanto, as *Lojas Simbólicas são Filosóficas*, porquanto promovem a busca da verdade pelo uso dos *Símbolos*, permissores de exercício irrestrito da liberdade de criação e especulação.

A Maçonaria, vista como *Ciência Geral*, requer estudo e entendimento mais completo, a que o Adepto recorra às demais *Ciências Humanas*; até porque, a Ordem é uma *Sociedade Restrita* contida na *Sociedade Geral*, por relação biunívoca, influenciando-a e sendo influenciada; então, com respeito a essas *Ciências*, a Maçonaria deve ser objeto de estudo das:

2º Vigilante

- *Sociologia = Porque sendo a Ordem formada por distintas: Obediências – Ritos – e Lojas, ainda se subdivide em outros subgrupos sociais;*
- *Antropologia = Porque na atualidade industrializada, a Ordem tem como fenômeno cultural os costumes de Sociedades antigas, e os Símbolos da antiga profissão de pedreiro;*
- *Hermenêutica = Interpretar o sentido das palavras; porque a Ordem baseia o Conhecimento nos antigos Rituais e estudo dos Ritos das Sociedades Secretas e Iniciáticas;*
- *Psicologia = Porque é formada por um conjunto/grupo de seres, alguns dos quais personalidades que determinaram, ou determinam, sua atuação enquanto Sociedade Restrita.*
- *Matemáticas – Física – e Química = Porque são ramos do Conhecimento que não podem ficar esquecidos, sendo áreas tangentes e interferentes à do estudo maçônico.*

A ressaltar que a proposta é *'não'* fazer do Adepto um sábio conhecedor das *Ciências*, mas ampliar seu *Conhecimento*, para ter a universalidade do saber, para compreender a si e aos outros.

Na Sociedade, a educação e a formalidade, e talvez pela estreiteza de estudos superficiais, é preciso que a Loja ofereça aos novos as bases para sua autoeducação muito mais abrangente.

Mas, de outra parte cabe a indagação: *E o esoterismo tão reclamado, não é contemplado?* Como resposta: *É óbvio que sim, mas sem a descabida conotação sobrenatural e mágica, que é atribuída pelos menos avisados, que não pesquisaram a fundo o significado desse termo*; o que é devido, porque concordante com o *Novo Dicionário Aurélio: Esoterismo = ... preconiza que o ensinamento da Verdade: científica – filosófica – ou religiosa, é reservado a número restrito ... de escolhidos por inteligência ou ... moral*; e, possivelmente, é por esse conceito a preferência de interpretação do vocábulo, em vez do outro significado mais vulgar, como simples sinônimo de *mágica*; portanto, o *Esotérico* referido em Maçonaria é consequência do contido no texto, assim como do que foi esclarecido anteriormente.

Orador

A Ordem, uma *Sociedade Iniciática*, busca congregar os que se internalizam, que se conhecem melhor; assim, mais participariam da comunidade de iguais; ademais, por transmitir *Conhecimentos* de forma simbólica e codificada, cuja *chave* é: *individual – própria – e peculiar*, ao Adepto que forma uma *Sociedade Esotérica*, pois nas *Escolas Filosóficas da Antiguidade*:

- *Esotérico = Ensinamento proposto somente àquele completamente preparado a recebê-lo; e*
- *Exotérico = Ensino transmitido ao público sem restrições.*

e, *Esotérico* é só um método para transmissão de *Conhecimento*, portanto, apenas um meio e não um fim em si; e, em definitivo, não há como dissociar o *Esoterismo da Prática Maçônica*.

Por falha interpretativa, pouca dedicação e estudos não completos ou persistentes, certos Adeptos, até por erro, podem entender a Maçonaria como *prática mágica*, em distorcer o necessário *Esoterismo*; bem como, outros chegam até a negar, veementemente, qualquer ligação da Ordem com o *Esotérico*; e mais, ambas correntes mostrando algum desconhecimento sobre o tema.

Assim, reafirmar que *Esoterismo* deve ser utilizado para sua finalidade adequada, isto é, como *meio de transmissão de Conhecimento*, sobre temas que, pela relevância, não devem ser discutidos pelos que não alcançaram o nível de entendimento sobre si e o *Mundo*; contudo, a condição de *Esotérico* não é tudo, pois para ser competente *meio de transmissão*, jamais deve ser combatido nas Lojas, pois é das importantes características das *Sociedades Iniciáticas*; e, por isso, na *prática maçônica* é preciso assimilar a divulgação *exotérica* do apreendido *esotericamente*.

Secretário

Um exemplo a tornar claro o procedimento mais adequado, segue de forma simplista:

> *Um adulto bem formado deseja que uma criança pequena compreenda, conscientemente, que é melhor alimentar-se de vegetais e grãos (feijão, por exemplo), do que de balas ou doces; seria um procedimento conforme exposto acima? E poderia ainda, por exemplo, pedir à criança que colocasse sobre a terra um grão de feijão, e ao lado uma bala artificial, pedindo que regasse os dois, grão de feijão e bala. Decorridos algum tempo, ambos, adulto e criança, observariam que o grão começava a germinar, e a bala só se desfazia; e, passado outro período, o grão estaria se transformando em nova planta completa, que produzirá novos grãos, enquanto a bala apenas desaparecia. Perguntaria então o adulto à criança como entendia aquilo, por que acontecera, e explicaria que o feijão possui em si uma força que o germina, e a bala não tendo essa força, desaparece. O adulto então indaga o que a criança acha proveitoso, comer o feijão que possui energia ou a bala que se desfaz, e a criança exerceria sua capacidade de emitir juízo de valor consciente. Assim, pelo inteligível da criança teria sido transmitido 'exotericamente' o Conhecimento do adulto, que, portanto, foi de certa forma 'esotérico'.*

Nesse exemplo primário, há mais *esoterismo* porque transmite importante *Conhecimento*, do que a prática inconsequente de atividade tida *esotérica*, mas que em nada contribui de positivo.

Quanto ao *Ocultismo*, visto na prática de certas Lojas, a comentar que estudos recentes de *Física Quântica* até reabilitam conceitos e pensamentos antigos, e estudo atual da *Parapsicologia* realizado em centros mais adiantados, ainda contribui para essa reabilitação, porque partiram para a investigação científica de fenômenos de: *Poltergeist – Telequinese – Telepatia – e Metapsíquica.*

Guarda (ou Cobridor)

Não é mais possível descartar, até com escárnio, antigos textos de *Magos e Alquimistas*; então, é imperioso bem os: *examinar – estudar – e criticar*, à luz da moderna *Ciência.*

Ao Maçom, *Livre e de Bons Costumes*, simplesmente não pode adotar antigas afirmações, ou afastá-las como fantasiosas, sem se precaver por atitude científica em abordá-las, sem nenhum preconceito e/ou restrição apriorística, sem raciocínio antecipado (a priori); ademais, ambas posições de fanatismo radicais, isto é, aceitação ou negação do todo, e intervenções emocionais, certamente se tornam descabidas, e por isso, indesejáveis.

E depois de estudos sérios, se demonstrada improcedência, ainda assim podem ser somados alguns Conhecimentos adicionais e até residuais, ao já conhecido sobre a mente humana, chegando à sua profundidade mais recôndita, oculta ou escondida.

Igualmente às *práticas esotéricas*, o Adepto não deve praticar o *Ocultismo* como algo *mágico*, desligado da realidade, sob pena de agir como não iniciático – profano, atribuindo ao sobrenatural o que é de sua competência como ser inteligente.

Então, atitude inadequada, que não raro é adotada, pode trazer até certo conforto, pois desde aí o Homem entrega seu *destino* a Deus, ou a Superiores, *destino* esse que é da competência do próprio ser; e, assim, abdica dos atributos humanos, e principalmente do Adepto, que é a capacidade de ser um indivíduo – identidade, e do poder de construir ideias e pensamentos originais.

O mesmo comentário, ou assemelhante, se aplica às diversas correntes de pensamento, como por exemplo, as: *Teosofia – Antroposofia – e Gnose*, que não devem ser afastadas, porque são de certa forma contribuições ao desejado saber globalizante; contudo, conforme alguns entendimentos seria a vocação maior do ser complexo que é o Adepto, que se apercebe de: *si – outro – e Mundo*, sem qualquer restrição, e que na maioria das vezes em que ocorre até o autoimpacta.

Em dado momento da *História da Humanidade*, a *Ciência*, até então praticada no recolhimento dos claustros religiosos, se separou do *misticismo* original; e essa mesma Humanidade passou a ter duas visões da mesma coisa, ou seja, das *Ciências Oficial e Esotérica*; e, por isso, cabe ao Adepto reuni-las com prudência, e jamais abandonar o crivo da consciência, que sempre está desperta nos Integrantes.

Respeitabilíssimo Mestre

O Adepto, sendo imune ao extremo *racionalismo* que retira o impalpável – não físico, mas oferece o risco de chegar ao autoritarismo desconsiderador de emoções, esse Adepto que vivencia sua permanente Iniciação, e a contínua educação e aculturamento, se torna capaz de combinar os *Conhecimentos da Ciência Oficial com os da Esotérica*; e isso objetiva atingir não apenas as manifestações diversificadas, mas principalmente, a unicidade de sua própria essência.

Finalmente, são esses os *pressupostos básicos* que embasam o projeto de resgate da Maçonaria, em sua integralidade como uma *Escola* de formação da Humanidade; isso para capacitá-la a se manter em permanente transformação para melhor, o que é um ideal de difícil atingimento, mas que começa pelas alterações individuais de cada um!

A 'LENDA' DO GRAU DE MESTRE

A 'LENDA' DO GRAU DE MESTRE

'Lenda' é uma narrativa com origem, transmitida pela tradição, e referida a eventos históricos; mas, com autenticidade jamais provada.

1 – Introdução

Como disse o norte-americano, médico, estudioso e autoridade maçônica, Albert G. Mackey (1807/81) em sua obra *O Simbolismo da Maçonaria (adaptado)*:

"Entre as várias maneiras de instruir leigos, esse estudioso tem predileção por duas delas: as 'Lendas' e os Símbolos.

A diferença entre uma 'Lenda' e uma narrativa histórica é que a primeira não possui prova documentada de sua autenticidade, e a última é o resultado exclusivo da tradição – seus detalhes podem ser total ou parcialmente verdadeiros.

... a 'Lenda' existe porque não há embasamento documental; ... pois na Maçonaria não há necessidade de ... questionamento ... da verdade ou inverdade da 'Lenda'.

*Tome a 'Lenda' do terceiro Grau por exemplo; para o discípulo ..., que importância tem se ela é verdadeira ou falsa? **Tudo o que quer saber é o significado interior**; e quando aprende que **a 'Lenda' deseja ilustrar a doutrina da 'imortalidade da alma', fica satisfeito ... e não a questiona**, exceto em razão de curiosidade ou pesquisa da antiguidade, ...*

... na Maçonaria, suas narrativas lendárias das: Pedra Fundamental Perdida – Segundo Templo – e Arca Escondida, não tem tanto valor para o discípulo maçônico exceto pelo tesouro precioso que encerram.

Embora haja na Maçonaria dois modelos de Instrução (por 'Lendas' e por Símbolos), 'não' há diferença radical entre eles.

***O Símbolo é uma representação gráfica e a Lenda é uma representação oral**, de alguma ideia ou conceito Moral produzido a partir de uma comparação.*

Investigar o significado oculto dessas 'Lendas' e Símbolos, e eleger a Moral e as Lições Filosóficas que buscam ensinar, é remover o véu com o qual a 'ignorância e a indiferença' tentam esconder a verdadeira Filosofia Maçônica."

Ademais, a *'Lenda do Terceiro (3º) Grau'* está relacionada e compõe o *Terceiro (3º) Landmark*, dos mais importantes, e com sua integridade ainda respeitada, da lista compilada pelo mesmo estudioso *Mackey*.

E a *'Lenda'* não consta *Ritualística Maçônica* nem há mais de 300 anos; contudo, nenhum dos *Antigos Manuscritos Maçônicos* a menciona, nem mesmo a *Constituição de Anderson* de 1723, ou tampouco dos *Regulamentos Gerais* compilados por George Payne em 1720.

E ainda, acrescenta a autoridade maçônica *Albert G. Mackey* que *(adaptado)*:

- *"Novamente, mostra como um grupo ou divisão dos Maçons ... existiu em Tiro na época da Construção do Templo do Rei Salomão, e acrescente-se à sua Ciência ... , que era muito mais pura que aquela de seus contemporâneos místicos Gentis, a prática das Artes da Arquitetura e da Escultura sob o nome de Fraternidade Dionisíaca de Artífices. E ... mostra como na Construção do Templo de Salomão, a convite do Rei de Israel, uma 'grande parte desses Arquitetos foi de Tiro para Jerusalém, organizar uma nova Instituição, ou mais especificamente, uma modificação das duas antigas ... ."*

2 – Suas Sete (7) 'Lendas'

A Maçonaria adota as *'Lendas'* de: *Enoc – Osíris – Guardião da Arca – Escada de Jacó – São João – Jerusalém Celeste – e Adonhiram*; sendo essa última mais conhecida e publicada.

Sendo ainda certo que na, *Cerimônia de Exaltação a Mestre*, o ambiente fica impregnado de muita emoção, ao serem ouvidos lamentos e gemidos de dor que acometem os Mestres.

Ademais, na Maçonaria não há Rito, em qualquer idioma ou país, onde não se exponha os elementos essenciais da *'Lenda'*; e seus escritos podem até variar, que em verdade variam, porém, efetivamente, ainda caberia lembrar outra importante afirmação do estudioso Albert G. Mackey de que a *'Lenda do Construtor do Templo'* constitui:

- *A Essência e a Identidade da Maçonaria.*

e, depois da afirmativa contundente desse estudioso e autor, os Adeptos devem se emocionar, pesquisando e estudando essa *'Lenda'*; e ainda, desde antigamente a esses dias, o Rito a excluir ou alterar, não mais seria, ou é, considerado como sendo um Rito Maçônico.

Certos autores afirmam que a *'Lenda do Grande Mestre'* surgiu em 1733 na Maçonaria Inglesa; e outros alegam ainda dispor de uma versão do Século VIII traduzida por *Eliphas Levi*.

Há *inúmeras interpretações* sobre a *'Lenda'*, e dentre essas é possível mencionar as versões segundo os: *Ritual Antigo – Ritual Atual – Saint-Albin – Frau-Abrines – e Bíblia.*

3 – Interpretações pelos Sentidos

Essa *'Lenda'* oferece interpretações de diversos *sentidos*, a saber, nos:

- ***Astronômico*** = *O Grande Mestre, o Sol junto ao Solstício do Inverno (na América Solstício de Verão), quando parece morrer extinguindo Calor e Luz.* E, *segundo o estudioso J. M. Ragon, Hiram, significando elevado, simbolizaria o Sol; e quando na 'Lenda' consta como Arquiteto Osíris (o Sol), sendo Ísis sua viúva, a Loja o emblema da Terra (sânscrito* Loga *= o Mundo), e Hórus filho de Osíris (ou da Luz) e da viúva. E ainda, seria o Maçom, o Iniciado, que habita a Loja Terrestre; daí a definição: Filho da Viúva e da Luz. A dor dos Mestres lembra a dor de Ísis pela morte de Osíris, a mesma de Cibelis pela morte de Átis, e ainda a de Vênus pela morte de Adônis. A tristeza dos primeiros* *seres é devida, no Solstício de Inverno, quando as trevas faziam temer a extinção do Mundo pela ausência do Sol. O reencontro da joia do Mestre onde constava o nome do G:.A:.D:.U:. anunciava o renascimento e a ressurreição do Sol, manifestante do Potencial Divino.*

- ***Intelectual*** *= O Mestre representa o espírito humano. E os três autores de sua morte são os: Erro – Negligência – e Orgulho, que degradam a inteligência. A desolação dos Mestres representa a dor dos seres inteligentes, testemunhas de tal degradação, enquanto a Joia encontrada indica a imortalidade do espírito que sobrevive com suas obras, e que deve completar no além o Conhecimento que apenas aflora nos seres viventes.*
- ***Moral*** *= O Mestre representa a alma humana. Seus três assassinos são: Ignorância – Hipocrisia – e Ambição a perverter as nobres virtudes, que paralisam cada sentimento íntimo de Justiça. A desolação do Mestre representa a dor de todos os seres virtuosos por aquela degradação moral, e a Joia encontrada simboliza a imortalidade da alma que triunfa sobre a morte.*

4 – Conceituação da 'Lenda'

Todas as *'Lendas e Fábulas'* são designadas a transmitir uma verdade às gerações seguintes, assim, também é múltiplo o significado da *'Lenda do terceiro (3º) Grau'*; mas, a única significação que realmente importa é a que sensibiliza: *pessoal – interna – e individualmente.*

A motivação principal da *'Lenda'* é a da *Construção de um Templo*, destinado à habitação do *Deus Íntimo – Interior*; e esse *Templo* é o *Corpo Humano* que deverá ser muito bem preparado e educado por intermédio da *verdade e da virtude.*

O *Grande Mestre* é o *Espírito Divino* revelado no interior do Homem, sendo o ideal de todos que vêm a esse *Mundo*; e o *Homem-Deus* sempre tem sua mente objetiva ameaçada por: *Ignorância – Fanatismo – e Ambição*, que o dominam impedindo seu progresso.

Todavia, o Homem nasce e se vê obrigado a construir e dirigir seu *Templo da Vida*, erigindo-o como o *Templo Vivo de Deus*, ou erguendo-o à *Glória do Grande Arquiteto do Universo*, e ainda expressando em sua obra: *Sabedoria – Poder – e Amor.*

E como foi dito, os *Três (3) Assassinos* são representados pela ignorância que converte as atividades em fanatismo, e pela ambição que gera o drama cósmico da involução.

Mas, o Eu Superior interno ao Homem que detém o Poder da Vontade pode dominar os *Três (3) Companheiros-Vícios*, por meio de *Três (3) dos Mestres* que buscaram o corpo do *Grande Mestre*, que são: *Saber – Fé – e Amor*.

A *'Lenda' também ensina* que o Mestre Interior trabalha pelo bem do ser humano, por seu progresso espiritual, mas que é atacado pelos três defeitos natos em cada indivíduo.

E três grandes vícios matam esse ser: *Eu Superior na parte Oriental – Personalidade na parte Ocidental – e Intelecto na parte Sul*; em outras palavras, os: *Eu Superior ou Mestre Interno que é a Consciência – Personalidade ou Eu Individual que é a Vontade – e Intelecto ou Inteligência representados respectivamente pelas regiões feridas: Peito, Braço e Cabeça.*

Então, esses três tributos superiores conseguem: *encontrar – despertar – e levantar,* essa *Luz Interior*, que dominando a matéria deve iluminar pela Evolução que segue a Involução.

As consoantes e respectivas provas na *Exaltação ao Grau de Mestre* consistem na representação alegórica da *'Lenda do Grande Mestre'*; quando o Candidato é introduzido no *Templo* pela *Marcha Retrógrada*, postando-se junto à encenação do féretro de costas ao *Dehbir*.

Essa *'Lenda'* é, em realidade, uma espécie de obra oculta, que os Homens de Boa Vontade desvendam seu verdadeiro entendimento por: *estudos – aspiração – respiração – e meditação.*

E, por seu Cerimonial enigmático, desde logo estimula a imaginação, que segue convertida em visualização, para depois conduzir à intuição, que abre as *Portas do Templo da Verdade*, para ser possível a contemplação de toda sua Beleza.

Dos sete (7) degraus que integram o *Templo*, o Aprendiz e o Companheiro devem ascender aos primeiros cinco, e os dois restantes necessitam ser vencidos pelo Candidato ao *Grau de Mestre*; e esses dois degraus apresentam um tríplice significado, a saber:

1) *O sexto (6º) degrau significa nos Sentidos:*

- ***Físico*** = *A doença que humilha os poderosos, enfraquece os fortes e impele todos à morte;*
- ***Intelectual*** = *A harmonia de sons (música) que influencia maravilhosamente o espírito, ameniza o caráter ainda endurecido, e o predispõe ao bem;*
- ***Moral*** = *A tolerância geradora do respeito a todas as convenções, inclusive erradas, fazendo com que os erros se restaurem pela indulgência.*

2) *O sétimo (7º) degrau significa nos Sentidos:*

- ***Físico*** *= A morte que destrói o corpo humano, mas que o preserva com novas formas;*
- ***Intelectual*** *= A Astronomia que eleva além da Terra, e propõe o contato íntimo com o Soberano Regulador dos Céus;*
- ***Moral*** *= A conciliação maçônica, triunfo da Ordem que apaga qualquer dissensão que haja pela diferença de: país – nascimento – condição social – classe – e opinião política ou religiosa, unindo todos os Maçons num amplexo de amizade fraterna.*

5 – 'Lenda'

5.1 – Propriamente Dita

5.1.1 – Início

Segundo o estudioso Eliphas Levis, o *Rei Salomão* houve por bem reunir em *Jerusalém* todos os obreiros disponíveis de seu Reino, além de maior número necessário de outros trabalhadores, desde que de bons costumes, para a edificação do *Templo*.

Conseguiu isso publicando um *Edital* em seu Reino, e o difundindo entre as *Nações* vizinhas, comunicando que quem quisesse vir a *Jerusalém* trabalhar na construção do *Templo*, seria bem acolhido e recomendado com a condição de ser: *virtuoso – zeloso – valoroso – e sem vícios.*

Então, imediatamente acorreu uma multidão para se candidatar ao trabalho, e assim, *Salomão* pôde contar com um imenso contingente de obreiros.

E, segundo alguns autores, o elevado número de obreiros contemplava cerca de 80.000; enquanto outros estudiosos informam haver 183.300 obreiros, também designados *prosélitos ou estranhos admitidos*, sendo alocados 30.000 no corte de cedros do *Líbano*, que trabalhavam apenas um terço de cada vez (10.000) porque eram revezados todos os meses, mais 70.000 Aprendizes, 80.000 Companheiros e 3.300 Mestres; além disso, os habitantes do *Monte Gibel* cortavam cedros e poliam pedras; e mais, ainda há outros escritores informando números diferentes desses, portanto, não havendo consenso quanto ao total certo de obreiros envolvidos na construção do *Templo*.

Por isso, *Salomão* providenciou a lavratura de muitos Tratados com os Reis vizinhos, em particular com o da *Cidade-Estado de Tiro – com o Rei Hiram*, grande amigo de seu pai o *Rei David*, porque, além de tentar suprir todas as aspirações de seu pai, que para essa tarefa acumulara inúmeros tesouros; porém, por ter se desviado do caminho da virtude faltou-lhe a proteção do *G:.A:.D:.U:.*, e, por isso, deixou de concluir seu intento.

Além disso, em troca de pagamento, que o *Rei Hiram de Tiro* auxiliasse o *Rei Salomão* na empreitada da edificação da grandiosa *Casa destinada ao Senhor*; ajuda essa que, com efeito, ocorreria com a intensidade requerida pelo ritmo da obra, principalmente, quanto a escolher e retirar do *Monte Líbano* cedros e madeiras necessárias à obra, e grande variedade de outros materiais.

Entretanto, iniciados os serviços, logo percebeu que os trabalhos prosseguiam penosamente, por haver muita discussão entre os obreiros; então o *Rei Salomão* resolveu optar por instituir um *Encarregado* pelos serviços, que fosse digno e capaz de manter a ordem.

Assim, em seguida, enviou à cidade de *Tiro,* para tal finalidade, embaixadores como mensageiros munidos de valiosos presentes ao *Rei*, solicitando ajuda para solucionar o problema.

Consta que o *Monarca de Tiro,* além de se engajar inteiramente na empreitada, satisfeito pelo alto conceito que *Salomão* tinha de si, retribuiu os presentes.

Além disso, tentando agradar o *Rei de Jerusalém*, e expressar sua amizade sincera, houve por bem propor que, ao *Tratado* instituído, acrescentasse que conceberia uma aliança ilimitada à qual o *Rei de Jerusalém* sempre poderia dispor o quanto de útil seu *Reino de Tiro* pudesse oferecer.

E ainda, concedeu e propos enviar um de seus colaboradores e artista exímio, de nome *Hiram Abiff*, considerado gênio pela inteligência, gosto e muitos outros talentos, inclusive em *Arquitetura* por ser conhecedor de edificações grandiosas, para também desempenhar o nobre cargo de *Arquiteto da Obra*; ademais, nesse encatgo, ainda poderia dispor de sua principal característica, que era o vasto conhecimento como *artífice da essência e transformação de metais*.

Há autores informando que, pelas mensagens enviadas por *Salomão* ao *Rei de Tiro*, é possível depreender que *Hiram* acompanhou a construção do *Grande Templo* desde os alicerces; e até, que a planta seria de sua inspiração porque sempre é denominado *Arquiteto*.

Então, os mensageiros hebreus retornaram a *Jerusalém* num 15 de julho, um belo dia de verão, quando o *Rei Salomão* recebeu o futuro *Arquiteto ou Grande Mestre* com pompa, e realizou uma festa aos trabalhadores comemorando sua chegada; então, no dia seguinte reuniu a *Câmara do Conselho* para resolver os assuntos da construção, e disse em presença de todos *(adaptado)*:

- *'Vos escolho por chefe e arquiteto ... do Templo, como dos obreiros; vos transmito meu poder ... sem necessidade de outra opinião, senão a vossa; ... vos tenho como amigo a quem confiarei o maior dos meus segredos.'*

e, deixando a *Câmara,* foram às obras, onde o próprio *Salomão* disse aos obreiros, em voz alta e inteligível, mostrando o *Grande Mestre (adaptado)*:

- *'Eis ... o que escolhi para ser vosso chefe e guiar-vos; o obedecereis como se fosse a mim; ... concedo amplo poder sobre vós e as obras, sob pena que os desobedientes recebam o castigo que esse mesmo bem entender aplicar.'*

e a seguir inspecionaram o trabalho, o todo foi entregue em suas mãos, e prometeu ao *Rei Salomão* dispor tudo em boa ordem; e mais, no dia seguinte reuniu os obreiros e disse *(adaptado)*:

- *'Meus amigos, o Rei nosso senhor me confiou ... dirigir-vos e normalizar os trabalhos do Templo; e não tenho dúvida que não faltará ... o zelo para executar suas ordens e as minhas. Entre vós existe quem deve merecer salário mais elevado, assim, cada um poderá alcançá-lo mediante provas sucessivas de seu bom trabalho. Para tranquilidade e prêmio de vosso zelo, formarei três classes de operários, sendo que a primeira compor-se-á de Aprendizes, a segunda de Oficiais e a terceira de Mestres. A primeira ... receberá seu salário na Porta do Templo, na Coluna J; a segunda, na Porta do Templo, na Coluna B; e, a terceira, no Santuário do Templo.'*

Como foi dito, esse *artífice* iria supervisionar e orientar os trabalhos, inclusive de fundição e feitura dos utensílios necessários, como pregos, fixadores e outros, para uso na obra bruta, assim como, conjuntos de adorno como mesas, castiçais, incensadores e demais, para a decoração.

O *Arquiteto*, especialista em metais e Mestre construtor, era filho de uma *viúva*; e a *'Lenda'* ainda interpreta essa condição como sendo uma manifestação de ser a *Natureza* sua *Mãe*, até porque, é também certo que: *"A Mãe Natureza não tem marido."*

A *Bíblia* registra que *Hiram Abiff* viveu até o ano 1003 a.C.

5.1.2 – Organização

Como organizador dos trabalhos, esse *Grande Mestre* em atitude *sábia – justa – e benevolente*, como foi dito, resolveu dividir os trabalhadores em *três (3) categorias*, de acordo com a aptidão e conhecimento de cada operário, a saber:

- ***Aprendiz*** *= trabalhador iniciante – disposto no mundo inferior do Homem, equivalente à parte de seu estômago para baixo;*
- ***Companheiro*** *= trabalhador já com certa experiência, mas não completa – disposto no mundo mediano do Homem, correspondendo à caixa torácica; e*
- ***Mestre*** *= trabalhador munido de toda a experiência e discernimento necessários – disposto no mundo superior do Homem, incidindo na cabeça;*

e, ademais, cada *categoria* para evitar confusão foi suprida por um *Código de Identificação* a seus Integrantes, composto de: *Sinais – Toques – e Palavras Apropriadas (Sagrada e Passe)*, sendo proibido confiá-los sem permissão do *Rei* ou do *Chefe Encarregado*; além disso, assim receberiam seu *salário* conforme esse *Código*; e ainda, isso também poderia ser interpretado como a capacidade de influenciarem-se mutuamente pelos *Sentidos* das: *visão – tato – e audição.*

Foram erguidas no *Pórtico ou Entrada do Templo, Duas (2) Colunas de Bronze, ocas*, e foi determinado que o *salário* dos trabalhadores fosse recebido junto a essas *Colunas*, assim os:

- ***Aprendiz*** *= na Coluna da Esquerda – J – tida como Positiva,*
- ***Companheiro*** *= na Coluna da Direita – B – tida como Negativa, e*
- ***Mestre*** *= na Câmara-do-Meio – tido como o Mundo Interior e Lugar Sagrado, encontrado por dentro dos dois anteriores.*

e, segundo o projeto arquitetônico do *Templo,* havia *Três (3) Portas* destinadas ao acesso em geral, mas que durante a obra estipularam que fossem utilizadas ordenadamente pelos:

Aprendiz = *depois transformada no Pórtico do Templo no Ocidente;*

Companheiro = *terminada a obra alterada à dos Levitas ao Sul; e*

Mestre = *no tempo destinada aos Pontífices no Oriente.*

Os *salários* aumentavam proporcionalmente conforme a qualificação de cada trabalhador e, consequentemente, suas respectivas *categorias ou Graus* em que cada um se enquadrasse; assim, passou a reinar entre os operários as tão necessárias: *Paz – amizade – e concórdia.*

Todas as peças de utilidade e de adorno a decorar o *Templo* foram elaboradas bem longe da obra, e coordenada sua execução por *Hiram*, reconhecido como detentor de superconsciência.

E, tanto esses trabalhos especiais, quanto a obra em si, tiveram os serviços dirigidos, orientados e executados com sabedoria e exatidão; e, mesmo havendo um grande número de obreiros no local da edificação, ou seja, naquele *Templo-Corpo*, não era permitido ouvir-se *nenhum ruído de instrumento de metal*; então, a todos era propiciada a necessária quietude no próprio *Mundo Interior*, que se torna a origem de toda *Obra Espiritual.*

5.2 – Personagem Diferente

> *Contudo, há outra versão desse capítulo referente à Coordenação dos Serviços da obra, atribuindo o encargo, tanto da divisão e classificação dos trabalhadores, quanto da sua respectiva remuneração, a outro personagem de nome Adonhiram, que de acordo com o constante da Bíblia, incontestavelmente, se trata de outra pessoa.*
>
> *Isso se deve a que Adonhiram, além de ser hebreu, auxiliava o Rei Salomão ocupando o cargo de Preposto às Corveias – ou – Arrecadador de todos os Impostos do Reino, o que modernamente poderia ser equivalente aos postos de Ministro da Fazenda ou Secretário de Fianças; portanto, certamente, deveria ser o responsável pelos Pagamentos de todos os Compromissos do Reino, dentre outros encargos, inclusive responderia pela Coordenação dos Trabalhos e Pagamento dos Salários dos trabalhadores, daqueles que*

construíam a obra propriamente dita, além de orientar os trabalhos da construção.

Graças aos cuidados e vigilância de Adonhiram, as obras se desenvolveram em ritmo adequado, o Templo se erguia em todo seu esplendor dia a dia, e todos os serviços satisfaziam ao Rei Salomão, que se mostrava atento à ordem e tranquilidade reinante entre os obreiros.

Uma das muitas diferenciações entre Hiram e Adonhiram consta do Dicionário Maçônico, onde Adonhiram seria o mesmo Hiram sob a denominação respeitosa composta por Adon (Senhor) + Hiram, de onde derivaria a Maçonaria Adonhiramita; e ainda, Adonhiram é reconhecido como o único Encarregado/Arquiteto que edificou o Templo de Salomão.

Entretanto, a reiterar novamente, conforme acima, que sem nenhum lampejo de dúvida, de acordo com o constante nas Escrituras, incontestável e absolutamente, Hiram e Adonhiram são pessoas distintas !

5.3 – Retomando a Narrativa

5.3.1 – Arquitetura e Corpo Humano

Maçonicamente, as figuras de destaque envolvidas na *Edificação do Templo*, ou seja, os *Reis de Jerusalém e Tiro – Salomão e Hiram*, respectivamente, além dos especialistas *Hiram e/ou Adonhiram*, sendo considerados como os importantes *Três (3) Mestres da Obra*, representam a *Tríade* norteadora dos objetivos da Sublime Instituição, a saber: *Sabedoria – Força – e Beleza.*

O projeto do *Templo de Salomão* adotou como modelo o *Corpo Humano*, estendendo-se do Oriente ao Ocidente, e de Norte a Sul, o que significa dizer, simbolicamente, que: *'O Homem é completo e tão indivisível quanto o Universo'*.

Sendo o *Rei Salomão – Monarca de Israel*, conhecido como o mais sábio de seu tempo, poderia tornar viável sua pretensão de transformar a imagem do *Corpo* num magnífico *Templo* digno de contemplar seu *Deus Interior – o G:.A:.D:.U:.*.

Assim, também o *Corpo Humano*, tido como o *Templo de Deus*, possui em seu interior a *Trindade Divina: Poder (Pai) – Saber (Filho) – e Vida em Movimento (Espírito Santo)*; então, o *Templo (Corpo)* foi construído e dirigido pelos: *Poder – Saber – e Beleza*.

Praticamente, durou sete (7) anos – período necessário para a completa Iniciação Interior –, para ser construído o digno *Templo de Deus*; e, sendo certo que a cada sete (7) anos o *Corpo* se desfaz de seus átomos e células antigas, atendendo comando e instrução interior, por força do trabalho em novas aspirações e pensamentos; e mais, durante essa reconstrução não há nenhuma negatividade, seja por ideias, palavras ou obras, a impedir o desenvolvimento interior.

O íntimo do ser humano também é composto por defeitos e vícios, ainda entendidos como identificadores que o induzem a cometer algumas ações não justificadas e/ou recomendáveis, sendo essas características as: *Ignorância – Medo – e Ambição*; e por consequência:

- *Ignorância = Faz o Homem crer que: Sabe tudo, e não deseja aprender mais nada;*
- *Medo = Elimina seu Coração, para não reconhecer seu Deus Íntimo e seu Guia; e*
- *Ambição = A falha do Egoísmo que: Exige tudo para si, sem merecimento.*

e enfim, complementando, na tentativa de destacar posições da *'Lenda'*, tem-se que:

- *O Templo é o Corpo do Homem;*
- *A Construção do Templo é a elevação e evolução do esforço a um fim superior, por meio do conhecimento da Verdade e prática da Virtude;*
- *O Templo de Salomão é o Símbolo do Físico com importância correspondente às: Cabeça ao Oriente – Baixo-Ventre ao Ocidente – Lado Direito ao Sul – e Lado Esquerdo ao Norte.*
- *Os construtores do Templo são os átomos construtores do Corpo Físico;*
- *Os Três (3) Diretores do Templo: Rei Salomão representa o Saber – Rei Hiram de Tiro o Poder – e Hiram ou Adonhiram o Fazer; correspondendo ainda à: Fé – Esperança – e Caridade; e*
- *Os obreiros divididos em três (3) categorias: Aprendizes = trabalham no inferior do Corpo, no Ventre – Companheiros = no médio, no Tórax – e Mestres = no superior, na Cabeça.*

5.3.2 – Rebelados

Porém, com respeito à divisão dos trabalhadores constante no item 5.1.2 (Organização) cabe perguntar se: *Tão idealística* organização *poderia persistir?* Com efeito, não!

Então, três (3) obreiros da classe dos Companheiros ou Oficiais, que o REAA nomina como *Jubelas, Jubelos e Jubelun*, impulsionados pela avareza e ansiedade, e desejosos de receberem maiores 'salários', haviam por bem considerarem-se merecedores e dignos de reconhecimento como Mestres, portanto, estavam muito descontentes com o 'pagamento' que recebiam.

Cabe salientar que os *nomes* desses três (3) Companheiros não são unanimidade nos diversos Ritos, e ademais, os autores maçônicos não dão informações seguras das razões dessa diversidade; e, por exemplo, o Rito Adonhiramita não fornece os nomes dos Companheiros; ainda assim há outras versões, como:

- *Sebal – Oterlut – e Stolkin;*
- *Abiram – Romvel – e Gravelot;*
- *Giblas – Giblos – e Giblon;*
- *Hobbhen (Holem) – Sterke (Sterkin) – e Austerflut (Horterfut); e*
- *Jubelas – Jubelos – e Jubelum;*

ademais, há informação que os três últimos (REAA) seriam ainda irmãos de sangue ou carnais.

Então, passaram a querer o que recebiam os Mestres, e na condição de Mestres gostariam de retomar aos países de origem, apesar de ainda não reunirem todas as condições necessárias que justificasse suas promoções.

Assim, projetaram e resolveram assumir o risco tramando uma conspiração para se apoderarem da *Palavra Sagrada (Passe) e Modos de Reconhecimento (Sinais e Toque)* do Mestre; e, além de consegui-los, dependendo das condicões como os fatos se desenrolassem, que tanto poderia se dar por bons modos, como chegar até a vilolência e emprego da força; e ainda, que o fariam para obtê-los do próprio *Grande Mestre*.

Ao término das jornadas diárias de trabalho, quinze (15) Companheiros passaram a urdir um malévolo plano, como dito, para descobrir quais: *Palavra, Sinal e Toque* de Reconhecimento do Grau de Mestre; porque então não só passariam a auferir maior pagamento, como a pertencer à Classe dos Mestres Especializados, que tinham sob suas ordens Companheiros e Aprendizes.

Como o Respeitável Grande Mestre ia diariamente ao *Santuário do Templo* para oferecer orações ao Eterno, os citados obreiros escolheram o 'meio-dia' como horário mais propício à realização do ato premeditado; porque nessa hora os obreiros saíam, ou seja: *Por se tratar de hora de descanso (almoço) – Porque o Sol está no zênite – ou Ser entendida como hora neutra*; e consideraram que *Hiram* tinha o hábito de percorrer a *Câmara-do-Meio* para fiscalizar os trabalhos e revisar a obra, além de meditar sobre a responsabilidade que recaía sobre seus ombros; assim, os três Companheiros postaram-se à entrada das Três Portas existentes.

> *Outras versões da 'Lenda' mencionam que tal horário ainda poderia ter sido escolhido às cinco horas da tarde; assim como, outros ainda admitem ter ocorrido no final dos trabalhos, ou seja, quase à noite; entretanto, utilizou-se a descrição do horário do 'meio-dia', porque pareceu mais adequado, tanto quanto o melhor que se coaduna com o restante da descrição.*

E também como já foi dito, confirmando que a Trindade dos Defeitos e Vícios demonstra as péssimas características: *Ignorância – Medo – e Ambição*, que chegam a levar determinados indivíduos a sempre desejarem obter o que não merecem, do *Mundo Espiritual e Material*.

Esses três (3) maus Companheiros tentaram ainda convencer outros nove (9) de seus pares, e mais três (3) Mestres, a participarem do intento, porém esses, no último instante, desistiram ao se sentirem muito perturbados pelo consequente remorso.

Portanto, pela versão adotada, dos quinze (15) envolvidos, doze (12) desistiram do plano, sendo nove (9) Companheiros mais três (3) Mestres; mas, outros três (3) Companheiros persistiram e arquitetaram o maléfico intento, porém, sem prever a possibilidade da morte do *Grande Mestre*.

5.3.3 – Crime

Assim, os três (3) Companheiros se esconderam armados no interior do *Templo*, cada um com um instrumento de trabalho, a saber: *um com uma Régua – outro com uma Alavanca – e o último com um grande Malho*; então, puseram-se à espera e se dirigiram cada um a uma das Três Portas do *Templo*, que naquele momento estava deserto.

O *Grande Mestre* também se servia de uma Porta Secreta para adentrar ao *Templo*, e finda a oração dirigiu-se à saída, e quando quis atravessar a Porta do Sul encontrou o Companheiro *Jubelas* ali postado com uma *Régua de 24' (vinte e quatro polegadas)*, que interceptando seus passos, exigiu-lhe as: *Palavras – Sinais – e Toque* de Mestre, ameaçando-o de morte caso se negasse a fornecer; todavia, o *Grande Mestre* respondeu:

- *"Trabalha e serás recompensado! Não é por este modo que a podereis receber, tendes paciência, completai vosso tempo com zelo e diligência que lá chegareis; e, além disso, só a recebereis em presença dos Reis de Israel e de Tiro, pois jurei nunca revelá-la senão em presença de ambos."*

Ao negar as informações, afirmou ainda que a promoção a Mestre só seria consentida pelo seu próprio merecimento; e o traidor ignorante e raivoso, não conseguindo o que desejava, tentou golpeá-o fortemente na cabeça por uma pancada violenta com a *Régua de 24' (vinte e quatro polegadas)*, significando 24 horas do dia que nunca foram totalmente aproveitadas, porque a ignorância sempre é um obstáculo à *Obra Divina Interna.*

E, tendo o *Grande Mestre* se desviado e erguido seu braço direito para se proteger detendo o golpe, esse foi desferido em seu ombro paralisando o braço direito – representação do positivo.

> *Entretanto, outra versão desse fato reza que, para intimidá-lo, Jubelas dá uma pancada com a pesada Régua, porém desviando o rosto, foi atingido e ferido no pescoço – na garganta.*

O *Grande Mestre,* para se salvar, tentou fugir e se precipitou para a Porta do Ocidente, quando foi abordado pelo segundo Companheiro *Jubelos*, que fez a mesma exigência do anterior e, de modo análogo, obteve como resposta: *"Trabalha e obterás!"*; e, também tentando acertá-lo na cabeça com uma *Alavanca*, houve o desvio e ergueu o braço esquerdo para proteção e deter o golpe; esse foi desferido em seu ombro paralisando o braço esquerdo – representação do negativo.

E dependendo da versão, foi acertado com um golpe forte no peito – no coração, com a ponta de um Esquadro de Ferro; ou outra versão que teria sido acertado por um golpe na nuca.

Já bastante aturdido, debilitado e cambaleante, o *Grande Mestre* procurou sair pela Porta do Oriente ou do Meio-Dia, que acreditava ser o caminho mais seguro para fugir, mas onde estava o terceiro Companheiro, *Jubelun*, o pior dos três que representa o egoísmo; e, ao ser feita a mesma pergunta dos dois anteriores, como esses também não obteve êxito.

Então, contrariado por ver inútil sua traição, desferiu um forte golpe com um *Malho* que portava consigo, que o feriu mortalmente na cabeça, fronte ou testa, que então o prostrou morto.

Assim, morria o *Grande Mestre* encarregado pelos trabalhos na edificação do *Templo*; e, quando os Três (3) Companheiros novamente se encontraram, comprovaram não ter conseguido obter os dados desejados.

Os três reuniram-se imediatamente numa parte escolhida e verificaram seu total fracasso na obtenção do que intentaram; além do inegável e funesto resultado de sua trama.

5.3.4 – Desaparecimento e Busca

E, cônscios que o crime seria imediatamente descoberto, pois os trabalhadores poderiam voltar ao recinto de um momento para outro, resolveram esconder o corpo do *Grande Mestre*; e, mesmo horrorizados pelo crime cometido, e a fim de não levantarem suspeitas, e como já foi dito, ainda sendo dia, optaram por camuflar no próprio local o corpo da vítima.

Então ocultaram apressadamente o corpo do *Grande Mestre* sob um monte de escombros, entulho e ruínas da construção ao norte do *Templo*, para ao anoitecer transferi-lo a um local mais afastado, a uma elevada colina fora da cidade na direção do Oriente.

Assim fizeram, à noite retornaram e transportaram o corpo para um lugar ermo onde o enterraram, mas ainda nesse segundo sepulcro o fizeram provisoriamente; isso porque já haviam decidido que depois, ao acalmar a inevitável busca pelo cadáver que fatalmente o *Rei* iria ordenar, o conduziriam para outro local ainda mais afastado, na tentativa de que jamais fosse encontrado.

Algumas versões informam que, nesse segundo local provisório, cavaram três (3) sepulturas: *1ª) ao cadáver – 2ª) às vestes – e 3ª) ao bastão que o Grande Mestre sempre carregava – um junco marinho*; e mais, um ramo de acácia identificador foi plantado sobre a primeira cova.

Entretanto, para esse passo escolheram um lugar não tão distante, e como foi previsto e já dito, enterraram provisoriamente o corpo numa cova rasa, esperando que depois, quando o assunto não causasse mais tanta comoção, poderiam remover novamente transladando-o para um local muito mais afastado e diferente; isso objetivava que o corpo não seria jamais encontrado e reconhecido; e, não por outro motivo que apenas a identificação desse sítio, por sobre o aterro somente fincaram um pequeno ramo de acácia; e, depois, regressaram os três para *Jerusalém*.

Todos os dias pela manhã, logo que o *Rei Salomão* se levantava, o *Grande Mestre* prestava conta do andamento dos trabalhos; entretanto, como na manhã seguinte aos horrendos fatos não foi procurado por seu *Grande Mestre*, mandou um dos seus *Oficiais* chamá-lo; e esse regressando o informou que não havia encontrado, apesar de tê-lo procurado por toda parte; essa resposta afligiu o *Rei,* que foi pessoalmente ao *Templo* na esperança de encontrá-lo, mas, vendo frustrada mais essa tentativa, ordenou uma busca minuciosa por toda a cidade.

No entretempo, na mesma manhã seguinte, de imediato os subalternos do *Grande Mestre* notaram sua insólita ausência; e todos os insurretos que haviam desistido da trama começaram a comentar a possível morte do *Mestre*.

No terceiro dia, o *Rei Salomão,* ao deixar o *Santuário do Templo* onde orava, pela Porta do *Oriente*, ficou surpreso ao notar manchas de sangue no solo; assim, seguiu-as até os escombros ao *Norte*, mandou que escavassem; mas nada encontrando, estremeceu horrorizado pelo fato que o levou a intuir, e mesmo se convencer, que o *Grande Mestre* talvez tivesse sido assassinado.

Além disso, *Salomão* ao ser informado do insucesso nas buscas pela cidade, e terminando mais um dia sem pistas do *Grande Mestre*, além de concluir, quase como uma espécie de reafirmação, pelo desaparecimento fatídico; então, ordenou imediatamente que as buscas se estendessem para além dos limites da cidade.

Desse modo, o *Rei Salomão* ordenou que os todos os Companheiros: *raspassem a barba – cortassem o cabelo – usassem avental branco de pele de cordeiro em sinal de luto – e portassem luvas brancas para mostrar sua inocência quanto ao possível desasparecimento*.

Então retornou ao *Santuário do Templo* para chorar a eventual perda de tão grande parceiro, para em seguida ir ao *Átrio do Templo* e determinar que reunissem todos os Mestres, quando disse:

- *"Meus Irmãos, a perda de vosso Chefe é praticamente certa".*

ante tais palavras, cada Mestre recolheu-se em profunda dor gerando prolongado silêncio; porém, faltava descobrir os assassinos que se haviam denunciado pela própria fuga.

Então o *Rei* disse da necessidade que nove (9) Mestres partissem para procurar o *Corpo do Grande Mestre*, e o conduzissem ao *Templo*; *Salomão* apenas havia terminado de falar e todos os Mestres propuseram-se a partir para vingar aquela morte, até os mais velhos, contudo, sem refletir sobre as dificuldades tanto da insólita tarefa, quanto da perigosa trajetória a percorrer.

O *Rei* sensibilizado pelo zelo de seus Mestres, mas sempre respeitando as próprias decisões, novamente reafirmou a necessidade, e que partissem somente nove (9) eleitos que seriam escolhidos por escrutínio verbal; assim realizando, os agraciados alegraram-se e partiram prometendo seguir fielmente as ordens do *Rei*, despojando-se dos calçados para maior agilidade, e atendendo *Salomão* para se armarem de seus Maços, defendendo-se dos perigos que pudessem ocorrer.

> *Entretanto, há outra versão da 'Lenda' que menciona ter o Rei Salomão afirmado ser preciso formar um 'grupo de 27 (vinte e sete) Mestres divididos em três (3) grupos de nove (9)'.*

O *Rei* ordenou ainda que se organizassem em três (3) grupos de busca, seguindo um ao *Oriente*, outro ao *Ocidente* e o terceiro ao *Meio-Dia*, procurando: *o Corpo do Grande Mestre – os três (3) maus Companheiros – e a Palavra Perdida*, de acordo com o que segue.

E imaginando que, provavelmente, os *Códigos Identificadores* dos Mestres haveriam de ter desaparecido com o *Grande Mestre*, como já foi dito, ordenou que a primeira expressão pronunciada ao encontrar o *Corpo* se transformaria na nova *Palavra* de Mestre; e como segue, tal fato ocorreu, e ao terem sucesso em encontrar o *Corpo* mandou alterar as: *Palavras – Sinais – e Toque,* de Mestre.

Como mencionado, os doze (12) Integrantes desistentes – nove (9) Companheiros + três (3) Mestres –, que se opuseram à trama engendrada pelos três (3) maus Companheiros, decidiram revelar ao *Rei Salomão* tudo sobre a 'conspiração' e o desenrolar dos fatos; assim, simbolicamente, esses Mestres e Companheiros são representados por:

- *Três (3) Mestres: Fé – Esperança – e Caridade; e*
- *Nove (9) Companheiros: Percepção – Conhecimento – Associação – Altruísmo – Juízo – Vontade – Memória – Ordem – e Acerto.*

Na noite do sexto dia de busca, como foi dito, um dos três (3) Mestres (o Amor) de um dos 'grupos' sentou extenuado num montículo em local próximo da cidade; e observou que a terra havia sido removida recentemente, de onde emanava um odor putrefato; e ao tentar se apoiar num ramo de acácia, que depois soube ter sido apenas fincado, este se soltou ficando em sua mão.

Esse fato o surpreendeu, indicando ter sido ali colocado apenas para indicação do local; então, começou a cavar chegando a apalpar um corpo enterrado, mas, sendo noite, suspendeu o trabalho e voltou, não antes de alertar seus pares daquele seu 'grupo de busca'.

> *Outra versão desse fato informa que no segundo dia de busca, no alto do Monte Moriah, extenuado depois de longa caminhada, o Mestre de nome Stolkin sentou-se para descansar, recostando-se num arbusto, o qual, não resistindo ao seu peso, inclinou-se.*
>
> *Mas, difícil seria a descoberta de uma 'pequena porção de terra removida', como constante da versão mais comum, e Stolkin aproveitando a sombra do 'ramo de acácia' para descansar, na opinião do autor estudioso apresenta-se mais verossímil.*

Retomando, no dia seguinte já reanimado e com suas forças recuperadas, tendo se juntado ao seu grupo contou o ocorrido, e todos juntos rumaram para o local, reiniciando os trabalhos de escavar a terra; e, com efeito, chegaram ao que era o *Corpo do Grande Mestre* ali enterrado.

Retornaram a *Jerusalém* e relataram a descoberta ao *Rei*, que de imediato fez um *Sinal* e pronunciou uma *Palavra*, e a partir disso, ambos passaram a ser usados como partes componentes de um novo *Sinal de Socorro*.

E, para certificar-se de que aquele *Corpo* pertenceu ao *Grande Mestre*, o *Rei* encarregou os nove (9) Mestres de o reconhecerem; e mais, que utilizassem os *Sinais de Reconhecimento* quando levantassem aquele *Corpo*, e ainda, que tais *Sinais* seriam fixados pelas *Palavras* a serem pronunciadas no momento em que ocorresse o erguimento do *Corpo* da precária sepultura.

Assim foi feito, e ao verificar que a fronte estava ensanguentada e coberta por um avental de trabalho, e sobre o peito havia a *Insígnia do Grau*, de pronto executaram o *Sinal de Horror*, que então ficou estabelecido como sendo o *Sinal de Reconhecimento* dos Mestres entre os Maçons.

Contudo, a dor embargou seus corações, e, por longo tempo, permaneceram estáticos em estado de êxtase; e um dos Mestres se recuperando tomou coragem e penetrou na cova com firme propósito de retirá-lo, e tomando o *Corpo do Grande Mestre* pelo index da mão direita procurou erguê-lo; mas, porque a carne já corrompida se decompunha ou putrefazia, e desagregava dos ossos exalando terrível mau cheiro, o Mestre recuou exclamando: *'Eclingue – Cheira mal.'*

Depois, outro Mestre entrou na cova e segurou a mesma mão do cadáver pelo mesmo dedo indicador, e assim ocorreu como no primeiro caso, e esse Mestre também recuou dizendo: *Jakin.*

Então, pelo insussesso dos dois primeiros, o Mestre mais velho entrou na cova, e depois de grande esforço acolheu o *Corpo do Respeitável e Grande Mestre*; e, agarrando sua mão direita, apoiou o peito contra o seu, assim como o joelho e o pé do mesmo lado, e com a mão esquerda o segurou pelos ombros, erguendo o *Corpo* e o retirando da cova.

Mas, nessa operação o *Corpo* produziu um ruído surdo que aterrorizou a todos, mas o Mestre mantendo a serenidade exclamou: *'Macbenah (ou Mak-Benah) – A carne se desprende (ou abandona) dos ossos'*.

Os Mestres, desconhecendo se o *Respeitável Mestre* havia ou não conservado seus *Segredos*, concordantes obedeceram à preleção do *Rei Salomão*, concordando que a primeira *Palavra* que fosse proferida ao levantar o *Corpo* seria aceita e tornar-se-ia a nova *Palavra* de Mestre; e, desse modo, a exclamação daquele Mestre que realizou a tarefa foi aceita como a nova *Palavra (Sagrada e Passe)* em substituição a anterior *Palavra Perdida* de Mestre.

A seguir repassaram essa *Palavra* a todos em *Cadeia de União* e abraçaram-se, para depois em conjunto com os demais Mestres acolherem o *Corpo* do *Grande Mestre* pelos braços, e partiram paro o conduzir a *Jerusalém.*

Contudo, não muito depois, seriam descobertas as verdadeiras razões do assassinato.

Então, com toda pompa e circunstância, o *Rei Salomão* fez com que fossem rendidas exéquias fúnebres magníficas, mandando sepultar o *Corpo* no *Santuário do Templo*; e o esquife de cobre foi levado ao túmulo, que tinha as dimensões de sete pés de comprimento, cinco de largura e três de profundidade; e ainda, ordenou que fosse esculpida e instalada, dentre mais outros dois adornos que são descritos no item 07 – sepulturas que segue, uma maravilhosa 'medalha triangular de ouro puro' com a gravação do nome *Jeovah – antiga Palavra de Mestre*, uma das denominações do *G:.A:.D:.U:.*; assim, formaram uma *Cadeia de União* para repassar as: *Palavra Sagrada – Sinal – e Toque*, substituindo os anteriores, pelos ajustados por aqueles nove (9) Mestres.

5.4 – Novamente a Narrativa – Busca e Captura dos Traidores

Os três traidores assassinos, depois do crime, retornaram aos trabalhos do *Templo*, com a finalidade de não serem levantadas suspeitas a respeito do ocorrido; e, sabedores de que o *Corpo* do *Grande Mestre* havia sido encontrado, prontamente imaginaram que *Salomão* ordenaria uma intensa investigação para descobrir quem praticara aquele ato tão vil.

Quando as determinações do *Rei* chegaram aos obreiros, os traidores tomaram conhecimento por outros Companheiros (ou Oficiais) e decidiram fugir de *Jerusalém* ao anoitecer, separarando-se para não serem vistos juntos, e assim não levantando maiores suspeitas; então, individualmente, empreenderam fuga afastando-se de *Jerusalém* para se ocultarem em terras estranhas.

Porém, quando o *Rei* soube da fuga de três (3) Companheiros, imediatamente ordenou que os procurassem, e então, durante três dias os buscaram, inutilmente; todavia, já terminava o quarto dia de procura quando nove (9) dos Mestres, extenuados por fadiga, se encontravam no meio das rochas em um vale aos pés do *Monte Líbano*, e ali descansaram; mas, logo no início do anoitecer, um dos Mestres se dirigiu ao *Ocidente*, para vigiar e não serem surpreendidos por algum animal, quando então, surpreendentemente, ouviu vozes numa caverna.

> *Por outra versão, esse vigia afastou-se um tanto de seus pares, e ao longe, divisou uma pequena luz por uma fenda na rocha; estremeceu surpreso, mas, tranquilizando-se se aproximou do local resolvido a verificar do que se tratava; e já perto, teve o corpo invadido por suor frio, ao notar que havia a entrada de uma caverna de onde emanava luz; e mais, recuperando-se e com novo ânimo, resolveu adentrar e investigar.*

A entrada estreita e baixa o fez entrar encurvado, com a mão direita à frente para evitar as saliências das pedras, avançando pé-ante-pé a evitar produzir qualquer ruído denunciador; e ao chegar ao fundo da caverna viu um indivíduo recostado e adormecido sobre as mãos.

Imediatamente o reconheceu como um dos trabalhadores do *Templo de Jerusalém*, pertencente à *Classe dos Companheiros (ou Oficiais)*; e quase não tendo dúvida de que se tratava de um dos assassinos, seu desejo de vingar a morte do *Grande Mestre* o fez esquecer as ordens do *Rei Salomão*; então, armou-se com um punhal que encontrou aos pés do próprio traidor, cravou-o várias vezes em seu corpo e terminou cortando-lhe a cabeça.

Quando concluiu tal ato sentiu muita sede, e constatando que logo ao fundo havia um pequeno córrego se saciou com essas águas; depois, deixou a caverna com o punhal numa das mãos, e na outra a cabeça do traidor segura pelos cabelos.

Nessas condições, foi em busca dos seus pares que, ao vê-lo, estremeceram de horror; então, ouviram atentamente o relato daquele Mestre do que ocorrera na caverna, e de que modo havia encontrado o traidor que ali se refugiara; entretanto, seus parceiros disseram que seu zelo exagerado os colocava numa posição delicada por faltar às ordens do *Rei Salomão*.

Por isso, reconhecendo sua falta o Mestre se mostrou amedrontado, porém seus pares, que muito confiavam na bondade do *Rei*, por tudo que sabiam ou tinham notícias de seus atos praticados, prometeram ao seu parceiro e amigo obter as graças do *Rei* quanto ao episódio.

A seguir, retomaram o caminho de *Jerusalém* juntamente com o Mestre, que ainda continuava com a cabeça do traidor em uma das mãos e o punhal na outra, quando completavam o nono dia da partida; assim, lá chegaram ao tempo em que o *Rei* estava encerrado no *Santuário do Templo* com seus Mestres, como era hábito fazer todos os dias na conclusão da jornada, com intuito de recordar, dolorosamente, seu mais digno e respeitável *Grande Mestre*.

Os nove (9) Mestres adentraram ao *Templo*, oito mais aquele nono que, como foi dito, levava o punhal e a cabeça do traidor, quando então esse mesmo Mestre entrou gritando por três vezes: *"Comigo chega a vingança!"*, e em cada uma dessas vezes todos faziam uma genuflexão.

Entretanto o *Rei Salomão*, aturdido e desgostoso, estremecendo diante do que via explodiu: *"Desgraçado! Que fizeste? Não te havia dito que me reservasses o prazer da vingança?"*; contudo, todos os outros oito Mestres ajoelhados gritaram: *"Graça para ele"*, afirmando que seu excessivo zelo fez com que esquecesse as ordens reais; e mais, *Salomão* pleno de bondade o perdoou e ordenou que a cabeça do traidor fosse exposta na ponta de uma vara guarnecida de ferro, numa das Portas do *Templo* à vista de todos os obreiros, o que foi imediatamente executado.

> *Outra versão diz que o primeiro assassino – Holem – foi entregue por Perpingnan onde fora buscar refúgio; e teria sido decapitado, e o cadáver embalsamado e exposto ao público.*

O *Rei,* percebendo que os traidores haviam se separado, acreditou ser difícil descobrir o destino dos demais, e resolveu mandar publicar um *Édito* em todo seu *Reino*, proibindo dar hospitalidade a qualquer desconhecido não portador de passaporte; e ainda, prometeu polpuda recompensa a quem trouxesse os outros dois traidores a *Jerusalém*, ou fornecesse indicações seguras para ser possível encontrá-los.

Um dos obreiros, que trabalhava na estrada que levava a cidade de *Tiro*, tinha conhecimento de um estrangeiro refugiado numa caverna próxima a estrada, e que lhe confiara seu segredo, mas fazendo-o prometer que arrancaria a própria língua antes de revelá-lo; além disso, aquele obreiro ia à cidade vizinha quase diariamente buscar víveres para o traidor alojado na caverna; contudo, estava justamente naquela cidade ao informarem sobre o *Édito* do *Rei Salomão*, quando então se deu conta da elevada recompensa prometida a quem descobrisse os restantes assassinos do *Grande Mestre.*

Assim, por pura ganância, seu interesse foi mais forte que a fidelidade prometida, e então, tomou o caminho de *Jerusalém*, indo ao encontro dos nove (9) Mestres encarregados de encontrar os demais culpados; e esses ao verem o nervosismo do obreiro, que ficara empalidecido, arguiram: *'De onde vinha e para onde ia'*; e o obreiro, fazendo menção de que iria arrancar a própria língua, ficou de joelhos e beijou a mão do interlocutor dizendo *(adaptado)*:

- *Acredito que sejais enviados do Rei na busca dos traidores assassinos do Arquiteto do Templo, e assim, digo-vos que apesar da promessa de guardar segredo, só posso agir de acordo com as ordens do Rei indicadas no Édito; e um dos traidores que buscais está a um dia de caminho daqui, numa caverna nas rochas nas cercanias da estrada de Tiro próximo a um sarçal; e mais, um cão está sempre na porta da caverna, que o previne quando alguém se aproxima.*

e ouvindo esse relato, os Mestres disseram que o seguiriam, que os guiasse até próximo daquela caverna, e então, o obreiro obediente conduziu os Mestres e indicou o local onde se encontrava o traidor; contudo, já era o décimo quarto dia de sua jornada quando o descobriram.

Ao anoitecer chovia, quando vislumbraram o sarçal, mas de repente despontou um arco-íris, e grupo se detendo para apreciar o belo fenômeno descobriu a caverna; ademais, nem mal se havia aproximado quando deparou com o cão dormindo, e para burlar sua vigilância os Mestres tiraram os sapatos, para depois uma parte adentrar a caverna e surpreender o traidor adormecido; a seguir, dominaram-no e amarraram para conduzi-lo a *Jerusalém*, junto com o informante desconhecido.

Ao chegarem a *Jerusalém,* na tarde do décimo oitavo dia da partida, no término da jornada de trabalho, como de costume, o *Rei* e os Mestres estavam no *Santuário* para recordar e prantear o *Grande Mestre*; e assim, os viajantes foram ao *Templo* e apresentaram o traidor ao *Rei*, que o interrogou fazendo que confessasse o crime; então o condenou e ordenou arrancarem seu coração, cortarem sua cabeça e postarem na ponta de uma segunda vara guarnecida de ferro, colocada em outra das Portas do *Templo*, com tratamento igual ao primeiro, e posta à vista de todos; e o resto do seu corpo deveria ser arrojado além dos muros da cidade para alimento dos animais.

Depois, o *Rei Salomão* recompensou regiamente o obreiro desconhecido, devolvendo-o satisfeito à sua casa, esperançoso de que também pudesse descobrir o terceiro traidor.

E os nove (9) últimos Mestres, já desiludidos de encontrar o terceiro traidor, no vigésimo segundo dia de sua tarefa, quando estavam perdidos numa mata cerrada do *Líbano*, e obrigados a transpor diversos locais perigosos, viram-se forçados a passar a noite ali; assim, escolheram os lugares mais cômodos possível, e os mais seguros, porque naquela mata havia muitos animais selvagens; contudo, ao amanhecer do dia seguinte, um Mestre foi se certificar do local onde estavam, quando ao longe divisou um indivíduo armado de um machado descansando na base de um penhasco.

Possivelmente, seria o traidor que buscavam, mas sendo informado do destino de seus dois comparsas fugira se escondendo no deserto, e vendo que um dos Mestres vinha em sua direção para interrogá-lo, logo o reconheceu por já tê-lo visto no *Templo*; então, achando-se em condição de supremacia, de imediato se levantou e correu ao seu encontro acreditando que nada deveria temer, pois enfrentaria apenas um dos Mestres.

Entretanto, observando com mais cuidado, viu que ao longe estavam outros Mestres que se aproximavam rapidamente, então resolveu voltar e fugir, ação que decisivamente o traiu mostrando sua culpa; o fato convenceu os Mestres de que poderia ser o traidor, e assim decidiram todos persegui-lo; mas ao final, o traidor fatigado pelos obstáculos do caminho decidiu enfrentá-los e defender-se, preferindo a morte à captura; e armado com o machado ameaçava agredir quem se aproximasse.

Porém, estando os Mestres despreocupados com sua possível temeridade, porque estavam armados com seus Malhos, aproximaram-se e o convidaram a se render; mas, estando obstinado em se defender, lutou e atacou com furor durante algum tempo, mas sem conseguir ferir ninguém, pois os Mestres se limitavam a aparar seus golpes, e também porque não queriam feri-lo antes de conduzir a *Jerusalém*, apresentando-o vivo ao *Rei*; tanto que, enquanto a metade dos Mestres descansava, somente os demais combatiam.

Ao anoitecer, os Mestres temendo que as trevas facilitassem a fuga do traidor, atacaram-no todos juntos e o dominaram, quando o assassino procurava se precipitar do alto da rocha; então o desarmaram, ataram e conduziram a *Jerusalém*; e lá chegaram no vigésimo sétimo dia da partida, no final dos trabalhos cotidianos, e novamente, quando o *Rei* e os Mestres estavam no *Santuário do Templo* para elevar suas preces ao *Eterno* e recordarem pesarosos o *Grande Mestre*.

Assim, os Mestres adentraram e apresentaram o terceiro traidor ao *Rei*, que o interrogou, e como não apresentava justificativas, condenou-o que arrancassem suas entranhas, cortassem sua cabeça, e o resto de seu corpo que fosse arrojado ao fogo e reduzido a cinzas, que deveriam ser lançadas aos *Quatro Pontos Cardeais*; e mais, sua cabeça seria exposta como a dos outros dois, ou seja, posta na ponta duma terceira vara guarnecida de ferro em outra das Portas do *Templo*.

Os nomes dos traidores assassinos vinham escritos na parte baixa de cada uma das varas, em que espetaram suas respectivas cabeças; além disso, também colocavam Símbolos semelhantes aos instrumentos que cada um havia usado no crime.

Ademais, cabe informar que esses três personagens pertenceriam à *Tribo de Judá*, onde também respondiam por outros nomes, a saber:

- *O mais velho era conhecido por Sebal – o segundo por Oterlut – e o terceiro por Stokin;*

e, além disso, suas três cabeças permaneceram durante três dias à vista de todos os obreiros do *Templo*; e, no término do terceiro dia, o *Rei Salomão* mandou formar uma grande fogueira ante a entrada principal, e arrojar as três cabeças, os utensílios semelhantes aos instrumentos, e os nomes inscritos, sendo tudo queimado, e como foi dito, as cinzas lançadas aos *Quatro Pontos Cardeais*.

> *Outra versão da captura dos dois últimos assassinos diz que seis meses depois, Bengabel, intendente do Rei Salomão, descobriu que os dois traidores refugiaram-se junto ao Rei Maaco de Gepts; assim, foram enviados cinco Mestres para prendê-los, mas os assassinos conseguiram*

fugir; contudo, pouco depois, foram descobertos no local denominado Bendicar.

Presos com correntes (cadeias) os reconduziram a Jerusalém, e chegando foram amarrados a dois troncos pelos pés e pescoço com as mãos nas costas; então, retalharam seus corpos e expuseram durante oito horas ao público; finalmente, à noite o Rei Salomão mandou decapitá-los, colocar as cabeças junto à do primeiro assassino capturado – Holem –, e os restos dos corpos foram atirados aos animais selvagens.

Ao término dos acontecimentos, o *Rei* passou a dirigir pessoalmente os trabalhos do *Templo*, sempre assistido pelos Mestres, e tudo prosseguiu em harmonia e paz.

6 – Traidores e Assassinos

Obviamente, os três assassinos também constituem um *Símbolo*, porque se tratando de uma *'Lenda'* os personagens igualmente são mitológicos.

E como já foi dito, para o REAA os assassinos do *Grande Mestre* foram os Companheiros *Jubelas – Jubelos – e Jubelum*; além disso, aparentemente, a grafia desses nomes sugere que façam parte da declinação de um nome latino, entretanto, a raiz desse nome em hebraico é *Yubel – significando Rio ou Sinal*, que pode ser traduzido como *Corrente da Vida e Interesses Materiais*.

A diferenciação desses nomes terminados em *as, os* e *um* é apenas empregada para caracterizar ações individuais, porque na realidade o crime foi cometido só por uma entidade – a *Destruição*; e que cada assassino *per si* representa um determinado estado de espírito, logicamente, pleno de negatividade.

A *Ignorância – Fanatismo – e Ambição*, dentre outros, resultam direto da 'putrefação', pois têm mesma origem; e, simbolicamente, essas forças malignas reduzem-se a três caracterizações.

E, conforme a versão adotada, como já foi dito, na *'Lenda'* inicialmente havia quinze (15) participantes da trama, três (3) efetivos e nove (9) convidados, todos Companheiros, totalizando doze (12) Oficiais, aos quais se somavam outros três (3) Mestres; contudo, a retirada por desistência de nove (9) desses Companheiros mais os três (3) Mestres, absolutamente, não eximia nenhum de responsabilidade, até porque, além de conhecer toda intenção cometeram crime de 'omissão', pois tinham o dever de ao menos tentar que desistissem da 'traição', e mais, ainda revelar a trama evitando aquele 'sacrifício'; portanto, todos são considerados partícipes dos atos criminosos.

Porém, os doze (12) desistentes, mostrando-se arrependidos, simbolizam aqueles inertes diante do: descaso – comodismo – rotina – tolerância abusiva – e insensíveis ao que advém de seu marasmo e indiferença; ademais, desse modo os três maus Companheiros ainda representam:

1) *Jubelas = Ignorância – pois ao ignorante a cultura é grande desperdício; por isso, sempre menospreza os que julga pedantes e/ou sofisticados;*
2) *Jubelos = Fanatismo – é o exagero de qualidade estimulante; e ignorante irrestrito segue quem julga acertado entender como cego o Fanatismo;*
3) *Jubelum = Ambição – por não dispor de meios ou qualificações para se elevar, toda alternativa se justifica para obter o que almeja – ou, tudo vale!*

e ainda representam os inimigos 'internos' da Ordem, que não são estranhos mas próximos; contudo, como foi dito, ao fazerem autocritica achavam-se capazes e dignos em receber o Mestrado, entretanto, como disse o *Grande Mestre*, esse desejo só conquistariam pelo próprio esforço.

Os instrumentos usados que concretizaram a malfadada destruição, por ironia, foram os mesmos destinados aos exemplares serviços da construção; tanto que muitos têm características negativas – de destruição, e para tanto utilizam todos os meios disponíveis para a edificação.

Outro aspecto a destacar do assassinato, é que o crime também tem sentido astronômico; tanto que, deve-se notar que o evento ocorreu no *Oriente*, no período de três meses antes do Solstício de Inverno; além disso, os doze (12) Adeptos desistentes envolvidos no acontecimento representam também as doze horas do dia e os doze meses do ano.

E ainda, cada um dos doze (12) cumpriu sua parte à qual foi predestinado, onde eram incluídas: *preparação – recuo – e concretização*; e, enquanto nove (9) Oficiais e três (3) Mestres retrocederam, os demais três Companheiros prosseguiram no trágico propósito; e mais, o *Grande Mestre,* ao morrer no terceiro golpe desferido, simboliza o dia de agonia que sobrevém a noite.

É também simbólica a busca pela localização do corpo do *Grande Mestre*, empreendida pelos três (3) grupos compostos de nove (9) Mestres cada, principalmente porque, como foi dito, a exaustiva procura realizou-se à noite, mas só um dos Mestres ao raiar do dia descobriu a sepultura.

Findando o ano que teve início com o Solstício de Inverno, para os antigos terminar o verão simbolizava as dificuldades futuras antes de surgir a ressurreição; e, conforme a versão utilizada, fato é que a perseguição aos três (3) traidores assassinos pode ter durado cerca de nove (9) meses, pois se escondiam enquanto o Sol brilhava.

Mas, os criminosos ao serem encontrados viviam o inverno de suas vidas na fase mais difícil, empreendendo fuga do *Oriente* ao *Ocidente,* obedecendo à trajetória elíptica; e mais, depois regressam ao *Oriente* buscando o Sol, sua única vã esperança de salvação; e de outra parte, os três Mestres em sua busca se dirigiram ao *Ocidente*, e assim, encontraram o Sol – o *Grande Mestre.*

Por sua vez, astronomicamente, as 'armas' usadas pelos três traidores assassinos significam as: *Diminuição das horas pela Régua de 24 Polegadas – Linha Solsticial pelo Esquadro – e Rigidez fria e destruidora da temperatura por ausência do Sol pelo Malho*; e assim, simbolicamente morre o *Grande Mestre* e junto o ano e o inverno que dificulta e torna penosa a busca, que está envolta em luto e tristeza, portanto fria e escura; e mais, a aleluia da 'ressurreição' será o início da primavera.

O *Maçom ou Filho da Luz* é tanto o *Grande Mestre* construtor quanto representa o Sol, que percorre os Doze (12) Signos do Zodíaco e interpreta a *'Lenda Maçônica ou Místico Drama'*.

7 – Sepulturas e Morte

Na *'Lenda'*, conforme a versão, consta referidos três sepulcros (sepulturas), quando:

1º) *Os assassinos esconderam o Corpo do Grande Mestre sob os escombros no Templo; e essa primeira fase simboliza a tragédia: imprevista – desorganizada – e provisória;*

2º) *Enterraram o Corpo no Monte Moriah assinalando o local com um ramo de acácia; e essa segunda fase é oculta – misteriosa – e das trevas; e*

3º) *O Rei determinou exéquias pomposas colocando o Corpo no Santuário do Templo; e essa terceira fase trata da exteriorização das: morte – liturgia – e glorificação.*

e ainda, o Grande Mestre foi sepultado num 'esquife de cobre' medindo de: largura três (3) pés – profundidade cinco (5) – e comprimento sete (7), onde se instalou como foi dito, dependente da versão:

1. *Um triângulo de 'ouro' com a inscrição: À G:.D:.G:.A:.D:.U:.;*
2. *Uma medalha triangular de 'ouro' onde inscreveram: Jeovah; e*
3. *Um terceiro triângulo de 'ouro' gravado S:.U:.G:. – Sabedoria, União e Gomes –, e essa última seria a primeira palavra que o primeiro Homem (Adão) teria pronunciado;*

e mais, na 'orla ou lateral' do túmulo liam-se: *Noria – Sterkin – Hiram – e Mac-Benac*; e ainda, o local foi denominado: *Campo Cros* ou *Campo Larmes.*

O ser humano diante da morte reage confuso, que o imobiliza e aterrorisa, mas ciente de que os atributos exteriores da morte são: *confusão – paralisação – e terror*; contudo, acredita-se que os criminosos não queriam a morte do *Grande Mestre*, apenas extorquir seu *segredo* – a razão vital de sua tão funesta ação.

O Homem é sempre atraído pelo desconhecido, porque auspicia o conhecimento, por isso, não se detém diante de nenhum obstáculo até atingir a satisfação de seu desejo; além disso, obviamente, o segredo da vida está na morte, e como já muitos afirmaram:

- *A morte não é o fim, mas o princípio de tudo.*

e por ser assim não sabe reagir à morte, sendo certo que para compreender todos os aspectos da morte é preciso distinguir: *quando apenas a presencia – e quando se é atingido diretamente.*

O grande erro dessa insegurança do desconhecido, e até seu terror, está na concepção que todo indivíduo faz da morte, e na relativa pouca importância que dá a si próprio.

Na morte de um ente querido há tristeza e implicações que atingem profundamente, mas com o tempo se reage e aceita amenizando a dor; por isso, sobre reagir pela morte alheia, não há nenhum mistério ou segredo a perscrutar; porém, a respeito da própria morte muito há a dizer.

Então cabe indagar: *Qual seria a reação individual quando a morte atinge a si próprio?*; e, se apartados os esclarecimentos do Espiritismo das concepções metafísicas, e o pouco informado pelas Religiões, tudo está envolto em mistério, sendo correto afirmar que o que se sabe adveio da tradição; e, resumindo, a questão está na individualidade em aceitar ou rejeitar as várias posições.

As pessoas se perguntam o que fariam diante da morte, em geral, é porque passaram por situações em que esteve próxima, pois são experiências que suscitam profunda meditação.

A Maçonaria crê em uma *vida futura – um de seus princípios imutáveis*, assim preocupa-se em preparar seus filiados para o imprevisível, devendo enfrentadar as: *insegurança – depressão – velhice – e fragilidade do organismo,* pois em realidade a morte se aproxima, e o consolo desse desenlace iminente cabe ser buscado nas Religiões.

Em verdade, a maioria busca fora de si respostas à sua curiosidade; e ao abandonar o que foi sua vida e corpo busca auxílio, pois para si tudo são trevas, ou, *o sepulcro da ignorância – medo – e desespero*; então, advém a entrega do considerado *sagrado – seu corpo*, ao sepulcro definitivo.

Assim, sua convicção da morte não sendo mais de pecado é de realidade; e tranquilo, pois ainda não houve harmonização com o *Supremo*, trata o corpo com respeito; e há a ida do corpo a lugar elevado na Natureza, pois: *Devolve-o a terra, que em seu seio saberá completar sua missão.*

Porém, um ramo de acácia foi colocado sobre aquela 'sepultura', sendo a acácia um anúncio que substitui a lápide onde deveria constar: *Aqui jaz* ..., na longa jornada fria do inverno espiritual, quando o Sol já não brilha; e mais, estando o local devidamente marcado para que no dia da 'libertação' atuasse como uma luz indicando: *Aqui estou eu, não esqueçam!*

O Maçom aguarda a chegada do *Rei Salomão*, que com sua 'garra' erguerá aquele *Corpo* da 'sepultura'; e ainda, o *Rei* está incessantemente chamando, muito embora nem sempre seja ouvido; entretanto, aquele 'sepulcro' não é definitivo, e o ramo de acácia a prova; ninguém esquece o local onde o Maçom jaz inerte, e mesmo não percebendo, a *Corrente da Fraternidade* sendo Universal deve manter-se muito coesa e alerta.

É comum o conceito de que o ser se compõe de *duas partes*: *exterior = física e sensitiva – e interior = mística e espiritual*, e ao estar vivo sente a existência da *interior*, para depois da morte com a perda da *exterior* continuar sentindo-a; assim, devem se prender a isso, gerando a conscientização que é *imortal*; daí, podendo concluir que a *imortalidade* é o segredo da vida.

Então, necessita se livrar do primeiro 'sepulcro' onde está toda materialidade conquistada na vida, e não será por seu esforço físico porque já não atua, mas com auxílio das forças *internas*, do que é *imortal* no ser, que o levará ao segundo 'sepulcro', onde o ramo de acácia marca o sítio; e no segundo 'sepulcro' o corpo se preserva porque ainda não está putrefato, e a vida vegetativa segue.

E sendo correto que *ninguém é só*, então o Maçom não é elo isolado da corrente, assim, todos os seus pares participam da busca e não descansam enquanto não o encontram; por isso, é preciso crer nas: *Força da União – Amor da Fraternidade – e Cultivo da Espiritualidade*, além de que o trabalho de busca incessante descrito por palavras comuns é sempre *silencioso e místico*.

A liturgia de encontrar o segundo 'sepulcro', e a difícil retirada daquele *Corpo* já em decomposição, fazem parte da *'Lenda'* que também é de cada um; e a *ressurreição incompreensível e misteriosa* simboliza que o Maçom penetrando em si descobre ser *imortal*; e se a *ressurreição* ocorre de dentro para fora, também a retirada do *Corpo* ocorrerá de dentro do 'sepulcro' para fora.

Indo ao interior de si recebe-se muita *Luz*, encontrando as *parcelas crísticas e divinas* de seus pares; além disso, encontra uma multidão, uma comunidade organizada, a *Comunidade dos Escolhidos* que cultivam a *imortalidade*, e que se aproximaram realmente do *G:.A:.D:.U:.*, até porque o indivíduo que adentra a si póprio não se isola jamais, mas encontra sua família.

Há seres que fazem da própria vida uma mera rotina, ficando isolados, sós, deprimidos e tediosos; ao passo que outros buscam consolo para as mágoas fora de si, porque não enxergam que em seu interior espera ansiosa uma multidão de Irmãos; e que tentam, por todos os meios, contato real com o *filho pródigo*, o que fugiu da casa paterna e não tem coragem de regressar e se conscientizar que: *Na casa de seu Pai, que está dentro de si mesmo, há muitas moradas.'*

Todo ser se preocupa em satisfazer seus desejos, sem pensar que há o *poder latente e terno*, que é o caminho que o *filho pródigo* percorre, com seu retorno de sacrifício pela morte.

Abrindo a porta do seu ser, o *filho pródigo* esparge *Luz (post morten)*; e ciente de que a jornada terminou e a construção findou, pois era a última *Pedra* faltante, e seguindo para a realidade vê que significa a vida verdadeira, e sente-se liberto porque seu ciclo de vida terrena terminou, e:

- *As pontas de seu Compasso encontram-se sobre seu Esquadro.*

Logo que o *Grande Mestre* sai de seu segundo 'sepulcro', é levado com toda pompa para a terceira e definitiva 'sepultura', pois ali será depositada sua vida, o resultado de suas ações, ou sua participação na sociedade; e pelos frutos de seu trabalho será *livre e 'imortal*, e mais, encontrará o verdadeiro significado da vida na harmonia do convívio com o seu *Supremo Grande Arquiteto.*

Simbolicamente, esse terceiro 'sepulcro' ainda é entendido como uma 'moldura' da vida realizada, de quem deixou muitas obras; e pela vida aproveitou para beneficiar os que participaram, e mais, de quem foi bom pai, filho e marido; assim, o bom amigo jamais deve ser esquecido.

Além disso, os *cinco sentidos* do Homem, cultivados por anos, começam nova função, e participam do convívio da família, é a *vida celestial*; e a imersão em si mesmo, paradoxalmente, não é estar enclausurado nos limites da matéria, mas mergulhar no infinito; então, com o sentido do tato passa a parâmetros não imaginados sem limitações, e segue a distâncias inenarráveis que não separam, mas unem os *mundos ignotos* e as *verdadeiras viaturas*; e são como sons maviosos aos ouvidos espirituais, belezas compostas de vibrações do belo e da graça, e banquetes espirituais; ademais, são néctares que os sentidos do olfato e paladar percebem e usufruem.

O ser humano visita os 'sepulcros', alguns denominados 'santos sepulcros', onde está a matéria inerte dos sábios, santos e deuses; e lugares santos como: *Gruta de Belém – Jardim das Oliveiras – e Monte Gólgota*, são de peregrinação; e nesse ambiente sagrado de superstições puras, o ser empreende sua busca ansiosa pela verdade.

A *Era da Liberdade – ou a Grande Libertação*, conclui a longa busca!, sendo a concepção filosófica do terceiro (3º) Grau para morte e vida.

8 – Filosofismo da 'Lenda'

Dessa maneira, sabiamente, o *'Simbolismo da Lenda'* ensina que:

- *O Mestre Interior, trabalhando pelo Bem ... , tem seu progresso espiritual atacado pelos três (3) defeitos, que teme o ser que vem ao Mundo, não obstante, em princípio, tais defeitos eram considerados quase como qualidades ou caracteres necessários ao Homem. O desejo de progredir se converteu pelo intelecto em ambição e egoísmo; como o amor desenfreado se torna um verdadeiro fanatismo, e pela ambição e ignorância fanática perde a Fé, e então o medo se apodera de si. Esses três (3) vícios matam o Homem, representados pelos membros feridos do Mestre, isto é, nos: braços – cabeça – e, se for o caso, no peito.*

Antigamente, narrava-se ao iniciado a *História de Osíris – O Deus principal da Antiga Trindade Egípcia (Osíris – Ísis – e Hórus)*, cujo 'mito' de morte e ressurreição que compõe a 'alegoria maçônica' do terceiro (3°) Grau revive na figura do *Grande Mestre*.

Essa *'Lenda'* é encenada e revivida pelo Companheiro representando o próprio *Grande Mestre*, e a Cerimônia de Exaltação, que é uma 'dramatização simbólica', faz da Maçonaria atual não uma sobrevivência dos *Mistérios da Antiguidade*, mas a continuação desses *Mistérios*.

Simbolicamente, em alguns Ritos, o Cerimonial quase idêntico ou uma parte significativa é executado com a participação ativa do Candidato durante a Exaltação; e, além disso, dependendo da versão adotada, utiliza a *Palavra* convencional: *Gibline – nome do local em cujos arredores enterraram o Corpo do Grande Mestre.*

Entretanto, a Bíblia não menciona o assassinato do *Grande Mestre*, contudo o 'mito' revivido pelo Candidato ao Grau de Mestre completa sua evolução nos três Graus do Simbolismo, que iniciaram por sua admissão na Ordem pela Iniciação; e, sendo livre e de bons costumes, morrendo para a vida comum, deve renascer para a Maçonaria.

Um Aprendiz com *malho, cinzel e régua* irá *Desbastar sua Pedra Bruta*, por meio da própria construção de seu *Templo Interior*, onde habitará o Supremo Criador – o *G:.A:.D:. U:.*.

Esse Aprendiz instruindo-se pelos *Símbolos e Leis* que regem a Ordem, e vendo, ouvindo e calando, obtém seu *Aumento de Salário* passando assim a Companheiro; e aperfeiçoando-se pelos estudos dos novos *Símbolos* agora conhecidos, passa a se instruir estudando as Ciências que a Arte Real exige: *Gramática – Retórica – Lógica – Aritmética – Geometria – Música – e Astronomia.*

Então, guiado pela Estrela Flamejante ou Rutilante, e conhecido o exemplar significado da Letra G, monograma de um dos nomes do *G:.A:.D:.U:.*, fonte de Luz e origem de toda Ciência, conseguirá direito a novo *Aumento de Salário* e a alcançar o *Mestrado*.

No estágio anterior, como Companheiro ainda poderá polir sua *Pedra Cúbica* com auxílio dos: *Esquadro – Nível – e Prumo*, obtendo assim o privilégio de ser Exaltado a Mestre Maçom; e desse modo atinge sua *plenitude maçônica*, e por conhecer a *imortalidade* pode se preparar para: *saber – poder – querer – e ousar*, e chegar ao Conhecimento; e ainda, por ser livre e de bons costumes sabe o que quer e para onde vai.

Além disso, conseguirá possuir a *Pedra Filosofal*, também denominada *Pó-de-Projeção*, que é a obra-prima dos alquimistas, tendo como seu maior objetivo a alcançar a qualquer custo, ou seja, criar ou descobrir uma substância que teria a virtude de transmutar em *ouro puro* os mais vis metais; e que ainda seria o *Símbolo* da 'transmutação da natureza animal e inferior do Homem, na esplendorosa natureza Divina, e por isso, muito mais elevada'.

O Mestre, sendo um Iniciado, não se permite mais errar ou agir incorretamente, quer em Loja ou fora, e também quer ser um exemplo vivo aos Aprendizes e Companheiros, além de modelo de *Virtude e Moral*; e mais, deve se integrar ao bem maior dos seus: *Entes queridos – Irmãos – Pátria – e da Humanidade*, porque venceu o Homem profano que havia em si, e pelo exercício da Arte Real iluminou seu caminho com a *Verdadeira Luz*, que deverá procurar espargir em toda direção.

Referente à Humanidade, em seus tempos idos, ou em suas camadas mais profundas que, não sem razão, ainda podem ser qualificadas como primitivas, foram descobertas em estado nascente e rústico, entre os povos que tiveram acesso à civilização, todos os fatores que efetivamente caracterizaram o desenvolvimento das Religiões e Filosofias.

E os 'não civilizados', que em certos aspectos até podem representar a condição primitiva da Humanidade, ao menos poderiam significar um estado psicológico, pelo qual passou essa mesma Humanidade em certa etapa de sua 'evolução'.

Pelo Mundo as populações 'não civilizadas' celebram seus 'mistérios', a cuja admissão só se realiza por Iniciação; e esses 'mistérios' até contam com cenas que representam aventuras das almas, sendo o elemento dramático mais frequente simular a 'morte seguida da ressurreição'; então, por vezes a morte é demonstrada num enterro ou descida às sombras, seguida de retorno a Terra.

Mas, merece destaque a experiência dos indígenas *Peles-Vermelhas* da América e Nova Guiné, que forçam o Neófito a introduzir na goela de um monstro construído à semelhança de um crocodilo, por exemplo, e então dizem que o espírito os engoliu; e, enquanto sua mãe se presta a lamentações fúnebres, conduz o Candidato com olhos vendados a uma cabana escura, onde os sacerdotes produzem ruídos e várias encenações, e simulam cortar-lhe a cabeça.

E depois de oito ou nove dias, são comunicados seus segredos mágicos e as tradições da tribo, e a seguir se compromete nada revelar do que vui ou ouviu, para depois ser devolvido aos familiares; ainda assim, fingem ter se esquecido de tudo da antiga vida, e tem que aprender de novo como se voltasse a ser criança, ou seja, uma nova vida que recomeça.

Fato é que a encenação da *'Lenda'* propõe que sejam demonstradas as: *ganância – inveja – mentira – e traição*, características totalmente vis; e a mais disso, que ainda apresentem outra quantidade complementar de *Símbolos*, principalmente, originados do mundo profano.

O Mestre Maçom detendo: *espírito livre – bons costumes – paixões vencidas – e vontade submetida*, e com seu *Templo Interior* devidamente construído, solidificado e habitado pelo *G:.A:.D:.U:.*, tudo aliado ao espírito fraternal, adquire toda força necessária para enfrentar e vencer os mais diversos obstáculos, e com: *humildade – sabedoria – força – e beleza*, poderá vir a ser o exemplo de um *Ser Divino* e conhecedor da *imortalidade*.

9. Resumo da 'Lenda'

De acordo com a versão da *'Lenda'* adotada, e segundo muitos autores:

- *A 'Lenda' é, em realidade, um fato da Natureza;*
- *O Corpo Humano é o Templo;*
- *A construção do Templo significa a evolução e elevação de esforços a fim superior;*
- *Essa construção se dá pelo conhecimento da verdade e prática da virtude;*
- *O Templo de Salomão é o Símbolo do Corpo Físico;*
- *A cidade de Jerusalém (Cidade-Paz) representa o mundo interior do Homem;*
- *Os Quatro Pontos Cardeais do Templo refletidos no Corpo são: cabeça corresponde ao Oriente – baixo-ventre ao Ocidente – lado direito ao Sul – e lado esquerdo ao Norte;*
- *Os Construtores do Templo são os átomos construtores do Corpo Físico;*
- *Os Três Diretores do Templo são: Salomão representando o Saber – Hiram de Tiro o Poder – e, Hiram / Adonhiram o Fazer; e ainda significam: Fé – Esperança – e Caridade;*

- *Os obreiros dividiam-se em três categorias: Aprendizes trabalham na parte inferior do Corpo, o ventre – Companheiros na média, o tórax – e Mestres na superior, a cabeça;*
- *As Duas Colunas do Templo são os dois polos – positivo e negativo –, representados pelas pernas (esquerda e direita); e a Câmara-do-Meio é o lugar secreto ou mundo interior do Homem, no coração ou peito;*
- *Cada categoria recebia seu Salário correspondente ao trabalho e Palavra Sagrada; os Aprendizes recebiam segundo sua Fé, os Companheiros sua Esperança, e os Mestres seu Amor;*
- *Na obra do Grande Mestre, apesar do imenso número de obreiros todos trabalhavam em silêncio, e não se ouvia nenhum ruído, porque o Templo não deveria ser construído por mãos humanas, nem por instrumentos materiais e metálicos, e não foi;*
- *A construção durou cerca de sete anos, porque o resultado da genuína e verdadeira Iniciação é obtido em sete anos, precisos para limpeza dos átomos inferiores e dar lugar aos superiores;*
- *Foi construído no Monte Moriah – significando Visível ao Senhor ou Escolhido do Senhor;*
- *Acometem o Candidato à Exaltação a Mestre as três tentações da matéria; ignorância – fanatismo – e ambição, significando os três Companheiros que queriam Salário de Mestre;*
- *Conforme a versão, cada defeito se armou com um instrumento, assim, as: ignorância atacou o lado direito (poder positivo) com uma Régua de 24 polegadas – fanatismo golpeou o coração com o Esquadro, símbolo do inferior dominado pelo seu fanatismo que, ao golpear o coração, mata a tolerância e o amor – e ambição golpeou a cabeça com o Malho representando a vontade mal dirigida e dominada;*
- *Morta a consciência, os três relegaram o fato ao esquecimento, sepultando o Corpo do Mestre;*

e a considerar que cumpriram essa *'Lenda'*, e a cumprirão sempre, todos os Mestres e salvadores da Humanidade, como: *Hércules – Osíris – Mitra – Tamuz – Sansão – Krishna – Jesus – e outros*, porque a *'Lenda'* foi extraída do *Drama Solar*, repetido a cada ano na Natureza, e todo Mestre deve imitar em sua vida o sucesso macrocósmico.

10. Lições da 'Lenda'

Uma das sábias lições da *'Lenda'* é a de ser o ponto central dos ensinamentos de vários Ritos praticados no Mundo, e dentre esses, por exemplo, também dos Ritos Escocês Antigo e Aceito e Adonhiramita.

E sendo certo que, ultrapassados os três Graus do Simbolismo, ainda há muita novidade e informação a aprender nos sucessivos Graus do Filosofismo, que são o complemento necessário ao perfeito entendimento das hostes da Maçonaria; mas, de outra parte, infelizmente, nem todo Integrante dispõe de ânimo suficiente para conhecer e estudar os Mistérios das Iniciações.

Além disso, caso se indague se: *Existe a metempsicose ou reencarnação?*, e *será uma discussão acadêmica ou é real?*, a verdade que por vezes surpreende é que a prudência ensina a não ser perdida a oportunidade, já que nas Lojas Maçônicas o ensino é: *gratuito – liberal – e insistente*, relativo à busca de 'conceitos acessíveis'; e assim, cabe observar aos Integrantes que se atenham sempre às 'sábias lições' muito bem explicitadas nos Rituais.

Finalmente, e como já foi dito, sem dúvida há inúmeras 'lições' a aprender com a *'Lenda'*, todas relativas a ensinamentos lembrados pela Maçonaria, e dentre essas, menciona-se as dos:

- *Segredo = origem de Hiram/Adonhiram ter se sacrificado por seus pares ou Irmãos, mas não revelou o que anteriormente mereceu seu legítimo Juramento;*
- *Imortalidade da Alma = onde se confunde reencarnação com ressurreição, dependendo da doutrina escolhida; e*
- *Bem Moral = integra o Homem perfeito, e propõe prosseguir na caminhada do conhecimento, como forma de superação das: ignorância – hipocrisia – e ambição'.*

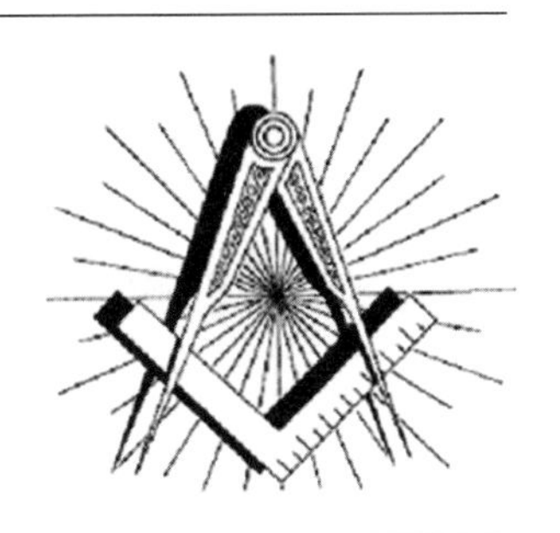

Bibliografia

BIBLIOGRAFIA

1. ADOUN, J. – As Chaves do Reino Interno,
2. __________ – Esta é a Maçonaria,
3. __________ – O Grau de Mestre Maçom e seus Mistérios,
4. __________ – La Magia del Verbo,
5. __________ – Rasgando Velos,
6. __________ – Esta é a Maçonaria,
7. ALENCAR, R. – Enciclopédia Histórica da Maçonaria,
8. ASLAN, N. – Gr. Dic. de Maç. e Simb. – Vade-Mecum Inic.,
9. ARGERMEYER, P. – Considerações sobre o Grau de Mestre,
10. BAILEY, A.A. – Tratado sobre Los Siete Raios,
11. BARB, K. e YOUNG, J.K. – O Livro Completo dos Maçons,
12. BARBOSA, R. – Oração dos Moços,
13. BATHAM, C.N. – The Compagnognage and the Craft,
14. BAUER, A. – O Nascimento da Franco-Maçonaria,
15. BELTRÃO, C.A.B. – As Abreviaturas na Maçonaria,
16. BESANT, A. – O Poder do Pensamento,
17. BÍBLIA, Sagrada – Citações,
18. BITELLI, F.A. – Instrução: 'As Romãs',
19. BLAVATSKY, H.P. – Ísis sem Véu – A Doutrina Secreta,
20. BORDIGNON, E. – Iniciação à Astronomia (Vol. I e II),
21. BOUCHER, J. – A Simbólica Maçônica,
22. BOURRE, J.P. – Dicionário Templário,
23. BRAUN, V. – Fourth Fundamental Catalogue (FK4),
24. BRITÁNICA, Encyclopaedia – Vol. nº 7,
25. BRUNO, A. – Aconteceu na Maçonaria,

26. BUARQUE, A.H.F. – Dicionário da Língua Portuguesa,
27. CAMAYSAR, R. – O Caibalion – Três Iniciados,
28. CAMINO, R. da – Ápice da Pirâmide,
29. _____________ – Aprendizado Maçônico,
30. _____________ – Dic. Enciclopédico Maç. e Simb.,
31. _____________ – Introdução à Maçonaria,
32. _____________ – Maçom e a Intuição,
33. _____________ – O Mestrado Maçônico,
34. _____________ – Reflexões do Aprendiz,
35. _____________ – Simbolismo do 3º Grau,
36. _____________ – Catecismo Maçônico,
37. CAPARELLI, D. – Enciclopédia Maçônica,
38. CARR, H. – Speculative Masonry,
39. CARVALHO, A. – Cargos em Loja – O Mestre Maçom,
40. CASTELLANI e CARVALHO, História do GOB,
41. CASTELLANI, J. – Lit. Rit. Apr. Maçom – Maç. e Astrologia,
42. CHALLITA, M. – As Belas Páginas da Literatura Árabe,
43. CHEERBRAN, C. – Dicionário de Símbolos,
44. CLÁUDIO, M. – Acquaviva,
45. COMMELIN, P. – Nova Mitologia Grega e Romana,
46. CONERY-CRUMP, W.W. – Medieval Masters and their Secrets,
47. CONTE, C.B. – Pitágoras: Ciência e Magia na Antiga Grécia,
48. COOPER, R.L.D. – Revelando o Código da Maçonaria,
49. CONSTITUIÇÃO, do – GOB, GOSP e GOP,
50. COSTA, F.G. – Maçonaria Concreta,
51. CRUZ, A.S. – Simbologia Maçônica dos Painéis,
52. DICIONÁRIO, Jurídico Brasileiro,
53. DICIONÁRIO, Maçônico Enciclopédico,
54. DOURVIL, H. – El Libro de los Muertos,
55. DURANT, W. – Nossa Herança Oriental, Trad. Freitas,
56. DURÃO, J.F. – Pequena História da Maçonaria no Brasil,
57. DYER, C. – O Simbolismo na Maçonaria,
58. EBRAM, J. – Luz Astral sobre o Altar,

59. FARIA, R.P. – Fundamentos de Astrologia,
60. FERNANDES, A.C. – A Simbologia da Velas,
61. FERRE, P.S. – Fasc. Hist. – Arte da Geom. nas 'Old Charges',
62. FERREIRA, Aurélio B.H. – Dicionário da Língua Portuguesa,
63. FIGUEIREDO, J.G. – Dicionário de Maçonaria,
64. GOP – Constituição do,
65. GONZALVES, J.A.M. – Siete e más ... ,
66. GUIMARÃES, J.N. – A Maç. e Lit.: Poliantéia Maçônica,
67. HALL, M.P. – Chaves Perdidas da Maç. – Segredo de H. Abiff,
68. HINCKLEY, A. – Star Names,
69. HISTÓRIA, Civilização da, V.1, RJ, Ed. Record,
70. HOWARD e JACKSON – Os Pilares de Tubalcaim,
71. IGLESIAS, J. – La Arcana de los Numeros,
72. INTERNET: Operative Freem. – A History of Mark Mass. – The Operative Mass. – A Concise History of Freem. – Mason´s Marks Chart – Maç. Operativa – Navegador Light, tecepe.com.br.
73. JONES, B. – Freemasonry,
74. JORNAL – Folha de S. Paulo, Cad.7 (25/09/94) – 'O Aprendiz', Ano 34, Nº 326 (out.1998),
75. JOSEFO, F. – História dos Hebreus,
76. JULIUS, S.D.W. – Patterns in the Sky and Legends of Star,
77. JURADO, J.M. – Apontamentos Adonhiramita,
78. JUNQUEIRA, H. – Manual de Instruções para Mestres,
79. KNIGHT e LOMAS – O Livro de Hiram,
80. LANGOBARDORUM, E. – Historiae Patriae Monumenta,
81. LAROUSSE – Dicionário da Língua Portuguesa,
82. LAVAGNINI, A. – Manual del Aprendiz i del Maestro,
83. LATANZE, R.B. – Radiação Solar (Curso PG, Anotações)
84. LEADBEATER, C.W. – A Vida Oculta na Maçonaria,
85. LEMES, C.C. – Instruções do Simbolismo Maçônico,
86. LEVY, E. – El Gran Arcano Develado,
87. MACOY, R. – A Dictionary of Freemasonry,
88. MACKEY, A.G. – An Encyclopaedia of Freemasonry,
89. MAGALHÃES, A.F.R. – Simbólica Maçônica VI,

90. MANUAL do Grau de Mestre da GL de Chile,
91. MARANHO, O. – Instr.: Da Dúvida a Solução – Força da Oração,
92. MASIL, C. – O Que É Maçonaria,
93. MEZZABOTA, E. – O Papa Negro,
94. MELLO, N. C. – Instrução: 'A Vaidade e os Mestres',
95. MONTEIRO, E. – Templo Maç. e Moradas do Sagrado,
96. MORGAN, W. – Os Mistérios da Maçonaria,
97. MÜLLER, E.P. – La Leyenda de Iran Abiff,
98. NULTY, W.K.M. – Maç. – Símbolos, Segredo, Significado,
99. OLIVEIRA, R. – As Origens da Maçonaria,
100. OLIVEIRA, W.B. de – Um Conceito de Maçonaria,
101. PACHECO, W. – Entre o Esquadro e o Compasso,
102. PARKER, D.J. – O Grande Livro da Astrologia,
103. PAUWELS, G.J. – Atlas Geográfico Melhoramentos,
104. PAPUS, – A-B-C de L´Ocultisme – Que Deve Saber o Mestre,
105. PIMENTEL, M. Jr. – Elem. de Cosmografia e Geografia Física,
106. PLATÃO – Diálogos, Trad. Souza, Os Pensadores,
107. PIKE, A. – Moral e Dogma do REAA da Maçonaria,
108. PUIG, M.S. – Instr.: Curiosidades Maç. – Homem ser Simbólico,
109. QUEIROZ, A. – Os Símbolos Maçônicos,
110. RAGON, J.M. – Iniciação Maçônica,
111. ____________ – Maçonaria Oculta,
112. ____________ – Ortodoxia Maçônica,
113. ____________ – Ritual do Grau de Mestre,
114. REVISTA – 'Adonhiram – O Mensageiro da Luz', (Nº 2), 1992 – 'A Verdade', nº236/41 – 'Kether', abr.1998 – 'Minerva Maçônica', Nº3, mai.1998 – 'Veja', – 28/09/1994,
115. RIDPATH, TIRION, I.W. – Guia de las Estrellas y los Planetas,
116. RIGHETTO, A. – Maç., Caminho das Pedras, Maç.: Hoje,
117. RITUAIS – 1º, 2º e 3º: Ritos Adonhiramita e REAA, GOB,
118. ROBINSON, J. J. – Segredos Perdidos da Maçonaria, A Senda de um Peregrino,
119. ROMANO, G. – Inic. ao Conhecimento da Doutrina Espírita,
120. ROSA, R. – Astronomia Elementar,

121. ROTTENBURG, H.S. – Pre-eminence of Great Arc. in Freemas.,
122. ROUGIER, L. – A Religião Astral dos Pitagóricos,
123. ROUSSEAU, J. J. – Confissões E.Kant – Crítica da Razão Pura,
124. SANTIAGO, M. – Maçonaria: História e Atualidade,
125. SANTOS, G.M.C. – Instrução: 'Alquimia e Maçonaria',
126. TEIXEIRA D. S. – Árvores e seus Simbolismos,
127. TIGRE, C. – Conexões Pleidianas (www.universus.com.br),
128. TOURINHO, P.M. – Tratado de Astronomia,
129. TRABALHOS – ARLS B.Gonçalves, Cav.S.Caetano, Col.Tatuapé, C.Cidadania, T. I.Galera,
130. TRABALHOS – AAm∴IIrm∴ A. Ferreira, A. Mantovani, A. R. Fadista, J. A. Neto, J. F. Oliveira, J. F. Teixeira, J. M. Jurado, M. J. D. Barbosa, M. Rossettini, M. S. Puig, M. S. Amaral, N. A. Santos, N. C. Mello, P. R. Robles, R. A. Conti, R. Bandeira, R. M. Etchebehere, S. Miguel, S. Neves, V. I. Neto, W. B. Araújo,
131. TRABALHOS – III EMAC S.Caetano do Sul,
132. TOURINHO, P.M. – Tratado de Astronomia,
133. VARGAS, A. – Antropologia Simbólica,
134. VAROLLI, T. Fº – Curso de Maçonaria Simbólica (1º, 2º e 3º),
135. VILLANOVA, N. – Utilização da Energia Solar,
136. VINCI, L. – A Magia das Velas,
137. WESTCOTT, W.W. – Maçonaria e Magia,
138. WILLIAMS, A. – Cabala / O Caminho da Liberdade Interior,
139. YATES, F. A. – Transition from Oper. to Specul. Enlightenment,
140. ZIGUEL, F. – Los Tesoros del Firmamiento.

Leitura Recomendada

Simbolismo do Primeiro Grau

Rizzardo da Camino

Eis-nos às voltas com mais uma pérola desse tão dedicado Ir∴, que é Rizzardo da Camino, tratando da Simbologia dos Graus. Na verdade, os Símbolos são a alma e a vida da Maçonaria; foi a forma adotada para preservar conhecimentos e disseminá-los entre os obreiros, Grau após Grau, até que o mérito pessoal traga o pleno entendimento da Arquitetura Cósmica.

Simbolismo do Segundo Grau

Rizzardo da Camino

Todo obreiro terá aqui as ferramentas necessárias para rapidamente transpor mais essa jornada e entrar na penúltima fase do Simbolismo de que se reveste a Maçonaria para a transmissão de seus conhecimentos. Que cada Ir∴ obreiro encontre a luz para dirimir suas dúvidas e ampliar a compreensão desse vasto universo, com o auxílio inestimável dos preciosos conhecimentos contidos nesse livro.

Simbolismo do Terceiro Grau

Rizzardo da Camino

Prezado Ir∴,
Essa obra conclui uma das maiores preciosidades para o maçom dedicado e que se empenha na busca do conhecimento.
Com o *Simbolismo do Terceiro Grau* o Ir∴ irá complementar todo o conhecimento necessário para transpor mais essa etapa na sua vida iniciática dentro da Maçonaria e, muito em breve, de acordo com o seu merecimento pessoal, estará adentrando nos Graus Filosóficos.

A Legenda e a História na Maçonaria

Manoel Arão

O escritor maçônico Manoel Arão reuniu nesse trabalho filosofia, simbolismo, lendas e mistérios que permeiam a história da Maçonaria, constituindo um compêndio rico em informações úteis para estudos de membros da Ordem, bem como de profanos que queiram enriquecer seu conhecimento histórico.

www.madras.com.br

Nome____

RG____________________ CPF____________________

Endereço Residencial ______________________________

Bairro ______________ Cidade______________ Estado_____

CEP ____________ Fone______________________________

E-mail ____

Sexo ❑ Fem. ❑ Masc. Nascimento______________________

Profissão ________________ Escolaridade (Nível/Curso) __________

Você compra livros:

❑ livrarias ❑ feiras ❑ telefone ❑ Sedex livro (reembolso postal mais rápido)

❑ outros:____

Quais os tipos de literatura que você lê:

❑ Jurídicos ❑ Pedagogia ❑ Business ❑ Romances/espíritas

❑ Esoterismo ❑ Psicologia ❑ Saúde ❑ Espíritas/doutrinas

❑ Bruxaria ❑ Autoajuda ❑ Maçonaria ❑ Outros:

Qual a sua opinião a respeito desta obra?____________________

____

Indique amigos que gostariam de receber MALA DIRETA:

Nome____

Endereço Residencial ______________________________

Bairro ______________ Cidade______________ CEP __________

Nome do livro adquirido: ***Maçonaria – 30 Instruções de Mestre***

Para receber catálogos, lista de preços e outras informações, escreva para:

MADRAS EDITORA LTDA.
Rua Paulo Gonçalves, 88 – Santana – 02403-020 – São Paulo/SP
Caixa Postal 12183 – CEP 02013-970 – SP
Tel.: (11) 2281-5555 – Fax.:(11) 2959-3090
www.madras.com.br